科学出版社"十四五"普通高等教育本科规划教材

应急管理基础

王熹徽　汪　翔／主编

科学出版社
北　京

内 容 简 介

本书系统阐述了应急管理的基本知识、基础理论及相关技术与方法。全书可分为三部分：第一部分为引论（第一章），介绍了应急管理相关基本概念与知识；第二部分为通论（第二至九章），从组织体系和资源能力两个角度剖析了应急管理的工作基础，按照风险管理与预防减缓、应急准备、监测预警、应急响应、恢复重建五个方面勾勒出应急管理的基本过程与框架，并概述了四类突发事件的应急管理要点；第三部分为方法与技术（第十至十三章），主要包括应急物资需求预测与测算、应急物流与供应链管理、应急决策理论与方法及应急信息管理与信息系统。

本书可作为应急管理类专业本科生教材，也可供公共管理、管理科学与工程等经济管理类专业本科生及研究生学习参考，也可为应急管理机构及相关部门培训所用。

图书在版编目（CIP）数据

应急管理基础 / 王熹徽，汪翔主编. --北京：科学出版社，2024. 8. --（科学出版社"十四五"普通高等教育本科规划教材）. --ISBN 978-7-03-079197-9

Ⅰ. D035

中国国家版本馆 CIP 数据核字第 20241YF386 号

责任编辑：郝　悦 / 责任校对：贾娜娜
责任印制：赵　博 / 封面设计：有道设计

科学出版社 出版
北京东黄城根北街 16 号
邮政编码：100717
http://www.sciencep.com

三河市骏杰印刷有限公司印刷
科学出版社发行　各地新华书店经销

*

2024 年 8 月第 一 版　开本：787×1092　1/16
2025 年 2 月第二次印刷　印张：15 1/4
字数：362 000

定价：58.00 元

（如有印装质量问题，我社负责调换）

前　言

党的十八大以来，我国应急管理事业取得了历史性的成就、发生了历史性的变革。2018年，在深化党和国家机构改革中，党中央对我国应急管理体制进行了系统性、整体性重构，组建了应急管理部，同年11月国家综合性消防救援队伍成立，我国由此进入了加强应急管理体系和能力建设阶段。自组建以来，应急管理部在党中央、国务院的领导下从突出建强国家综合性消防救援队伍、统筹救援力量建设和协调、建立健全应急救援指挥机制等方面重点发力，不断提升现代化综合救援能力，全面提升我国综合应急管理能力。"十四五"以来，党中央更是把安全提到了前所未有的高度，对全面提高公共安全保障能力、提高安全生产水平、完善国家应急管理体系进行了全面部署，为解决长期以来应急管理工作存在的突出问题、推进应急管理体系和能力现代化提供了重大机遇。但需要指出的是，我国灾害形势和安全风险形势依然不容乐观，应急管理基础薄弱的问题仍比较突出，应急管理体系和能力与国家治理体系和能力现代化的要求仍存在较大差距。

应急管理是国家治理体系和治理能力的重要组成部分。党的二十大报告将基本实现国家治理体系和治理能力现代化定位于我国发展的总体目标之一，并明确了推进包括应急管理在内的国家安全体系和能力现代化的总体要求，提出了要"提高防灾减灾救灾和重大突发公共事件处置保障能力"[①]。如何加快推进中国式现代化应急管理体系和能力建设，已成为"十四五"乃至更长时期我国社会、经济发展的重要议题。

纵观全球高等教育的发展历史，高等教育总能在服务国家重大战略和区域社会经济发展的过程中，通过培养人才、创新知识、传承文明等任务，促进科技进步和社会治理创新，进而推动现代化建设。党的二十大报告指出"教育、科技、人才是全面建设社会主义现代化国家的基础性、战略性支撑"，并提出"加快建设高质量教育体系""加强基础学科、新兴学科、交叉学科建设""加强教材建设和管理"。[①]高等教育是国家和区域经济社会发展的重要助推器。在高等教育现代化的新起点上，加强应急管理学科建设，大力培养应急管理人才，对于推进我国应急管理体系和能力建设具有重要意义和深远价值。

近年来，全国多所高校面向国家和区域重大战略需求和社会发展变化，相继开设了应急管理本科、研究生专业，国内应急管理教育逐步发展起来。但由于国内应急管理教育起步较晚，科研及教育底子相对薄弱，加上新时代我国应急管理体系改革发展迅速以及相关知识的不断融合，导致既有教材难以适应这一新兴和交叉学科的发展需求。

---

① 《习近平：高举中国特色社会主义伟大旗帜　为全面建设社会主义现代化国家而团结奋斗——在中国共产党第二十次全国代表大会上的报告》，https://www.gov.cn/xinwen/2022-10/25/content_5721685.htm。

因此，我们编写了《应急管理基础》，希望通过归纳和总结国内外应急管理最新教学与研究成果，为应急管理相关专业学生、教育工作者以及理论研究者提供应急管理基础理论指引、方法启示和借鉴。

本书主要包括引论、通论、方法与技术三个部分。其中，引论部分（第一章）从突发事件、应急管理两个方面重点介绍了应急管理相关基本概念、基础理论以及发展现状。通论部分（第二至九章）在介绍相关概念的基础上，首先从组织体系和资源能力两个角度剖析了应急管理的工作基础，其次按照突发事件的风险管理与预防减缓、应急准备、监测预警、应急响应、善后与恢复重建五个方面对应急管理各阶段的基本流程、主要内容和工作原则等进行了阐述，最后根据事件类型对四类主要突发事件的应急管理工作要点进行了总结。方法与技术部分（第十至十三章）针对应急管理实践中的主要工作环节，重点从预测、测算、物流、供应链、信息等方面给出了相关理论与方法支持。

本书各章分工如下：汪翔编写第一、二、三章，并负责撰写前言；朱安琪编写第四、十三章（部分）；吴子悠编写第五、十二章（部分）；陶磊编写第六章；王凯编写第七章；胡业林编写第八、十三章（部分）；张勇编写第九、十三章（部分）；李君编写第十、十二章（部分）；周梦哲编写第十一、十二章（部分）。主编王熹徽、汪翔对全书进行了修改和统稿。在此感谢所有参编人员及相关机构专家顾问的大力支持和贡献。

在编写过程中，我们借鉴和参考了诸多国内外同行的研究成果以及实践经验，在此向他们致以最诚挚的谢意。

应急管理是一门综合性、交叉性很强的学科，其理论性和实践性均有较高的要求，诸多问题尚处于探索阶段。尽管编者在教材的系统性、完整性及适用性等方面尽了最大努力，也尽力兼顾基础性和前瞻性，不求面面俱到，但随着我国应急管理理论研究的深化以及应急管理学科的壮大，未来将在适宜时机更新和补充新的知识。由于学术水平及经验等方面的限制，书中难免存在不足之处，恳请各位读者批评指正。

编者
2024 年 6 月

目 录

第一章　突发事件应急管理概述 ·· 1
　　第一节　突发事件概述 ·· 1
　　第二节　应急管理概述 ·· 6
　　第三节　应急管理相关理论与学科基础 ·· 13
　　第四节　应急管理的发展与现状 ·· 18

第二章　应急管理体系 ·· 23
　　第一节　应急管理体制 ·· 23
　　第二节　应急管理机制 ·· 30
　　第三节　应急管理法制与标准规范 ·· 33

第三章　应急资源保障与管理 ·· 38
　　第一节　应急物资保障与管理 ·· 38
　　第二节　应急资金保障与管理 ·· 45
　　第三节　应急人力保障与管理 ·· 51

第四章　突发事件的风险管理与预防减缓 ·· 57
　　第一节　突发事件风险概述 ·· 57
　　第二节　突发事件的风险管理 ·· 62
　　第三节　突发事件风险的预防减缓 ·· 69

第五章　突发事件应急准备 ·· 76
　　第一节　应急管理规划概述 ·· 76
　　第二节　应急预案的准备 ·· 79
　　第三节　应急行动方案的设计 ·· 85
　　第四节　应急管理能力的准备 ·· 90

第六章　突发事件监测预警 ·· 97
　　第一节　突发事件监测 ·· 97
　　第二节　突发事件预警 ·· 103

第七章　突发事件应急响应 ·· 110
　　第一节　应急响应的基本知识 ·· 110
　　第二节　突发事件应急处置的特殊措施 ·· 112
　　第三节　应急响应的组织体系 ·· 117
　　第四节　应急响应的社会参与 ·· 121

第八章 突发事件善后与恢复重建 ················ 127
第一节 突发事件善后处理 ···················· 127
第二节 灾后恢复与重建 ······················ 129

第九章 四类突发事件的应急管理 ·················· 139
第一节 自然灾害应急管理 ···················· 139
第二节 事故灾难应急管理 ···················· 144
第三节 公共卫生事件应急管理 ················ 149
第四节 社会安全事件应急管理 ················ 154

第十章 应急物资需求预测与测算 ·················· 160
第一节 应急物资需求概述 ···················· 160
第二节 应急物资需求预测 ···················· 167
第三节 应急物资需求测算 ···················· 173

第十一章 应急物流与供应链管理 ·················· 180
第一节 应急物流管理 ························ 180
第二节 应急供应链管理 ······················ 188

第十二章 应急决策理论与方法 ···················· 195
第一节 经典决策理论概述 ···················· 195
第二节 应急决策理论 ························ 199
第三节 应急决策方法 ························ 207

第十三章 应急信息管理与信息系统 ················ 215
第一节 应急信息管理 ························ 215
第二节 应急管理信息系统概述 ················ 222

参考文献 ·· 232

第一章

突发事件应急管理概述

导言

应急管理是一门综合多学科知识发展起来的新兴学科,理解突发事件与应急管理的基本概念、范畴与基础理论是学习这门课程的前提。本章首先介绍突发事件的基本知识,包括其基本概念及分类、分级;其次,着重介绍应急管理的相关概念与核心理念;最后,对应急管理的相关理论与学科基础及发展现状进行讨论。

第一节 突发事件概述

一、突发事件的基本概念

(一)基本定义

从字面上看,突发事件指的是突然发生的事件。《中华人民共和国突发事件应对法》(简称《突发事件应对法》)将突发事件具体定义为"突然发生,造成或者可能造成严重社会危害,需要采取应急处置措施予以应对的自然灾害、事故灾难、公共卫生事件和社会安全事件"。

(二)相关概念辨析

突发事件有很多"兄弟"概念,如灾害、灾难、事故、危机、风险等。这些概念的定义有些侧重于事件的发生机理,有些则侧重于事件的严重程度。以下对几组相关概念的区别与联系展开讨论。

1. 灾害、灾难、巨灾

联合国"国际减灾十年"行动对灾害的定义是：一种超出受影响社区承受能力的人类生态环境的破坏。世界卫生组织（World Health Organization，WHO）则认为任何能引起设施破坏、人员伤亡、卫生与健康恶化、经济严重受损并且由于超出社区承受能力而需要外部援助的事件都可称为灾害事件。综合上述定义可以看出，灾害是对人类及其生存环境造成破坏性影响的事物的总称，其成因既包括自然因素，也包括人为因素。在中文语境中，灾害常用于专指自然灾害。

灾难，究其发生机理而言，与灾害并无本质区别，二者都是超出社区承受能力、给社会造成人员伤亡或财产损失的自然或人为破坏事件。从字面意思上来看，灾难可拆解为"灾祸+苦难"。与灾害相比，灾难更多的是从后果视角来描述事件的，强调事件所造成后果的严重性。在日常表达中，灾难一般用于特指由自然或人为因素所造成的严重灾害或事故。

巨灾是一个与灾害和灾难密切相关的概念，用于指代区别于社区灾难或常规突发事件的灾难事件，可通俗地理解为极端灾难。

2. 事件、事故

事件是一个含义较为宽泛的词汇，英文中与之对应的单词主要有"event"和"incident"。其中，event 是一个中性词汇，用于指代一般意义上的事件，泛指任何大小事件，既包括一般意义上的事项，也包括历史上或社会上发生的不平常的大事情，通常并不包含对事件性质的评判。应急管理领域中的事件主要指 incident，特指事件中具有负面影响的部分，即具有破坏性或争议性的事件。在应急管理与公共安全领域中，事件一词通常与"突发""紧急""公共安全""社会安全""公共卫生""危机"等词汇搭配使用，用于明示事件的性质或发生领域。

事故是指意外的变故或灾祸，其诱因通常是人为因素，如管理不善、决策失误、操作不当等。根据《辞海》的解释，事故一般指工程建设、生产活动与交通运输中发生的意外损害或破坏。在应急管理领域，事故经常与灾难一起搭配使用，用于指代工矿商贸等企业的各类安全事故及交通运输事故、公共设施和设备事故等事故类突发事件。

3. 突发公共事件、公共安全问题

公共事件是指在一定区域发生的，对区域内部或外部公众产生共同负面影响的社会性事件。突发公共事件则是指发生在公共领域，能够产生公共影响的突发事件。为了使描述对象更加清晰，我国官方早些年多使用"突发公共事件"这一概念，以区分个人或家庭等非公共领域的突发事件。2007年颁布实施的《突发事件应对法》对突发事件予以了明确界定，突出强调了其"社会危害"，因此《突发事件应对法》中的"突发事件"实际上就是指"突发公共事件"。自《突发事件应对法》颁布实施以来，突发公共事件这一叫法便渐渐淡出了政府、学界和社会大众的视野。

公共安全是一个十分宽泛的概念，涉及人身安全、生态与环境安全、生产安全、卫生安全、社会安全等一系列与人们生活息息相关的问题。当其中一些问题的危害性、紧迫性达到一定程度时，就会以突发事件的形式展现出来。

4. 紧急事件

就字面意思而言，严格来说，紧急事件与突发事件并不是一个概念。紧急事件指的是形势紧急、必须立即着手应对的事件。从这个角度来看，突发事件都可以算作紧急事件，但紧急事件未必都是突发事件。例如，一些缓发性事件也需要紧急处理，否则可能会造成巨大损失，但这些事件本身并不具有突发性特征。

事实上，就公共管理实务层面而言，人们习惯上所说的紧急事件往往就是指突发事件。目前我国官方层面已经统一使用突发事件来表述此类事件，而紧急事件、紧急情况等词汇则较少出现。但是由于单词含义的多样性、各国政府的表述差异和翻译习惯等，突发事件所对应的英文单词 emergency 有时仍会被翻译为"紧急事件""紧急状态"等。虽然在描述角度上存在差异，但是在多数情境中这些词汇实际所表达的内涵与突发事件大致相当。

5. 风险

国际标准化组织对风险的定义是"不确定性对目标的影响"，这是一个中性的定义，在企业管理等领域得到广泛认同和采纳。社会领域普遍将风险视作负面词汇，主要从伤害、损失、威胁等角度诠释风险，将风险视作一种会产生消极结果的事件。就应急管理领域而言，对于风险的表述，学界比较认可的观点是：风险是致灾因子与脆弱性共同作用的结果，也是事件发生的可能性与影响程度共同作用的结果（王宏伟，2011）。从这一表述可以看出，风险是突发事件的潜在状态，当风险的潜在影响变为现实，即造成事实上的伤害时，风险便向突发事件靠拢。

6. 危机

汉语中的危机由"危险"和"机遇"组合而来，意为"危机与机遇"并存的状态。这一概念颇具哲学韵味。英文中危机所对应的词汇 crisis 也具有类似含义，《韦氏词典》将 crisis 定义为"有可能变好或者变坏的转折点或关键时刻"。但是，在现实生活中，人们在使用"危机"这一词汇时更多地强调的是其"危险"的一面。学者巴顿将危机定义为"一个会引起潜在负面影响、具有不确定性的大事件，这种事件及其后果可能会对组织及其员工、产品、服务、资产和声誉造成巨大的损害"。从这一定义可以看出，危机的重点在于强调事件所产生的负面影响及其后果严重性，并未强调事件发生的突然性。

事实上，突发性并不是危机事件的必然特征。美国学者里昂纳德和休伊特认为危机包括突发型危机和渐发型危机两种。后者如生态危机，通常是由长期的生态环境破坏造成的，并非突然间发生的。反过来看，突发事件也未必都会引发危机，常规型突发事件，如一般的自然灾害和交通事故等，很多时候并不会达到危机的程度。

因此，从内涵上来看，危机与突发事件是两个不同的概念。但是，从外延上看，二者有很强的交叉关系，危机的发生常常以重大突发事件为标志，而突发事件在一定的外界条件下也会进一步发展突变为危机。图1-1对日常事件、常规型突发事件、突变型危机和突发型危机进行了形象的描述，从中可以很清晰地看出突发事件和危机的区别与联系。

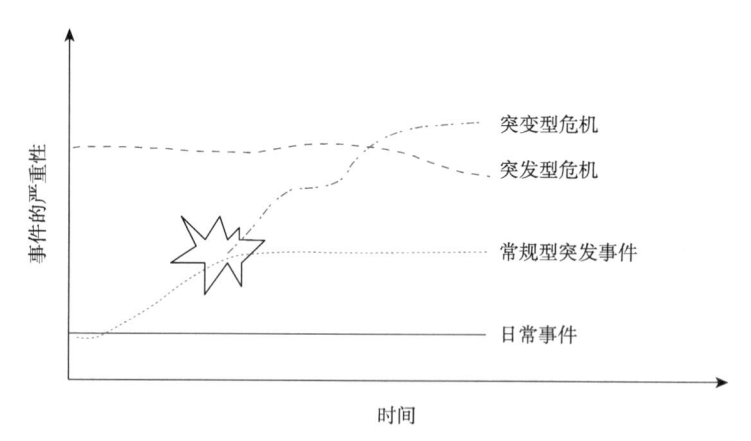

图1-1 不同事件的严重性随时间的变化图
资料来源：张欢. 2010. 应急管理与危机管理的概念辨析[J]. 中国应急管理，（6）：31-36

二、突发事件的分类

对突发事件进行分类的主要目的在于明确责任主体，方便专业性强、技术要求高的突发事件的处置。突发事件的分类标准有很多，可以从不同维度进行划分。目前，国内外学界对于突发事件分类的典型做法主要有三种（杨正鸣和苗伟明，2015）：一是以突发事件的性质、发生原因和机理为分类标准；二是以突发事件的发生或影响的范围、领域和行业作为分类标准；三是以突发事件的规模、预测性和危害程度作为分类标准。总的来说，这三种分类方法在学界比较常用，得到了多数学者的认同。其他做法还包括以应急管理参与主体的态度、突发事件的发生和结束速度、突发事件的演化过程和最终形态等维度作为分类标准，但相对而言这些分类方法在学界不太通行，较少被使用。

在学界的各种分类方法中，以突发事件的性质、发生原因和机理为标准的分类方法最为常见，也得到了实践部门的广泛认可，经常出现在国家层面的规范文件中。我国的《突发事件应对法》和《国家突发公共事件总体应急预案》对于突发事件的分类综合考虑了突发事件的发生原因、机理、过程、性质和危害对象等重要因素，更能反映突发事件的本质，凸显不同突发事件的特殊性，具有较高的科学性和合理性。本书沿用我国官方层面的分类方法，将突发事件划分为以下基本类型。

1. 自然灾害

《国家自然灾害救助应急预案》（2016年修订）所称自然灾害主要包括干旱、洪涝灾害，台风、风雹、低温冷冻、雪、沙尘暴等气象灾害，火山、地震灾害，山体崩塌、滑坡、泥石流等地质灾害，风暴潮、海啸等海洋灾害，森林草原火灾等。[①]根据《国家突发公共事件总体应急预案》，农作物病虫害等生物灾害在我国亦被归类为自然灾害。

2. 事故灾难

根据《国家突发公共事件总体应急预案》，事故灾难主要包括工矿商贸等企业的各类安全事故，交通运输事故，公共设施和设备事故，环境污染和生态破坏事件等。[②]

3. 公共卫生事件

我国《突发公共卫生事件应急条例》指出，突发公共卫生事件是指"突然发生，造成或者可能造成社会公众健康严重损害的重大传染病疫情、群体性不明原因疾病、重大食物和职业中毒以及其他严重影响公众健康的事件"。根据《国家突发公共事件总体应急预案》，此类事件主要包括：传染病疫情，群体性不明原因疾病，食品安全和职业危害，动物疫情，以及其他严重影响公众健康和生命安全的事件。

4. 社会安全事件

社会安全事件主要包括恐怖袭击事件、经济安全事件、涉外突发事件、群体性事件及其他可能对国家和社会稳定与发展造成巨大影响的相关突发事件。

三、突发事件的分级

对突发事件进行合理的分级可以使突发事件的类型体系更完善，使人们对突发事件的危害和影响有更深刻、具体的认识。分级的最终目的在于更好地服务应急管理工作，使应急管理决策更具现实针对性，为启动分级应急响应机制提供科学依据，避免因响应不足或响应过度而产生负面影响。

对突发事件进行分级，首先需要建立一套科学、客观的分级标准。由于研究角度和目的不同，学界对突发事件的分级研究存在多种方法和结果。但总的来看，研究者大多是从主观和客观两个角度出发，综合考虑不同基本要素，进而提出突发事件分级标准。其中，客观方面主要考虑突发事件的影响范围、造成的人员伤亡和经济损失后果等因素，主观方面主要考虑突发事件的社会影响程度、对突发事件的承受度和应对能力等（杨正鸣和苗伟明，2015）。

我国《突发事件应对法》和《国家突发公共事件总体应急预案》按照事件性质、严重程度、可控性和影响范围等因素将突发事件具体划分为特别重大（Ⅰ级）、重大（Ⅱ级）、较大（Ⅲ级）和一般（Ⅳ级）。同时，国家专项应急预案也对自然灾害、事故灾难、公共卫生事件及社会安全事件等具体类型突发事件的等级划分进行了具体规定。总的来看，

[①] 《国务院办公厅关于印发国家自然灾害救助应急预案的通知》，https://www.gov.cn/zhengce/zhengceku/2016-03/24/content_5057163.htm。

[②] 《国家突发公共事件总体应急预案》，https://www.gov.cn/yjgl/2005-08/07/content_21048.htm。

我国官方对突发事件的分级是一种以客观影响因素为基础，兼顾主观影响因素的事后静态分级。

第二节 应急管理概述

一、应急管理的基本概念

（一）基本定义

目前，我国《突发事件应对法》和《国家突发公共事件总体应急预案》等权威文献并没有对"应急管理"做出明确的解释。《联合国国际减灾战略术语》（2009年版）认为应急管理是对资源和责任的组织与管理，针对突发事件的各个方面，特别是备灾、响应及早期恢复阶段。美国联邦应急管理署（Federal Emergency Management Agency, FEMA）认为，应急管理就是有组织地分析、规划、决策与调配可利用的资源，针对所有危险的影响而进行的减缓、准备、响应与恢复。

参考上述定义，综合国内外理论研究对于应急管理的界定，结合我国应急管理的实践现状，本书将应急管理定义为：政府等相关主体在突发事件的事前预防、事发应对、事中处置和善后管理过程中，为了规避和应对各类突发事件而开展的一系列活动，目的在于保障公众生命财产安全，促进社会和谐健康发展。

（二）相关概念辨析

近年来，国内外应急管理研究发展迅速，应急管理学科的内容日益丰富、全面，但其目前仍然是一门新兴学科，其定义在很长一段时间内都处于不统一、不确定甚至空白的状态，同时作为一门在多学科基础上发展而来的交叉学科，应急管理又总是沿着多分支发展，这导致应急管理具有很多近似概念。为了减少混乱，促进学科发展，有必要对这些概念进行辨析。

1. 灾害管理

灾害管理主要是指自然灾害管理。《自然灾害管理基本术语》（GB/T 26376—2010）将自然灾害管理定义为"在灾害应对的各个阶段，政府或有关部门、社会组织为预防和减轻自然灾害，制定政策、做出决策以及采取的措施"。这一定义同样强调全过程和全主体管理，与应急管理的基本定义大体上是契合的，因此灾害管理实际上也就是自然灾害应急管理或灾害应急管理。按照灾前、灾中、灾后不同时期的工作内容，可以将自然灾害管理划分为减灾、防灾、备灾、抗灾、救灾、恢复重建等阶段。这些阶段术语通常只应用于自然灾害应急管理领域，相关定义如下：

（1）减灾：在灾害管理的各个阶段，采取一系列措施减轻灾害造成的人员伤亡、财产损失，以及灾害对社会和环境的影响。

（2）防灾：灾害发生前，采取一系列措施防止灾害发生或预防灾害造成人员伤亡、财产损失，以及社会和环境的影响。

（3）备灾：灾害发生前开展的风险调查与评估、机制建设、预案制定、应急演练、物资储备、装备和通信保障、教育培训、社会动员等一系列准备工作。

（4）抗灾：灾害发生期间，为抗击或抵御灾害，紧急采取的抢险、抢修、救援等一系列应对工作。

（5）救灾：灾害发生后，开展的灾情调查与评估、物资调配、转移安置、生活和医疗救助、心理抚慰、救灾捐赠等一系列灾害救助工作。

（6）恢复重建：恢复和重建被灾害破坏的建（构）筑物、生态环境、生产生活秩序和社会功能。

2. 风险管理

风险管理是在辨识风险的基础上，通过风险分析、风险评估、风险控制等系统性措施，对各类危及社会公众的生命、健康、生存环境与财产安全等的可能加以有效控制和妥善处理，以获得最大安全保障的一种管理活动。风险管理与应急管理的辩证关系主要表现在以下两个方面。

第一，二者在以下方面存在明显的区别。从管理范围来看，风险管理是一个更宽广的概念，其管理对象包括社会、经济、政治、技术、环境等领域的各方面具体或抽象的风险；而应急管理的管理范围相对聚焦，其管理对象是若干类型的突发事件。从管理流程来看，风险管理强调未雨绸缪，关口前移；而现代应急管理则强调全过程管理，不仅关注事前的防范，还关注事中的响应及事后的处置与恢复。

第二，二者是高度交叉、密切关联的概念。风险管理能够从根源上遏制潜在危害并避免损失，是应急管理工作的重要起点，突发事件风险管理的成效及其与其他环节的有效衔接是提升应急管理整体水平的关键。如果风险管理措施不当或者处置失败，当风险积累到一定程度时就会向突发事件转化，潜在损失也将变为既定事实，此时就需要采取有效的应急处置措施力争将损失减少到最低程度。如果将应急处置等同于狭义的应急管理，则可以将风险管理视作常态管理与应急管理的中间地带。

3. 危机管理

从字面上看，危机管理即针对危机型事件所进行的管理活动。孙多勇综合多位学者的观点，将危机管理定义为"针对危机本身的不确定性，而开展的一种有组织、有计划、持续动态并且覆盖危机事前、事中、事后的管理过程，是组织在危机的产生、发展过程中，通过建立必要的危机应对机制，采取一系列必要措施，有效地防范、处置、化解危机的活动"（孙多勇等，2018）。

现代应急管理中的很多理念和理论均源自危机管理理论，因此应急管理与危机管理有千丝万缕的联系，但这也导致二者之间的区别远不如应急管理与其他概念之间那般明晰，很多文献对二者之间的概念界定都存在模糊甚至混淆的情况。

客观地说，应急管理与危机管理虽然具有诸多相似性，但二者并不是等同的，在很多情况下并不能随意替换。二者最本质的区别在于管理对象的差异，可以参考前述章节对突发事件和危机事件的概念辨析论述。从管理主体来看，应急管理的主体主要是政府等公共机构，虽然现代应急管理理论与实践越来越强调全主体参与，但本质上仍是以政府为主导；危机管理的主体包括任何类型的组织，政府只是其中之一，而企业则是最普遍的一类组织。事实上，危机管理学科包括企业危机管理和公共危机管理两个既独立发展又相互融合的主要学科分支，从这个角度来看，将危机管理等同于应急管理也是不妥的。

二、应急管理的基本特征

作为一项基本的公共管理活动，应急管理具有公共管理的一般性特点，同时其独特的管理客体、管理主体、服务对象、管理过程和管理要求也决定了其具有以下基本特征（王宝明等，2013）。

1. 状态的特殊性

应急管理是公共管理的一种特殊状态和特殊形式。应急管理工作具有高度的不确定性和复杂性，不仅经常面临信息缺失、资源不足等困境，还需要承受时间紧、任务重的巨大压力。与常态管理相比，应急管理工作普遍具有较大的风险和难度，经常需要借助一些非常规的管理手段，工作环境、决策程序、应对措施、参与主体等方面都存在较大的特殊性。

2. 措施的紧急性

突发事件对人们的生命健康和财产安全构成了严重威胁，但是事件突发性使得管理者可利用的资源和时间非常有限，然而事态演化的不确定性和后果的严重性又迫使管理者必须以最快的速度、采取最有效的措施处置突发事件，第一时间挽救生命财产损失。

3. 目的的公共性

应急管理的目的在于最大程度地预防和减少突发事件及其造成的损害，保障群众生命健康和财产安全，维护公共安全和社会稳定。应急管理在维护国家利益和社会利益方面发挥了十分重要的作用，具有利益公共性。

4. 过程的动态性

突发事件的发生与演进是一个动态过程，而应急管理则是突发事件应对的一系列活动。做好应急管理工作需要遵循常态与非常态相结合的原则，管理者需要动态地审视突发事件发展的进程与趋势，采取有效的突发事件预防、应急准备和处置措施。由于突发事件具有高度的不确定性和紧迫性，因此各项管理措施需要不断更新，紧急情况下需要当机立断，灵活调整并执行相关应急方案。

5. 管理的综合性

应急管理强调整合与协调，主要体现在以下方面（王宏伟，2015）。就管理客体而言，应急管理的对象涵盖了以自然灾害、事故灾难、公共卫生事件与社会安全事件为主的各类自然、技术或人为事件；在管理主体方面，应急管理强调各级政府、军队、企事业单位、社会组织和个人之间的协调与合作，应努力避免横向或纵向碎片化的情况，以防出现应急服务缺位与空白、管理错位或管理交叉重复等情况；从管理的过程来看，应急管理是对突发事件事前、事发、事中和事后管理的有机统一，是一个包括预防、准备、响应和恢复重建等阶段在内的动态循环过程，体现了全过程的原则。

三、应急管理的基本流程

应急管理生命周期理论将应急管理划分为减缓（mitigation）、准备（preparedness）、响应（response）和恢复（recovery）四个阶段。这一理论目前在国际上比较通行，如 FEMA、澳大利亚应急管理中心（Emergency Management Australia，EMA）等国外应急管理部门均采用了这种划分方式。我国《突发事件应对法》则将应急管理活动划分为预防与应急准备、监测与预警、应急处置与救援、事后恢复与重建四个过程，与应急管理生命周期四阶段相比，突出了监测与预警在应急管理中的作用。

本书基于应急管理生命周期理论，结合我国国情和应急管理实际，将应急管理过程主要分为预防减缓、应急准备、监测预警、应急响应、恢复重建五种活动。在一般意义上，上述五种活动遵循相对的实施顺序，因此也可以将它们称为五个阶段。这五个阶段整体上形成了一个闭合的流程，构成了应急管理活动的全过程。但是需要说明的是，这五个阶段并非完全按照突发事件的演进顺序发展，一方面，它们无法与事前、事发、事中和事后这四个阶段完全吻合，另一方面，五者之间的顺序和界限也不是绝对的，如响应工作也可能发生在突发事件来临之前，监测预警与预防减缓及应急准备在时间上可能存在交叉，恢复重建与应急响应的界限通常十分模糊。

各阶段的内涵和主要工作如下。

预防减缓是指通过采取合适的风险管理措施和手段以预防突发事件的发生或降低其出现的可能性，降低和限制突发事件可能带来的影响。这一阶段的主要活动包括突发事件隐患排查、危险源与危险区域调查及登记、风险评估、风险处理、安全防范措施采取等。

应急准备是在突发事件发生之前采取必要的准备措施，以保障突发事件应急响应与处置的应急需要。主要包括：应急管理组织与制度的规划设计，应急资金、物资、人力、技术等各类应急资源保障，突发事件应对能力的提升与准备。

监测预警是通过专业监测网点对可能引起突发事件的各种因素和突发事件发生之前的各种征兆进行观察和捕捉，依据观测结果预测突发事件发生的可能性，评估突发事件可能造成的危害程度、紧急程度和发展态势，必要时确定相应的预警级别，并发出突发事件即将发生及要求做好应急响应准备的警示通告。（张乃平和夏东海，2009；王宝明等，2013）

应急响应是指为应对已经发生或即将发生的突发事件所采取的一系列措施，主要目的在于挽救生命、保护财产和环境，降低社会公众可能遭受损失的程度，以及满足人的基本需要。

恢复一般是指按照最低运行标准将重要生活支持系统复原的短期行为，如清理废墟、修复重要基础设施、提供临时住所、提供失业救助等；重建，又称长期恢复，则是指推动社会生活恢复常态的长期活动，如重建主要建筑、振兴或重建产业等。

应急管理各阶段的主要活动如表1-1所示。

表1-1 应急管理的主要活动

阶段	主要活动
预防减缓	建筑法规、建筑使用管理、立法、公众教育、公共信息、保险、奖惩、土地使用管理应急响应计划
应急准备	疏散计划、应急沟通、互助协议、公众教育、公众信息、资源储备、训练项目、检验性演练、避难场所
监测预警	监测网络、监测系统、信息监测制度、预警系统、灾情研判、警讯发布、预警响应措施
应急响应	预案执行、紧急状态宣布、预警消息、公共信息、注册与跟踪、通知上级机构、激活协调中心、疏散、动员资源、分配救灾物资、损失评估、搜救、提供医疗支持、实施公共卫生措施、迅速提供救助
恢复重建	恢复基本服务、咨询项目、临时住房、金融支持或帮助、分配恢复物资、公众信息、长期医疗支持、满足公众诉求、恢复公共财产、经济影响研究、评估发展计划、开始重建任务

资料来源：1. 王宏伟.2010. 突发事件应急管理基础[M]. 北京：中国石化出版社；2. 容志，王晓楠.2019. 城市应急管理：流程、机制和方法[M]. 上海：复旦大学出版社

四、应急管理的主体

有效的应急管理需要政府、非政府组织、企业、社区和公众等相关各方保持密切合作。应急管理的主体主要包括以下方面（唐彦东等，2021）。

（1）政府。政府是应急管理服务的提供者、应急管理政策的制定者及应急管理权力的行使者，这决定了它在应急管理中的主导地位。政府掌握着大量的资源，享有制度安排和实施的合法权力，拥有层级化的、组织程度和专业化程度很高的政府组织体系及法律授予的合法权力，具有强大的动员能力和组织能力，无可争辩地发挥着核心和主导作用，具有任何其他组织都无法比拟的巨大优势。

（2）非政府组织。非政府组织一般是指独立于政府和企业之外的具有一定程度的公共性质并承担一定公共职能的社会组织，具有非政府性、非营利性、公益性和志愿性四个方面的基本属性。由于独立于政府，较少受到官僚机制束缚，非政府组织在提供应急管理服务时更加迅速、灵活，在募集资金、运输物资、专业救助、维护秩序、提供关怀方面发挥了重大作用。

（3）企业。企业是社会经济发展中最活跃的组成部分，也是应急管理中重要的社会参与力量。由于企业的营利性特征，企业具有一定的资源优势，特别是在经济资源、技术资源和人力资源等方面。企业可以通过与政府合作、与非政府组织合作、独自参与这

三种途径参与应急管理，参与方式主要包括作为政府的采购合作方、在政府主导下进行应急演练、对灾区所在地的政府进行捐助、对非政府组织进行捐赠等。此外，我国交通、铁路、能源、工业和信息化、卫生健康等行业部门都建立了水上、航空、电力、通信、医疗防疫等应急救援队伍，担负着行业领域的应急抢险救援任务。

（4）社区。社区是现代城市应急管理系统的末梢和基础环节，是应急管理的基层力量，具有信息优势、组织优势，是动员社会力量的重要平台。当突发事件发生时，社区居民往往成为灾害现场的第一应对者。社区可以通过宣传教育、科普宣传培训等方式，提高居民应对突发事件的能力，培养公众的应急管理意识；社区可以较好地联系区域内的居民，在本社区内有效地开展自救互救工作；社区也可以有效管理避难场所，帮助灾民顺利避难，鼓励志愿者参与到应急避难所的管理工作中。

（5）公众。公众是社会的基本构成单位，是构成各类社会组织的基本元素，为突发事件直接威胁的对象，是影响应急管理工作的重要因素。社会公众应急管理意识和应急能力的强弱将直接决定受灾程度，公众通过提高自身的应急管理意识和应急能力，可以在突发事件中采取恰当的应对措施，降低对自己的伤害。社会公众还可以通过积极响应政府的应急管理工作，贡献自己的力量和智慧，如通过为非政府组织提供志愿服务、捐赠物资等方式投入到应对和恢复过程中。另外，公众也可以对政府、非政府组织及企业的行为进行监督，防止应急管理过程中的行为失范。

五、应急管理系统的构成要素

一般来说，一个完整的应急管理系统由指挥调度、信息管理（information management，IM）、处置实施、资源保障和决策辅助五个子系统组成（计雷等，2006）。其中，指挥调度系统是整个体系的大脑，属于中枢系统，其他四个系统属于支持系统，从不同的角度为应急管理体系提供功能支持，促使指挥调度系统做出正确、合理的决策并得到有效落实。同时，各个子系统之间也存在相互支持、协同配合的关系。各个子系统的含义如下。

1. 指挥调度系统

指挥调度系统是突发事件应急管理体系的核心和中枢，其主要任务是根据预案启动突发事件的处理过程，不断调整对事件的判断，从而对事件的处理做出可执行性的决策，并负责应急管理的统一指挥，给各支持系统下达命令，提出要求。

2. 信息管理系统

及时、可靠的消息传递是正确决策的基础，是指挥执行的重要保障。信息管理系统肩负着多部门、多层级、多主体之间的信息传递任务，旨在为应急管理结构体系中的其他系统提供信息支持，是衔接和关联各个系统的重要通道，对于加强系统的整体性和联动性具有十分重要的作用。信息管理系统的作用并不局限于相关管理部门之间或内部的信息共享，还可用于监测和分析突发事件的发展情况、向社会发布预警等各类权威消息、公布突发事件处理的进展信息、宣传引导等。

3. 处置实施系统

处置实施系统的任务是贯彻落实指挥调度系统的决策部署，具体任务包括启动应急预案、做出迅速反应；根据指挥调度系统的意见及时对方案进行调整；整合各类资源，对应急力量的指挥组织、资源保障与管理措施进行细化，按照成本效益原则投入救灾工作，对突发事件进行处理；将应急工作进展情况、资源短缺等信息及时反馈给指挥调度系统。负责体系的日常运行，根据指挥调度系统的指令承担应急管理各阶段的各项基本任务，如灾前的应急演练与培训、应急物资的更新与维护。

4. 资源保障系统

资源保障系统能够为其他系统提供各类必要的物质与非物质的资源支持，为构建科学、高效、顺畅的应急管理体系提供多重保障机制。各类资源既是应急管理工作顺利进行的基础，同时其资源利用效率也为衡量应急管理绩效和评价应急管理体系运转质量提供了基础依据。

5. 决策辅助系统

决策辅助系统的任务是在信息管理系统传递的信息基础上，为指挥调度系统提供决策支持，为应急管理各个阶段的决策问题提供建议或方案，如形势研判、预警分析、预案编制、资源配置、应急工作绩效评价等方面的方法支持和决策建议。应急管理系统框架图，如图 1-2 所示。

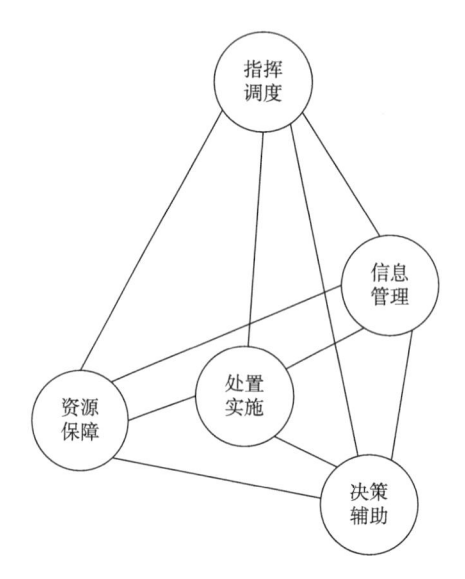

图1-2　应急管理系统框架图

资料来源：计雷，池宏，陈安，等. 2006. 突发事件应急管理[M]. 北京：高等教育出版社

第三节 应急管理相关理论与学科基础

一、应急管理相关理论

(一) 综合应急管理

综合应急管理作为一个专门的概念,最初主要见于美国应急管理的研究和实践,现已发展成为一个系统的理论体系。综合应急管理是应急管理活动的整合性方法,其核心理念是全灾种、全过程、全主体(唐彦东等,2021)。此外,也有文献认为综合应急管理还应该包括全系统、全影响和全手段(黄宏纯,2018)。

1. 全灾种

一个国家或地区可能遭受多种致灾因子的袭击,包括各种自然灾害和人为灾害。综合应急管理理论认为,各种致灾因子各不相同,需要充分理解每类灾害的特殊性,但是从管理的角度来看,这些致灾因子在很多方面可以采用相同的战略、方法与技术来进行处置,也就是在管理上具有普遍性。例如,对于响应阶段来说,设置一套能够处置所有致灾因子的管理方案就比为每种致灾因子都单独设置一套管理方案要好一些。综合应急管理理论认为不同致灾因子的处置与管理既存在特殊性,又存在共性。

2. 全过程

狭义的应急管理主要是指应急处置这个环节,而全过程管理要求突破"重应急,轻预警"的传统观念。全过程理念认为综合应急管理是为了应对突发事件而进行的一系列有计划有组织的管理过程,是一个由不同阶段和各种应对措施组成的管理过程。关于应急管理过程构成与阶段划分,不同学者和机构从不同的角度进行了探讨和界定。其中,以美国州长协会提出并被美国联邦应急管理局采纳的四阶段划分方法流传最为广泛,描述四个阶段的术语也被大家熟悉和接受,这四个阶段分别为减灾、准备、响应和恢复,也被称为应急管理生命周期理论。

3. 全主体

全主体管理是指动员、调动和整合全社会的力量共同应对突发事件,构建政府、社会、公众、媒体主体间的多元协同机制,形成应对突发事件的社会整体网络。

应急管理工作是一项系统工程,人们已经逐步认识到,仅依靠政府的力量是远远不够的,需要动员和吸纳各种社会力量,整合和调动社会各种资源共同应对突发事件,形成社会整体应急网络。

4. 全系统

全系统管理是指协同各种系统，共享资源，共同应对突发事件。其中，指挥调度子系统是全系统管理体系中的最高决策机构，其他子系统分别对指挥调度子系统提供不同功能的支持，以保证指挥调度子系统做出及时、有效的决策，同时它们之间也存在相互协作、相互支持关系。

5. 全影响

突发事件的影响范围广泛，可能会对政治、经济、社会、环境等各个方面造成不利影响。正如需要考虑所有突发事件一样，综合应急管理需要考虑突发事件有可能带来的所有不利影响。例如，在损失预测与评估中，需要考虑经济影响、人身影响和环境影响等多方面的损失和破坏情况。其中，经济影响又可以分为微观经济影响和宏观经济影响，微观经济影响还可以进一步分为直接经济损失和间接经济损失。

6. 全手段

全手段管理是指综合应用行政手段、法律手段、经济手段和技术手段进行突发事件的管理。全手段管理强调各种手段齐抓共管，尤其是发挥经济杠杆在全过程应急管理中对各方经济利益的调节、约束、补偿等功能，以及高新技术在全系统应急管理中的技术支撑作用，达到标本兼治的效果。

（二）危机管理生命周期理论

现代应急管理的理论渊源在很大程度上可以追溯到危机管理，其中对应急管理的发展影响最大的当属危机管理的生命周期理论。

关于危机的生命周期及危机管理的过程，学者提出了不同的划分方法和理论，主要包括三阶段模型、四阶段模型和五阶段模型。其中，危机管理四阶段理论是目前学术界比较认可和广泛流行的，不同的研究人员根据自己的标准，提出了不同的四阶段模型。四阶段模型中具有代表性的是F模型、PPRR模型和4R模型。

1. F模型

斯蒂文·芬克采用医学术语形象地描述了危机的发展演化历程，将其划分为四个阶段。①征兆期，这一阶段是危机的诱因逐渐积累的过程，此时已有迹象表明潜在的危机即将出现。这些迹象有时较为明显，有时则不太明显。②发作期，具有损害性的事件已经发生并引发危机。③延续期，危机事件持续演变，其造成的影响不断扩大。④痊愈期，危机事件得到有效控制，其引发的各种问题基本被解决。为贴合汉语表达习惯，也有学者将危机生命周期分为潜伏期、爆发期、持续期和结束期四个阶段，其划分逻辑与芬克的四阶段模型基本一致。

2. PPRR 模型

PPRR 理论是危机管理应用比较广泛的理论，这一理论认为危机管理包括四个阶段，即危机前预防（prevention）、危机前准备（preparation）、反应（response）、恢复（recovery）。在危机管理的 PPRR 模型中，2P 比 2R 重要。如果没有做好 2P，2R 只能尽人事，这就是我们常说的预防重于治疗的道理。

FEMA 在这一模型基础上进行修正，提出了 MPRR 模式，即减缓（mitigation）、准备（preparedness）、反应（response）和恢复（recovery）。目前 PPRR 模型和 MPRR 模式已经得到了理论界和实践部门的广泛认可，成为应急管理的通用模式。

3. 4R 模型

罗伯特·希斯将危机管理过程概括为 4R 模型，将危机管理划分为缩减、预备、反应和恢复四个阶段，有效的危机管理是对 4R 所有方面的整合。

图 1-3 对 4R 模型中的理论关系进行了清晰的描述。从中可以看出，缩减管理是危机管理的核心内容，贯穿于整个危机管理的过程。

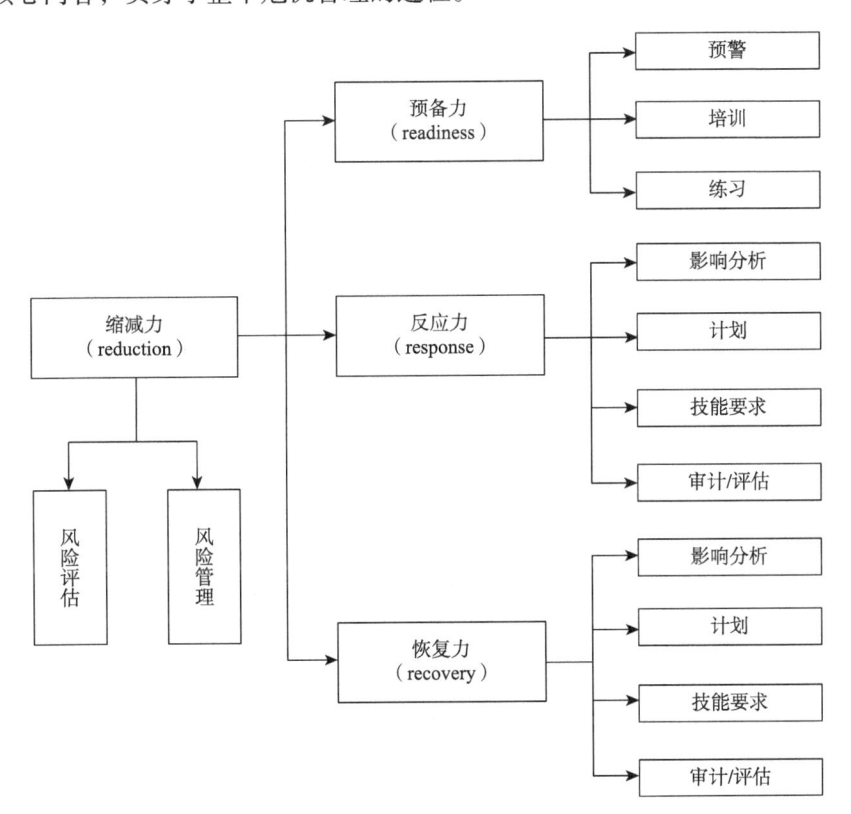

图1-3　4R危机管理模型关系框架图

资料来源：希斯 R. 2001. 危机管理[M]. 王成，宋炳辉，金瑛，译. 北京：中信出版社

二、应急管理的学科基础

应急管理是一门综合多学科理论、方法及技术而形成的新兴学科。如图 1-4 所示，应急管理的学科基础主要包括公共管理、灾害学、安全科学、管理科学与运筹学、决策科学、信息科学等，以下对这些学科的研究内容进行简要介绍。

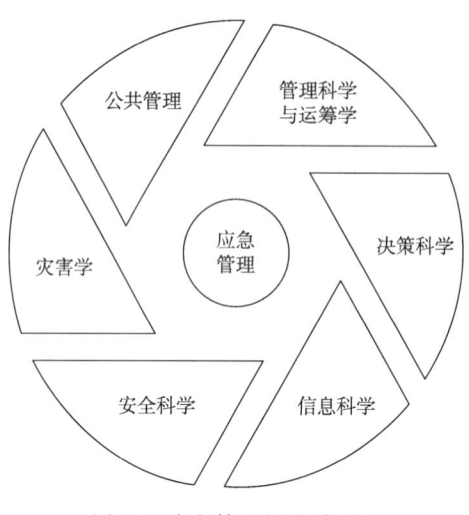

图1-4 应急管理的学科基础

（一）公共管理

公共管理主要指以公共组织为依托，为促进社会整体的协调发展和有效实现公共利益，采取各种方式对涉及社会公众整体生活质量和共同利益的一系列活动进行调节控制的过程。公共管理的对象是公共服务，但其管理主体不只有行政部门，还包括非政府组织在内的其他公共部门。公共管理学则是一门研究公共部门的实践规律，并且指导公共部门的管理活动的学科。公共管理学也是一门融合多学科知识而发展起来的学科，相关支撑学科包括政治学、管理学、经济学、政策学和社会学等。

按照公共事务的范围，可以将公共管理的研究对象分成三个层次（张志刚，2013）。

一是国际事务。随着全球化进程的加快，公共管理的范围已经突破了国境限制，逐渐扩展到了国际事务领域，主要涉及和平与发展问题、全球化问题、宇宙空间开发与利用问题、生态环境保护问题、公共卫生问题、反对恐怖主义问题等。

二是国家公共事务，包括维护国家主权统一和领土完整、制定法律法规、维护国家安全、保障社会秩序稳定、发展对外关系等。

三是社会公共服务，主要包括教育、科技、文化、卫生、体育等公共事业，以及社会服务、社会公用事业等。

应急管理在很大程度上属于一项公共事务，可看作公共管理的一种特殊状态和形式，有关应急管理体系、体制、机制设计等诸多内容都需要公共管理学科理论与方法的支持。

（二）灾害学

灾害学是一门以灾害和灾害系统为研究对象，旨在揭示灾害的成因机理和发生发展规律，据此寻求减轻灾害途径，进而建立防灾、减灾、救灾基本原理和方法的科学。

研究对象的特殊性、多样性和实践的复杂性，决定了灾害学是一门综合性很强的横断学科。灾害学的发展有赖于多学科的基础理论与分析工具，需要从自然科学、社会科学两大方面入手，开展跨学科、多学科交叉渗透的综合性研究。目前，灾害学已发展成为一个具有众多分支内容和不同层次的学科群系。从宏观层次上看，灾害学包括灾害运动学、灾害成因动力学、灾害预测学、灾害防治对策学等学科。

（三）安全科学

安全科学是一门研究人类安全活动规律及其应用的科学，通俗来说就是研究怎样才算安全及如何确保和实现安全的科学。具体来说，安全科学的研究内容主要包括四个方面。（李树刚，2008）

（1）安全科学的哲学基础。确立安全科学的哲学观是研究安全的基础。安全观是把握安全的本质及其科学的思想方法，是对安全的最高理论概括，也是安全思想的方法论和认识论。

（2）安全科学的基础理论。安全科学体系的基础科学是安全学，根据"安全四要素"（即安全人体、安全物质、安全社会和安全系统）可分为安全人体学、安全物质学、安全社会学、安全系统科学。

（3）安全科学的应用理论与技术。包括安全系统工程、安全控制工程、安全管理工程、安全信息工程、安全人机工程和各专业领域的安全理论与技术问题。

（4）安全科学的经济规律。包括安全经济的基本理论、安全效益评价理论、安全技术经济管理与决策理论、职责伤害事故经济损失规律等。

（四）管理科学与运筹学

运筹学是一门综合运用数学、计算机科学及其他科学的理论与方法，研究各种系统尤其是经济管理系统运行的数量化规律，为系统中的人、财、物的组织管理和筹划调度问题寻找最佳或近似解读，进而为管理决策问题提供方法论支持的学科。

运筹学和管理科学、系统科学、控制工程、数理统计、概率论、信息与计算机学等学科之间存在着千丝万缕的联系。在国际学科分类框架下，运筹学和管理科学被合并在一起组成了一个大类学科。运筹学是管理科学最重要的组成部分，一些学者甚至将运筹学等同于管理科学。但是，一般来说，管理科学包含的内容要比运筹学更广泛一些，与运筹学同义的管理科学只是狭义的管理科学。

运筹学的方法精髓是数学建模。根据模型的共性表现形式和共性优化方法，可以将运筹学的具体内容划分为规划论、图论与网络分析、排队论、决策论、博弈论、存储论、搜索论等。

（五）决策科学

决策科学是一门研究决策理论和方法的科学，通俗来说，该学科主要研究实际决策者如何进行决策及如何实现最优决策。

决策科学的理论体系主要包括三个层次。

1. 决策方法学

决策方法学侧重关注决策科学化活动中需要的基本概念、步骤、原则和方法，并研究分析方法在决策中的应用。主要课题包括决策科学化的判别标准、影响决策科学化的因素与条件、决策全过程的合理步骤、每个决策步骤所应用的科学方法。

2. 决策行为学

决策行为学主要关注决策者行为的主客观约束、决策者的合理行为模式等研究主题。

3. 决策组织学

决策组织学的研究问题包括联合决策问题、决策分工体制问题、决策的组织程序、决策的执行组织等。

（六）信息科学

信息科学是以信息为主要研究对象，以信息的运动规律和应用方法为主要研究内容（即如何认识和利用信息），以计算机等技术为主要研究工具，以扩展人类的信息功能为主要目标的一门综合性学科（赵丹等，2018）。

信息科学是一个横跨自然科学和社会科学的综合性大学科群，凡与信息、知识、情报、智能有关的学科或领域均可全部纳入或部分纳入其中。

信息科学的研究范围包括哲学、基础理论、技术应用、经济学和社会学研究这五个层次，围绕这五个层次形成了以信息哲学、信息科学原理、信息技术学、信息经济学和信息社会学等为基础的信息科学体系。

第四节 应急管理的发展与现状

一、现代应急管理的起源与发展

现代应急管理的起源主要有三个方面：一是灾害管理实践，二是民防实践，三是危机管理研究。

从世界范围来看，应急管理的历史渊源可以追溯至人类应对灾害的实践。纵观人类发展史，与灾害抗争是人类永恒的主题。无论是西方的诺亚方舟传说还是中国古代的大禹治水神话都折射出人们寄希望于灾害管理以求美好生活的夙愿。随着社会经济的发展进步，人类对自然和事物的认识逐渐提高，各类天灾人祸中的神话色彩慢慢淡化，人在救灾中的主观能动性逐步增强，从心理上和技术上具有了一定抵御灾害的能力。以古代中国为例，自春秋以来，我国逐渐形成了制度化的救灾程序和救灾思想，至宋元时期，我国已经形成了具有一定规模的专业救灾机构。这些措施可以视作应急管理的雏形，但是古代并没有提出明确的应急管理理念，古人对于突发事件所采取的行动主要是"临时抱佛脚"的简单应对。近代以来，各国在应急管理实践方面均有了长足进展，但仍处于探索阶段，这一时期应急管理依旧呈现出临时应对、经验型管理的特征，以现代科学的眼光来看，似乎还不能称之为管理。

现代应急管理诞生于西方国家，并且在很大程度上脱胎于现代民防实践。两次世界大战期间，以英国、美国为首的西方发达国家先后建立了城市民防体系。第二次世界大战结束后，国际形势进入"冷战"新局面，为了应对军事攻击威胁，在相当长的一段时期内，民防战备一直是应急管理工作的重中之重。虽然具有较为浓厚的应战色彩，但民防事业的发展为现代应急管理的创立奠定了扎实的制度基础，也为非战时的应急管理积累了宝贵的经验。与此同时，这一时期兴起的危机管理研究也为现代应急管理的发展奠定了理论基础。第二次世界大战以后，西方国家不断重视和加强突发公共事件危机管理方面的理论与技术研究。最初的研究方向主要集中在国家安全和国家关系等政治领域，也就是传统意义上的危机应对机制。现代应急管理正是建立在传统危机应对基础上而发展起来的更高阶段的应急管理体系。

20世纪70年代末期以来，随着美苏关系的缓和，西方国家的应急管理工作也逐渐向自然灾害领域平衡。1979年，美国将分散在不同部门的应急职能进行整合，成立了FEMA。FEMA被赋予了许多新的应急准备与减缓职能，如监督地震风险减除计划、协调大坝安全、协助社区制定严重气象灾害的准备计划、协调自然灾害与核灾害预警系统、协助旨在减轻恐怖袭击后果的准备行动与规划等。

作为世界上第一个专门负责应急管理工作的部门，FEMA的成立不仅结束了以往由专业机构在各自领域单独应对突发事件的历史，更重要的是它体现了综合应急管理的全新理念，被视作现代应急管理的标志。在相当长的一段时间内，美国的应急管理模式一直被公认为是最有效的应急管理模式，引得其他国家纷纷效仿。20世纪最后十年发起的"国际减灾十年"计划也不断尝试将这类模式推广至全球各国，促使各国应急管理向现代化、综合化方向迈进。自20世纪90年代以来，很多国家先后成立了本国的应急管理机构。进入21世纪以来，全球发生了多起重特大突发事件，如2003年的SARS（severe acute respiratory syndrome，严重急性呼吸综合征）事件、2004年的印度洋海啸事件、2011年的美国"9·11"事件等，对现代应急管理的发展提出了严峻考验，但随着应急管理经验的不断积累，现代应急管理理论和实践也在应对挑战的过程中一步步走向完善。

二、国内外应急管理现状介绍

（一）中国应急管理

2018 年以前，我国应急管理工作主要由各级政府应急管理办公室及各专项机构负责。2018 年 3 月，国务院进行了一次政府机构改革，组建应急管理部。2018 年 7 月，中共中央办公厅、国务院办公厅下发通知，明确了应急管理部的职能配置、内设机构和人员编制规定。自应急管理部成立以来，各省区市有序推进应急管理机构改革，2019 年底，全国 31 个省级应急管理厅局已全面组建，随即，市（区）县两级应急管理局也陆续完成了挂牌。

目前，我国应急管理工作主要由应急管理部及其下属应急管理厅和各地应急管理局负责。根据《突发事件应对法》的要求及《国务院机构改革方案》的相关说明，按照分级负责的原则，一般性灾害由地方各级政府负责，应急管理部代表中央统一响应支援；发生特别重大灾害时，应急管理部作为指挥部，协助中央指定的负责同志组织应急处置工作，保证政令畅通、指挥有效。

（二）美国应急管理

"9·11"事件之后，美国逐步建立了一个相对完善的应急管理组织体系。在这一体系中，国土安全部（Department of Homeland Security，DHS）是美国应急管理工作的最高领导机构，该机构成立于 2002 年，由 22 个独立分散的联邦部门合并而成。

隶属于国土安全部的 FEMA 是美国联邦层面的应急管理职能机构，其使命是领导和支持全国范围的突发事件应急管理工作，以抵御各类灾害风险（全灾种），并通过实施减灾、备灾、救灾和灾后恢复四项业务（全流程），减少生命和财产损失，维护社会稳定。在紧急状态下，FEMA 可以提升为内阁部门，直接向总统负责。FEMA 下设应急响应与恢复办公室，旨在提供指导和监督，建立健全部门协调机制，帮助美国民众及州、地方、部落和地区政府挽救生命、减少痛苦、保护财产，并从各类灾害中恢复过来（FEMA，2023）。

美国各州和地方政府也设有国土安全和应急管理部门，但具体名称和职责范围因地方不同而存在略微差异和侧重。由于美国属于联邦制国家，应急管理属于地方管辖权力的范围，尽可能以属地管理为主。只有当地方政府不能有效地应对突发事件，并且向上级政府提出支援请求后，上一级政府（州和联邦）才会提供必要的支持。

需要指出的是，以非政府组织、志愿者为主体的社会力量在美国的应急救灾活动中有着举足轻重的作用。在卡特里娜飓风灾害之前，美国受灾民众的基本生活保障并不属于联邦政府的救灾职能，在很大程度上依靠美国红十字会、食物银行等非政府组织来完成。但是卡特里娜飓风造成的损失和影响远远超出了地方政府和社会力量的应对能力，在此之后，美国联邦政府陆续进行了改革，不断完善其灾民基本生活保障职能。目前，美国一般性灾害救助工作依旧主要由社会力量参与提供，但联邦政府可以为社会力量的相关支出提供较高比例的资金保障。

（三）日本应急管理

日本采取的是以内阁府为中枢、整个政府集中应对的一元化管理体制。为了增强内阁府的防灾决策指挥和综合协调能力，日本内阁府设有中央防灾会议，作为日本防灾减灾工作的最高决策机构（李征，2020）。中央防灾会议由包括内阁总理大臣（日本首相）在内的所有阁僚、指定公共机关的首长及少量专家学者组成，负责制订防灾基本计划，审议与防灾有关的重要事项等内容。目前，日本并没有设置应对灾害的专门省厅，但内阁府设有防灾担当大臣作为灾害管理方面的国务大臣，以统一各行政部门的防灾措施。在防灾担当大臣的领导下，为了确保相关政府机构之间的广域合作，内阁府专门设立了政策统括官（防灾担当）负责制定有关防灾的基本政策，对大规模灾害发生时应采取的措施进行规划和全面协调。

除了中央防灾会议与防灾担当大臣，日本中央层面应急管理部门还包括国家公安委员会、消防厅等23个国家机关（洪凯，2012）。在中央机关之外，日本国家层面的应急管理组织还包括：指定地方公共机关（地方运输局、地方航空局、地方防卫局、管区警察局、北海道农政事务所等23个地方机关）、指定公共机关（防灾科学技术研究所、日本红十字会、日本NHK电视台、日本医师协会等100个独立行政法人、研究院所、公共团体和株式会社）。

日本地方政府（都道府县与市町村）也都设立了地方防灾会议，负责制订辖区的防灾基本方针与计划，并推进实施，对相关机关之间的协调联络及防灾相关的重要事项进行审议。当需要进行跨区域协调时，地方政府也会设立防灾会议协调会，共同处理跨区域的灾害应对事务。

由于日本实行地方自治体制，因此突发事件应急管理工作主要由地方政府负责。灾害发生后或者可能发生时，地方两级政府根据灾害对策基本法，成立灾害对策本部，协同相关机关制定并组织实施具体的应急对策，组织指挥本辖区的力量进行应急处置。根据灾情，必要时设置现场灾害对策本部。灾害对策本部的组织及运作事项，由防灾相关机构规定，具体配置和职责分工因灾因地略有差异。以爱媛县所辖市町为例，各市町灾害对策本部下设避难所物资、物资受付、受援调整、物资运输、物资集聚地管理等担当小组，承担应急物流管理方面的具体事项[①]。当出现严重的非常规灾害或特别严重的紧急灾害时，内阁府也会成立非常灾害对策本部或紧急灾害对策本部，对救援活动进行应急协调指挥，协调并委托物资保障、应急运输相关省厅开展应急物资筹集和调运工作，并通过推动型或拉动型方式对受灾都道府县进行支援[②]。

[①] 《爱媛县救援物资供应手册（愛媛県救援物資供給マニュアル）》，https://www.pref.ehime.jp/bosai/bosaitaisaku/busshimanual.html。

[②] 《中央防灾会议干事会：大规模地震・海啸灾害应急对策处理方针（大規模地震・津波災害応急対策対処方針）》，http://www.bousai.go.jp/jishin/oukyu_taisaku.html。

（四）澳大利亚应急管理

澳大利亚是一个孤悬于南半球的岛状大陆国，四周都是广袤的海洋，因此在战略上是一个处于较低威胁的国家，其突发事件主要是自然灾害一类，相应的应急管理也带有自己的鲜明特色，如下所述（马尚权，2017）。

澳大利亚设立了一套三个层面且承担不同职责的政府应急管理体系。第一，联邦政府层面，隶属于澳大利亚国防部的应急管理局是联邦政府主要的应急管理部门，负责管理和协调全国性的紧急事件；第二，州和地区政府层面，已经有六个州和两个地区通过立法，建立委员会机构及提升警务、消防、救护、应急服务、健康福利机构等各个方面的能力来保护生命财产、环境安全；第三，社区层面，澳大利亚全国范围内约有700个社区，它们虽然不直接控制灾害响应机构，但在灾难预防、缓解及为救灾进行协调等方面承担责任。

在澳大利亚，应急响应志愿者是抗灾的主力军，他们来自社区，并服务于社区，积极参与社区的减灾和备灾活动。州应急服务中心是志愿者抗灾组织中比较普遍的一种形式，帮助社区应对洪灾和暴雨等灾害，而且志愿者并不是业余的，他们都参加培训且达到了职业标准，并能熟练操作各种复杂的救灾设备。

（五）俄罗斯应急管理

俄罗斯建立了从中央到地方的不同级别的、专职专人的、具有综合性、协同性的管理职能的机构（陈安等，2010）。在横向上，紧急状态部是俄罗斯应对突发公共事件的中枢机构，内务部、国防部或内卫部队协助紧急状态部处置突发事件。紧急状态部直辖40万人的应急救援部队及装备。该部队作为独立警种，按部队建制，统一制服，统一警衔。在纵向上，俄联邦、联邦主体（州、直辖市、共和国、边疆区等）、城市和基层村镇四级政府设置了垂直领导的紧急状态机构。同时，为强化应急管理机构的权威性和中央的统一领导，在俄联邦和联邦主体之间设立了六个区域中心，每个区域中心管理下属的联邦主体紧急状态局，全俄又形成了五级应急管理机构逐级负责的垂直管理模式。

▶思考与练习

1. 何谓突发事件，怎样理解突发事件与灾害、事故、灾难、风险和危机的关系？
2. 根据你所熟悉的突发事件应急管理案例，阐述你对应急管理过程的理解。
3. 根据你所熟悉的应急管理案例，阐述应急管理特征的基本表现。
4. 应急管理系统包括哪些部分，各组成部分之间有什么关系？
5. 应急管理的基本流程有哪些？
6. 突发事件的分类与分级标准有哪些？

第二章

应急管理体系

导言

应急管理体系是指由应急管理的组织、过程、制度、规范、保障等共同组成的使突发事件应急管理活动得以平稳运行的管理体系。本章主要介绍国家层面的宏观应急管理体系，包括政府应急管理体制、应急管理的机制建设、应急管理的法制体系、应急管理的标准规范。

■ 第一节　应急管理体制

一、应急管理体制的含义

体制是指国家机关、企事业单位等组织在机构设置、领导隶属关系和管理权责等方面所形成的制度。管理体制则强调一个管理系统在上述方面所形成的制度性安排，通俗地说，即一个管理组织采取什么样的组织形式，以及如何将各组织成分结合成一个合理的有机系统。应急管理体制是指政府等公共机构、企事业单位等应急管理利益相关方，在突发事件应急管理过程中，在应急管理机构设置、职能配置、权责划分等方面所作出的相关制度安排。应急管理体制的内容包括三个方面。

一是组织机构设置。组织机构是应急管理活动的载体，没有一定的机构及组织活动，应急管理人员就无法正常行使应急管理相关职权，应急管理的职能就无法得到正常发挥。

二是职权划分。职权是应急管理体制的基本构成要素，是应急管理体制建设与改革的核心。它能明确各利益相关方在应急管理工作中的职责，有助于确立应急管理工作的基本方向和主要作用。

三是关系协调。应急管理是一个横向机构与纵向机构、政府组织与社会组织相结合的复杂系统,为确保这一系统能够有序运行,有必要对各利益相关方的关系进行协调与控制。

从全球范围来看,政府在应急管理中往往居于绝对主导地位,以已有行政体系为依托建立和完善应急管理体制的基础框架也是世界主要国家的普遍做法。相对而言,企业及各类社会力量参与应急管理的形式并不固定,其组织形态多样,缺乏稳定的结构,因此应急管理体制这一概念通常用于特指一个国家在政府应急管理工作方面所形成的体制安排。

二、我国应急管理体制的发展历程

自中华人民共和国成立以来,我国应急管理工作的内容从单灾种分类管理逐步发展成综合性应急管理。从应急管理体制改革方面来看,这一发展历程大致可以分为三个阶段:第一阶段是1949年至2003年非典事件发生以前;第二阶段是2003年非典事件以后至2018年初;第三阶段是2018年初至今。

(一) 2003年非典事件发生以前:单灾种分类管理阶段

2003年以前,我国实行以单灾种管理为主的分类管理模式。单灾种分类管理,即针对某一具体类型的突发事件,单独设立相应的管理机构。1949年以来,针对当时面临的最突出的突发事件,我国相继新建或重新组建了中国气象局(1949年)、国家地震局(1971年)、水利部(1988年)等专业防灾减灾机构。这种单项应对与管理模式的形成与我国当时的社会经济背景和灾害形势有关,奠定了我国应急管理体制的基础。这种单灾种分类管理的体制在特定类型的突发事件应急管理中具有较高的效率,能够形成专业化的优势,然而各类突发事件往往存在一定的交叉性、关联性和转换性,同时这一体制也很难囊括所有类型的突发事件,而各自为政、分散管理的模式使得相关机构在实际工作过程中常常存在职能与权限划分不清晰的问题。针对跨部门协调等主要问题,我国在早期成立了中央防疫委员会、中央地震工作小组等少数由中央高层牵头负责的临时性非常设机构。

改革开放以后,在社会、经济步伐不断加速的同时,各类突发事件在我国出现的频率与日俱增,突发事件跨界特征日渐突出。面对日益增多的跨部门、跨地区的应急管理事项,我国相继成立了一些应急管理议事协调机构。例如,1985年成立的全国安全生产委员会(后改名为国务院安全生产委员会);1989年成立的中国"国际减灾十年"委员会(2000年更名为中国国际减灾委员会,后于2005年改为国家减灾委员会),以应对若干突发事件的综合管理和长期规划工作。另外,在重大及特大突发事件发生时,我国也会成立临时性的协调机构,如国家抗震救灾指挥部、国家防汛抗旱指挥部,以领导和指挥救灾工作。通过这些联席会议和指挥部等机构可以在一定程度上弥补单部门分散管理的不足，提升相关部门在特定灾害甚至特定行动中的跨部门协调能力。但是由于这些机构实质上都属于临时性或非常设机构，因此其协调作用很难超出突发事件类型的限制，甚至只作用于某一特定突发事件管理的特定阶段。因此这一时期，虽然存在协调，但是依旧只针对单一事件，故被称作"分散协调"。

（二）2003年非典事件以后至2018年初：综合协调阶段

2003年抗击非典在我国突发事件应对史上具有划时代的意义，很多学者将其视作我国应急管理工作全面开创与发展的重要起点，并将2003年称作我国全面加强应急管理工作的起步之年。

非典疫情对我国造成了巨大冲击，同时也暴露出我国在公共卫生体系上存在的缺陷，其中突出的问题包括组织指挥不统一、缺乏有效应对突发公共卫生事件的应急预案、疾病预防和控制能力薄弱、卫生事件应对机制不健全等。实际上，类似问题也曾长期广泛存在于自然灾害、事故灾难及社会安全事件等各类突发事件的应急管理中，而突如其来的非典疫情则以一种特别警醒的方式暴露出我国在突发事件应急管理体系建设方面存在的短板和不足。此外，来自抗击非典疫情的经验也使我国深刻认识到，自然灾害、事故灾难、公共卫生事件和社会安全事件并不只是单一事件，各类突发事件相互之间存在转化和重叠，因此突发事件应急管理体系建设要有系统观和全局观。

在取得抗击非典的阶段性重大胜利之后，我国迅速启动了全国突发公共卫生事件应急体系建设。以卫生应急管理为基础，党和政府把突发事件应对从公共卫生领域推广到综合性应急体系建设，形成以"一案三制"[①]为核心内容的综合应急体系，从顶层来全面谋划突发事件、应急管理体系的建设。

2006年4月，国务院办公厅设置国务院应急管理办公室（国务院总值班室），以承担国务院应急管理的日常工作和国务院总值班工作，履行值守应急、信息汇总和综合协调职能，发挥运转枢纽作用。国务院应急管理办公室的设置标志着我国初步形成了综合协调的应急管理体制。

2007年，颁布的《突发事件应对法》明确了我国应急管理体制建设的基本原则为"统一领导、综合协调、分类管理、分级负责、属地管理为主"。《突发事件应对法》的颁布施行标志着我国应急管理工作全面纳入法治化、制度化的轨道。

2008~2017这十年，我国相继经历了南方雪灾、汶川地震、芦山地震等重特大突发事件。历经一系列大灾、巨灾和危机的检验，在总结经验教训的基础上，我国综合统筹与应对突出问题及事件的能力不断增强，进一步深化和完善了应急管理体系的"一案三制"。在各类重特大事件的驱动下，为有效应对突发事件新形势与挑战，国务院抗震救灾指挥部、国家防汛抗旱总指挥部、国家减灾委员会等议事协调机构的职能不断完善。

---

① "一案三制"：一案，是指制定、修订应急预案；三制，是指建立健全应急的体制、机制和法制。

（三）2018年初至今：综合管理阶段

以"一案三制"为标志的应急管理体系在应对一系列常规和多起非常规突发事件中被证明是有效的，但是在实践工作中还面临诸多新问题与挑战，如应急体制分散化、缺乏统一指挥与协调；应急预案的编制难以适应非常规的突发事件；部门、地区、军地之间缺少应急协调联动机制；应急管理工作职能重合；应急资源分散；等等。虽然我国各级政府普遍成立了应急管理办公室，以承担应急管理综合协调职能，但是由于层级较低、权力配置不足等，作为政府办公厅或办公室的内设机构应急管理办公室实际上并不能很好地履行综合协调职能。针对突出问题及事件的统筹协调，国务院、国家部委不断完善议事协调机构的功能，但是在实际工作中却出现议事协调机构过多过杂、部门职能交叉重叠和权威性不足等问题。由于缺乏常设性应急管理综合管理机构，我国的应急管理体制难以适应日趋常态化的非常规突发事件的管理需要，同时也导致中央政府对地方政府、上级政府对下级政府较难开展有效的应急管理指导与督查。

党的十八大之后，我国将加强和完善综合国家安全的顶层设计作为提升政府应急管理能力的重要突破口，将政府应急管理工作纳入国家综合管理框架下重新考量和规划。国家安全观替代了以往的"一案三制"，成为应急管理部门的指导思想。基于对公共安全的现实要求，2018年，在党和国家机构改革中，应急管理部应运而生。作为国务院的组成部门之一，应急管理部整合了国家安全生产监督管理总局的职责，国务院办公厅的应急管理职责，公安部的消防管理职责，民政部的救灾职责，国土资源部的地质灾害防治、水利部的水旱灾害防治、农业部的草原防火、国家林业局的森林防火相关职责，中国地震局的震灾应急救援职责以及国家防汛抗旱总指挥部、国家减灾委员会、国务院抗震救灾指挥部、国家森林防火指挥部的职责。

应急管理部的建立是优化应急管理组织体系、完善公共安全体系的重要内容，对于整合应急资源，提高防灾、减灾、救灾能力，特别是在应对复杂灾害风险能力方面具有重要意义。

三、我国政府应急管理体制现状

（一）领导机构

领导机构是指一个国家或地区应急管理工作的行政领导机构。在突发事件应对过程中，领导机构拥有以相应责任为前提的决策权、政策制定权和领导指挥权。

不同国家由于政治体制不同，在应急管理领导模式和机构设置方面并不相同。例如，美国是联邦制国家，各个州拥有高度的自治权。美国宪法虽然规定了总统是应对突发事件的综合协调和决策指挥的最高领导，但是其领导权限也主要是在联邦政府层面，主要体现在应急管理国家战略和政策建议方面，领导联邦不同部门和机构开展联合行动，但是在突发事件的具体应对过程中，相关工作主要是由各个州自行领导与负责。联邦政府无权干涉。即便是应对大规模的突发事件，联邦政府在其中的作用也只是提供应援和支持，并不会取代州和地方政府在其中的领导角色。在德国和日本等其他主要国家，由政府最高领导人负总责，以协调机构辅助参谋，是一种较为普遍的应急管理领导方式。

在我国，国务院是突发事件应急管理工作的最高行政领导机关，统一领导各类突发公共事件的应急管理工作。但国务院对应急管理的统一领导不只是针对中央政府层面，而是一种覆盖全国的全局性领导。国务院通过各部委和各级政府实现对全国应急管理的统一领导。《突发事件应对法》第一章第八条指出，"国务院在总理领导下研究、决定和部署特别重大突发事件的应对工作；根据实际需要，设立国家突发事件应急指挥机构，负责突发事件应对工作；必要时，国务院可以派出工作组指导有关工作"。设立国家突发事件应急指挥机构，是指启动非常设机构或成立临时指挥机构，此类机构由国务院分管领导担任总指挥，国务院有关部门参加，日常办事机构设在对口主管部门。例如，在2003年暴发非典疫情时，2008年发生汶川特大地震之后，国务院分别成立了全国防治非典型肺炎指挥部和国务院抗震救灾总指挥部作为临时机构，统一指挥和协调各部门、各地区的疫情防治与抗震救灾工作，指挥部办公室均设在国务院办公厅。2018年3月，国务院机构深化改革，将国务院办公厅、国务院抗震救灾指挥部与国务院有关部委有关应急管理的职责进行整合，组建应急管理部，统筹各地区各部门应对突发事件工作。根据应急管理部官网所明确的主要职责，应急管理部负责指导安全生产类、自然灾害类应急救援，承担国家应对特别重大灾害指挥部工作。

（二）综合管理机构

目前我国已经形成了有三个部门负责统筹协调四类突发事件的应急管理局面。具体而言，即应急管理部门负责统筹主管自然灾害和事故灾难类突发事件应急管理工作、卫生健康部门负责统筹主管公共卫生类突发事件、公安部门负责统筹主管社会安全类突发事件。上述三大机构被称作我国应急管理的"三驾马车"。以中央层面为例，根据第十三届全国人民代表大会第一次会议批准的《国务院机构改革方案》，三大综合管理机构所承担的综合应急管理职责分述如下。

应急管理部的综合应急管理职责包括：组织编制国家应急总体预案和规划，指导各地区各部门应对突发事件工作，推动应急预案体系建设和预案演练。建立灾情报告系统并统一发布灾情，统筹应急力量建设和物资储备并在救灾时统一调度，组织灾害救助体系建设，指导安全生产类、自然灾害类应急救援，承担国家应对特别重大灾害指挥部工作。指导火灾、水旱灾害、地质灾害等防治。负责安全生产综合监督管理和工矿商贸行业安全生产监督管理等。

国家卫生健康委员会（简称国家卫健委）在突发公共卫生事件应急管理及各类突发公共卫生事件医疗卫生救援方面的职责包括：制定并组织落实疾病预防控制规划、国家免疫规划及严重危害人民健康公共卫生问题的干预措施，制定检疫传染病和监测传染病目录。负责卫生应急工作，组织指导突发公共卫生事件的预防控制和各类突发公共事件的医疗卫生救援。

关于公安机关在社会安全事件综合应急管理方面的职责，《突发事件应对法》第五十条指出：社会安全事件发生后，组织处置工作的人民政府应当立即组织有关部门并由公安机关针对事件的性质和特点，依照有关法律、行政法规和国家其他有关规定，采取下列一项或者多项应急处置措施。

需要说明的是，上述三大机构并未囊括所有类型突发事件的应急管理，出于专业性等需要，少数突发事件的应急管理工作依旧交由相关行业主管部门进行统筹管理。例如，自然灾害中的地质灾害、海洋灾害和森林草原火灾防治的具体工作由自然资源部门负责；防汛抗旱工作由应急管理部和水利部门共同承担；事故灾难中的核事故及环境灾难事故的应对工作由生态环境部门承担。

总的来说，我国大体形成了以应急管理部主管自然灾害和事故灾难、卫生健康部门主管公共突发事件、公安机关主管社会安全事件、其他有关部门主管某一类具体类型突发事件的基本格局，其中三大牵头部门负责统筹主要突发事件，其他部门的主管范围比较狭窄。

阅读材料 2-1：美国联邦应急管理署简介

美国联邦应急管理署（FEMA）创建于 1979 年，曾是一个独立的联邦机构，2003 年 3 月后成为美国国土安全部的一部分，负责协调联邦政府的资源以处理发生在美国本土的自然灾害、恐怖袭击等紧急事件及后续事宜。该机构致力于通过综合的风险管理计划以减少灾害损失，通过完善灾害支持系统帮助公众及其社区提升防灾抗灾能力。

FEMA 的工作范围很广：协调联邦政府对紧急事件的应急响应，帮助美国各州和地方政府强化应急准备，为各级政府制定应急管理规范提供建议，教导人们如何正确应对各种紧急情况，提供应急管理培训支持，支援美国国家消防服务，管理美国的洪水和犯罪保险计划，等等。以应急管理的全过程为主线，这些工作大致涵盖了减缓、预防、准备、应对、恢复和重建这五个阶段。

截至 2022 年，FEMA 有超过 2600 名全职员工。他们分布在华盛顿特区 FEMA 总部、区域和地方分部等下属机构。此外，FEMA 还有近 4000 名常备的灾难支援人员，构成了重要的后备力量，保证在灾害发生之后随时支援。FEMA 经常与其他合作组织协调联动，共同构成了美国国家应急管理系统。这些合作组织包括 27 个联邦机构、美国各州和地方的应急管理机构以及美国红十字会等。

资料来源：
1. FEMA. 2022-10-04. FEMA, Federal Partners Continue Ian Response and Urgent Community Recovery[EB/OL]. https://www.fema.gov/press-release/20221004/fema-federal-partners-continue-ian-response-and-urgent-community-recovery
2. 孙玉红，王永，周卫民. 2020. 直面危机：世界经典案例剖析[M]. 上海：东方出版中心
3. 王一凡. 2020. 新冠疫情视角下中美医卫制度对比研究[J]. 时代人物，（13）：22-23

（三）支撑辅助机构

应急管理与社会经济发展的各方面具有紧密的关联，这样的一种系统性工作不可能

由某一部门独立承担，需要多部门的分工与合作。即便是应急、卫生和公安这三大应急管理主管部门，彼此之间也都形成了互为支撑的关系。例如，自然灾害、事故灾难和社会安全事件发生后，需要出动医疗卫生力量开展伤员救治工作；无论何种突发事件爆发，都有可能需要出动公安力量以维持受影响区域的社会秩序，确保突发事件应对工作有序开展。除了对应各类突发事件的主管部门以外，交通、气象、通信等技术支持和保障部门也在应急管理多元协作过程中承担了相应职责。

根据《国家突发公共事件总体应急预案》及各专项应急预案中的职责说明，可以看出，与应急管理联系较为紧密、承担应急管理职能较多的部门主要包括气象、交通、自然资源、环保、水利、发展改革委、林草等部门，另外，财政、外交等其他所有可能涉及突发事件应对工作的部门也都在一定程度上承担了应急管理相关职能。王宏伟（2019a）认为要加强应急管理主管部门与各职能部门之间的统筹协调，需要建立三个层次的合作伙伴关系：第一层次是由应急、公安和卫生这三个应急主管部门形成的紧密应急响应伙伴关系；第二层次是由三大主管部门与气象、交通、通信等与应急管理联系密切、承担应急管理职能较多的部门所形成的紧密应急响应伙伴关系；第三层次是三大主管部门与其他可能涉及突发事件处置工作的部门所形成的外围应急伙伴关系。

（四）非常设机构

应急管理工作离不开多部门的共同参与和协同配合，但是这些部门很多是没有隶属关系的并列机构。根据应急管理工作的实际需要，政府有时会在常设机构之外设置一些非常设机构，以推动跨部门、跨地区的沟通与合作，协调开展重大突发事件应对活动，或是用于研究、拟订应急管理相关的方针、政策和规划。

之所以称作非常设机构，是因为这些机构往往没有专门的人员编制和资金预算，其工作程序、规则等也不会长期存在。非常设机构是为了应对某些综合性、临时性或特殊性任务而设立的具有行政管理职能的跨部门、跨地区的组织协调机构。作为常设机构的一种补充形式，非常设机构具有设立与撤销灵活、目标指向明确、配备全面、适应性强等比较优势。基于高层领导权威，这些非常设机构能够迅速吸纳有关职能部门形成协调联动优势，整合各部门的专业和资源优势共同应对突发事件，提高政府在应对某一专门工作中的效率和效能。非常设机构的设立，有助于弥补常设机构在制度设计之初的有限理性，突破传统科层制的刚性约束和设计局限所带来的反功能问题，克服常设机构在非常规突发事件中面临的治理困境，能够加强部门协调，促进高效、深入合作，在应对非常规突发事件和有效应对系统性风险中具有十分重要的作用。

在应急管理领域中，非常设机构的设立主要包括以下情形。

一是为组织协调应急管理某一方面（宏观层面）工作而设置的非常设机构，一般被称作"某某委员会"，如国家减灾委员会、国务院安全生产委员会等。

二是为应对重大突发事件而设置（或临时设立）的非常设机构，一般被称作"某某指挥部"，如国务院抗震救灾指挥部、国家防汛抗旱总指挥部、国家森林草原防灭火指挥部。

三是为组织协调应急管理领域某一特定任务而设置的非常设机构，通常被称作"某某领导小组"，如国家林业和草原局安全生产工作领导小组。

尽管各类非常设机构在设置程序和名称上并不统一，但大体上呈现出一定的规律性。从组织形态上看，非常设机构的构成一般包括三个层次：领导成员、成员单位、牵头部门。

领导成员：非常设机构的领导成员通常由同级党政部门的领导班子成员担任。

成员单位：非常设机构的组成成员来自同级政府的若干职能部门，各成员在原职能部门中多处于领导层级。

牵头部门：在非常设机构的成员单位中，通常会有一个部门承担主要职责。按照惯例，牵头部门通常会设立办公室以承担非常设机构的日常工作。

第二节 应急管理机制

一、应急管理机制的含义

机制，从字面意思上看即在制度约束/框架下的方法，是指管理机构在运行过程中所形成的程序化、制度化的流程与方法。应急管理机制是指应急管理机构在突发事件应急管理的全过程中所形成的制度化、系统化、体系化和流程化的方法与措施。

应急管理机制不同于体制的特点在于它是一种内在功能，是组织体系在遇到突发事件之后有效运转的机理性制度。为统筹整合应急管理各利益相关方，使多元主体互相配合、协调发挥作用，就需要机制贯穿其中。应急管理机制与体制的关系主要体现在两个方面：一方面，体制是机制建设的载体与保障，决定了机制的建设导向、具体内容与特点，可以说体制本身已内含机制；另一方面，应急机制建设作为实现科学决策的重要手段，也能反作用于体制建设，对其产生重要影响和补充作用。在现实中，体制建设通常具有一定的滞后性，机制的建设能够帮助完善相关工作制度，从而有利于弥补体制的不足，并促进体制的发展与完善。总的来说，应急管理机制是为积极发挥体制作用服务的，同时二者又具有相辅相成的关系。

二、应急管理机制的内容

与应急管理的运作流程对应，应急管理机制的整体框架涵盖事前、事发、事中和事后各个阶段。如图 2-1 所示，以应急管理的全过程为主线，大体上可以将应急管理机制的建设内容分为预防与应急准备、监测与预警、应急处置与救援、恢复与重建四个部分，应急管理的每一个阶段都需要多项具体工作机制的联合支撑，这些工作机制从不同的角度指导着应急管理工作。

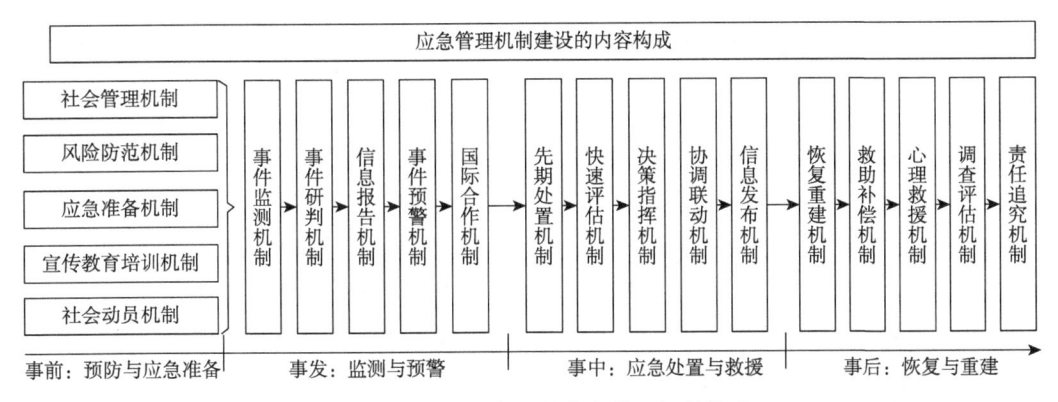

图2-1 全过程视角下的应急管理机制构成

资料来源：闪淳昌，周玲，钟开斌. 2011. 对我国应急管理机制建设的总体思考[J]. 国家行政学院学报，（1）：8-12，21

陈安（2019）通过分析和总结我国应急管理机制建设与运行的实践经验，提出了现代应急管理机制的组成部分，并对机制之间的基本逻辑关系进行了梳理。本书参考相关研究，简要介绍了十项主要的应急管理机制（图 2-2），各项机制的基本概念与内容如下。

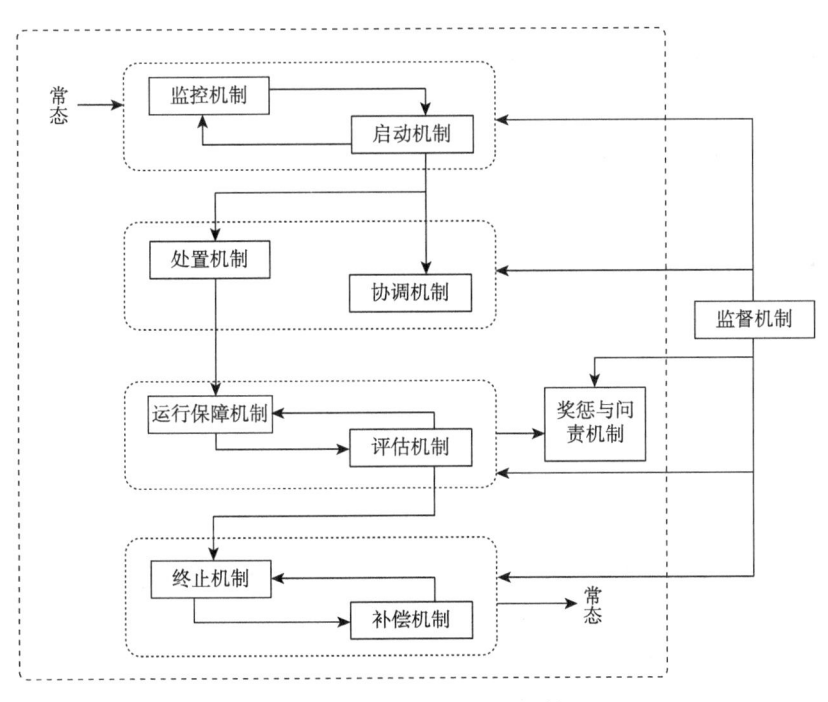

图2-2 应急管理的主要机制

（一）监控机制

监控机制主要是指对风险事件进行的一系列监视和控制的方法。需要说明的是监控机制的作用不限于突发事件发生之前，其不仅在预测和预警中发挥着重要作用，而且在应急响应过程中，监控机制还可以实时监测事件的发展和未来趋势，从而为应急决策提供依据。

（二）启动机制

启动机制是判断突发事件是否造成一定程度的危害及是否需要启动应急措施的方法。启动机制主要涉及什么条件下启动、何时启动以及由谁来启动，这三个要素对于有效地启动应急响应工作非常关键。这三个要素的确立既需要考虑突发事件的严重程度、可控性和影响范围，也需要权衡人力、物力、财力等资源条件。

（三）处置机制

处置机制是在突发事件已然发生后，为应对和处理突发事件所需采取的措施和方法，目的在于最大限度地减少伤亡和损失，防止事态恶化。处置机制的内容十分丰富，由于突发事件的类型、影响规模、危害程度等方面的差异，所需采取的具体处置措施也不尽相同。对于多数突发事件而言，处置机制的主要内容一般包括营救受害人员、疏散撤离、控制危险源、抢修受损设施、组织救援等。

（四）运行保障机制

运行保障机制是建立和完善突发事件应急管理机制的基础，其涉及面很广，包括人力、物力、财力、医疗卫生、交通运输、治安维护、通信、公共设施等方面。做好以上各方面运行保障，是确保应急处置工作能够平稳运转、协调有序的物质基础和必备条件，同时也为开展应急管理绩效评估工作提供了重要的着力点。运行保障机制的建设需要遵循资源与能力同步、硬件建设与软件建设并重的原则。

（五）协调机制

在开始处理突发事件时，不可避免地会涉及多个应急主体，因此在启动处置机制的同时也应该相继启动协调机制，以实现参与应急的人员及不同组织之间的协调与合作。协调机制的具体内容与突发事件的规模和领域紧密相连。一般来说，它包括上级和下级之间的协调、同级之间的协调（受害者、施救者），以及不存在上下级关系的组织个人之间的协调关系。

（六）评估机制

评估机制的内容除了包括评估事件的发生、发展和演变情况，还需要评估应急管理的效率、效果和效益。

（七）监督机制

监督机制应存在于应急管理全过程中，即启动机制、处置机制、协调机制、运行保障机制和评估机制均应在监督机制的管辖范围内。监督机制的内容包括结果监督和过程监督。过程监督机制是指监督机制应该伴随着整个应急管理过程，而不是仅仅关注突发事件的应对结果。应急管理监督的主要机构可以是专门的政府组织和技术人员，也可以是公众、媒体或其他组织。

（八）奖惩与问责机制

奖惩与问责机制的启动是在整个应急管理过程完全结束之后。其内容既包括对有效防范和抵御突发事件风险、及时应对处理各类灾害事故相关行为的嘉奖，也包括对于那些在应急管理过程中存在措施不当而造成负面效果的行为进行责任的追究。

（九）终止机制

终止机制表示危机大部分或者全部解除，意味着已经完成灾后的快速恢复，将应急状态转化为常态。终止机制主要涉及什么条件下终止、何时终止及由谁来终止。

终止机制在结束应急管理流程和进入下一个周期方面发挥着重要作用，也对应急管理过程的循环具有监督把关、成果验收的效果。终止时间的选择是终止机制中最重要的问题之一，只有正确选择合适的终止时间，应急管理才能顺利地进入终止阶段，而终止阶段十分短暂，措施及步骤相对简单，因此终止时间的选择显得尤为重要。

（十）补偿机制

补偿机制是为了保障善后补偿工作的顺利实施，为突发事件的应急物资补偿打好基础。应急工作完成后，不仅需要补充形成缺口的资源，还需要补偿已消耗物资的所有者。应急物资补偿主要针对的是公有物资和征用物资。

第三节 应急管理法制与标准规范

应急管理法律规范体系以法律规范为统领，包括法律规范、技术规范及各组织内部有关应急管理所建立的相关制度规范。其中，法律规范是应急管理规范中最重要的组成部分，是各种法律、法规、规章等应急管理相关规范性文件的总称。

一、中国应急管理法制的层次与组成

应急管理法制是人们为了防范和应对各类突发事件、规范应急管理工作所制定的各项法律制度所形成的法律体系。国家立法机关制定和颁布实施各项应急管理法律的主要目的在于为突发事件的各项管理工作提供法律依据,用于指导和规范公共权力的行为,协调应急管理各利益相关方之间的社会关系,平衡公共利益与私人权益,维护公民合法权益,保障受影响区域能够恢复和维系正常的社会生活生产秩序和法律秩序。

应急管理法制是一个庞大的系统,由各类与应急管理活动相关的法律法规组成。与正常社会状态下的法律法规体系类似。从立法体系的角度来看,我国应急管理法制涉及宪法、法律、行政法规、地方性法规、政府规章和部门规章等层面。如图2-3所示,按照效力等级,我国与应急管理工作有关的法律法规大致可以分为四个层次。

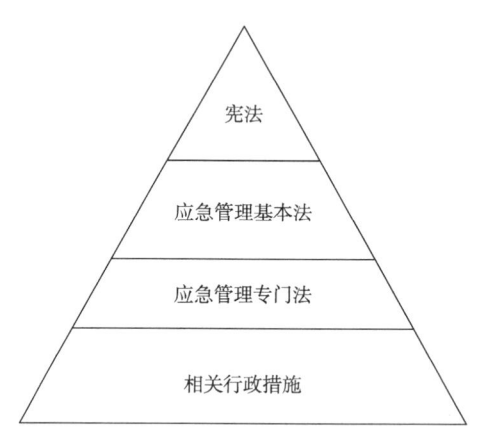

图2-3 应急管理法律规范体系

(一)宪法

宪法是国家的根本大法,其他法律的权力都直接或间接来源于宪法,不得违反宪法或者与宪法出现冲突。宪法规定了行政权力的授予(取得)、行使和监督,同时还规定了决定和宣布紧急状态的权力与程序。宪法在应急管理法制中具有根本法的地位。

(二)应急管理基本法

应急管理基本法是指在应急管理法律体系中居于核心地位,综合协调应急管理领域重要权利义务关系,为应急管理法制建设提供基本框架的基础法律。2007年8月30日,第十届全国人民代表大会常务委员会审议通过《突发事件应对法》,并于11月1日正式实施。作为应急管理领域的第一部综合性基本法律,《突发事件应对法》规定了突发事件的种类和分级标准、应急管理体制和工作机制、主体权限和职责分工等基本内容。其出台和施行标志着我国规范应对各类突发事件的基本法律制度正式确立。

（三）应急管理专门法

应急管理专门法是指面向不同类型的突发事件或针对应急管理工作的重要环节与重点事项的专门立法。目前，我国已经颁布和实施了多部应急管理专项法律法规。总的来看，我国现行应急管理专门法绝大多数是针对某一具体类型或某一大类突发事件的专门立法，如《中华人民共和国防震减灾法》《中华人民共和国传染病防治法》等，尚无统筹面向各类突发事件、适用于应急管理不同阶段如灾害预防、灾害救助、灾害保险等方面的专门立法。

（四）相关行政措施

相关行政措施包括应急管理相关的法令、条例、规定、管理办法和标准等。在有关专项领域，我国已经颁布实施了不少应急管理行政法规。

二、各类突发事件应对法律法规简介

（一）自然灾害应急管理相关法律法规

我国目前尚未形成自然灾害管理与应对领域的基本法，但已出台了地震、洪水、森林、气象、海洋灾害等方面的防治法，这些单灾法一般随着大事件的发生而制定或者修改。现阶段，我国自然灾害应对方面的法律法规主要包括以下几个方面：在法律层面，主要有《中华人民共和国防震减灾法》《中华人民共和国防洪法》《中华人民共和国森林法》《中华人民共和国水法》《中华人民共和国气象法》《中华人民共和国海洋环境保护法》《中华人民共和国防沙治沙法》等；在行政法规层面，既包括《破坏性地震应急条例》《中华人民共和国防汛条例》《地质灾害防治条例》《气象灾害防御条例》等单一灾害方面的防治条例，也包括救援救助、预防预测、监测预警等方面的相关条例，如《自然灾害救助条例》《军队参加抢险救灾条例》《气象设施和气象探测环境保护条例》等；在规章层面，主要包括《建设工程抗震设防要求管理规定》《水库地震监测管理办法》《雷电防护装置检测资质管理办法》等。

（二）事故灾难应急管理相关法律法规

我国关于事故灾难防治的立法范围十分广泛，立法形式涉及法律、行政法规、地方性法规和规章。事故灾难应对法律法规体系从整体上可划分为安全生产类和非安全生产类两大类。

安全生产类突发事件分为产品生产事故和非产品生产事故。产品生产事故类突发事件的法律法规包括缺陷产品召回、食品安全、药品安全相关的立法。非产品生产事故突发事件应急管理的基本法是《中华人民共和国安全生产法》，此外还包括《中华人民共和国消防法》《中华人民共和国矿山安全法》《生产安全事故应急条例》等法律法规。

非安全生产类突发事件立法在法律层面主要包括《中华人民共和国道路交通安全法》《中华人民共和国环境保护法》等，在法规层面有《中华人民共和国道路交通安全法实施条例》《铁路运输安全保护条例》《中华人民共和国民用航空安全保卫条例》《水库大坝安全管理条例》《建设工程安全生产管理条例》，以及交通、环境、工程等领域的其他安全管理相关条例。由于非安全生产类突发事件分属不同的部门管理，相关部门规章种类繁多。

（三）公共卫生事件应急管理相关法律法规

公共卫生事件的法律法规体系主要围绕传染病、疫苗等主题，结合卫生事件的种类，重点从卫生事件的防控和救治角度进行搭建。其中，相关法律主要有《中华人民共和国传染病防治法》《中华人民共和国药品管理法》《中华人民共和国国境卫生检疫法》《中华人民共和国职业病防治法》《中华人民共和国食品安全法》《中华人民共和国疫苗管理法》等。相关法规主要有《突发公共卫生事件应急条例》《公共场所卫生管理条例》《中华人民共和国国境卫生检疫法实施细则》《放射性药品管理办法》《中华人民共和国传染病防治法实施办法》。相关规章则有《结核病防治管理办法》《职业病诊断与鉴定管理办法》《传染性非典型肺炎防治管理办法》《突发公共卫生事件与传染病疫情监测信息报告管理办法》《用人单位职业健康监护监督管理办法》等。

（四）社会安全事件应急管理相关法律法规

社会安全事件应对立法主要立足于对群体性事件的处置和保护国家安全，结合社会安全事件的类型，从严格管控、迅速处置、信息公开、舆情引导等方面搭建法律法规体系。社会安全事件应对法律法规，在法律层面，主要包括《中华人民共和国国家安全法》《中华人民共和国人民警察法》《中华人民共和国反恐怖主义法》《中华人民共和国网络安全法》《中华人民共和国反间谍法》《中华人民共和国戒严法》《反分裂国家法》《中华人民共和国治安管理处罚法》等。法规层面的相关立法包括《中华人民共和国企业劳动争议处理条例》《中华人民共和国民用爆炸物品管理条例》《信访条例》等。

三、应急管理的标准规范

标准规范是指规定人们支配和使用自然力、劳动工具、劳动对象的行为规则。应急管理标准规范是调整应急管理技术领域人与自然、科学技术的关系的准则或标准。其具体表现形式包括技术标准、规程和指南等，其中，最为主要的是应急管理的技术标准。

对应急管理工作进行标准化的目的在于增强应急管理工作规范，为应急保障、防灾减灾救灾和应急救援能力的持续提升提供技术引导与支持,促进应急科技成果转化。自应急管理部组建以来,我国高度重视应急管理标准化工作,全力稳步推进适应"全灾种、大应急"要求的标准化建设。目前,我国归口管理的有效应急管理标准共计 1000 余项,其中国家标准 500 项,行业标准 580 项,包括安全生产标准、消防救援标准、减灾救灾与综合性应急管理标准三大类。

虽然这些标准本身并不属于法律法规的范畴,但是遵守应急管理、公共安全领域的重要技术规范常常被视作法律义务。按照强制约束力的不同,应急管理技术标准可以分为强制性标准和推荐性标准。前者具有法律效力,应当依据应急管理相关法律法规和《中华人民共和国标准化法》予以遵守。总的来说,应急管理标准以强制性标准为主体,以推荐性标准为补充。

> **思考与练习**

1. 我国应急管理法律规范体系主要包括哪些内容?
2. 我国应急管理规范的基本构成是什么?
3. 请分析应急管理体系的"一案三制"及其相互之间的关系。
4. 什么是应急管理体制,我国应急管理体制的基本内容有哪些?
5. 应急管理机制可以按照何种逻辑进行划分,各种机制之间是否存在必然联系?

第三章

应急资源保障与管理

导言

应急资源是应急管理的对象，也是应急管理的基础。种类齐全、数量充足的应急资源是有效应对突发事件的关键，无论是事前的减缓预防与应急准备，还是事后的救援处置与恢复重建，都需要大量的应急资源来保障和实现。应急资源是用于保障应急管理工作顺利进行的各类资源的总和，本章着重对物资、资金、人力这三大基础性应急资源的保障与管理问题进行探讨。

第一节　应急物资保障与管理

一、应急物资的概念和分类

（一）应急物资的概念

应急物资是一个较为宽泛的概念，从广义上讲，应急管理工作过程中所需的各类物资都可称为应急物资，包括事前准备、事中救援、事后处置与恢复等环节所用到的各类物资。从狭义的角度来讲，应急物资重点指那些直接面向受灾救援需要的相关物资，如应急食品、应急医疗物资、救灾帐篷、救援装备等。在实际工作中，人们习惯用救灾物资来指代狭义上的应急物资。

（二）应急物资的分类

对应急物资进行合理的分类，有助于准确把握应急物资的需求，为应急保障工作提供具体的指导依据，以便应急管理部门提前规划和加强科学储备。另外，科学合理的物资分类也有利于提高库存管理的效率和质量，确保运输、配送等物流环节衔接有序、流通顺畅。

应急物资的分类有很多划分维度。突发事件类型不同，应急物资的品类需求也存在差异，据此可以将应急物资从整体上划分为自然灾害类、事故灾难类、公共卫生类及社会安全类四大类。根据使用范围和覆盖场景的不同，可以将应急物资划分为通用性应急物资和专用性应急物资。通用性应急物资是所有突发事件应急救援中共同需要的常规性物资，如食物、饮用水、卫生用品等。专用性应急物资是为适应不同突发事件场景、满足特定应急救援需求所需要的专用设备等物资，如抗洪防汛中所需的沙袋、救生器材等；地震救援中所需的生命探测仪、余震检测仪等。

也可以根据需求紧急程度的不同对应急物资进行分类。例如，有学者将应急物资分为紧急级、严重级和一般级三类（王丰等，2007）。紧急级物资对突发事件应急救援的关键进程具有决定性意义，对减轻灾害损失、保障人民群众生命安全、稳定局势具有重大保障作用，是第一时间需要送达的物资，包括生命救助、临时食宿等物资。严重级物资是对救援工作的展开和继续推进具有重要支持价值的物资，如救援运载装备、防护器具等。一般级物资是指对应急救援工作具有支持作用的必要物资，如工程建材等。

需要补充的是，上述方法是根据突发事件应急救援需求演化的普遍规律所作的一般性分类，只是一种静态的划分。随着应急物资供需匹配的动态变化，应急物资的紧需程度也在随时间不断变化。在具体操作中，应结合实际情况对应急物资的优先级别适时加以调整。例如，泛美卫生组织（Pan American Health Organization，PAHO）在收到应急物资时会根据受灾者的需要将物资分成不同的优先级别并加以标记，包括高优先级物资（紧急分发物资）、低优先级物资（非紧急分发物资）和无优先级物资（非优先处理物资）（张怡和冯春，2017）。以汶川地震应对为例，在救援初期，由于天气寒冷，此时棉被属于高优先级物资，但是随着天气逐渐回暖，棉被就变成了低优先级物资。

国家发展和改革委员会以响应阶段应急处置过程及关键保障要素为主线，组织编制了《应急保障重点物资分类目录（2015年）》。该目录对应急保障涉及的重点物资进行了梳理，将应急保障重点物资分成了四个层级，共计65个小类。第一层级按照应急保障的工作重点，将应急保障重点物资划分为现场管理与保障、生命救援与生活救助、工程抢险与专业处置三个大类；第二层级又根据应急任务的不同，将三大类分解为16个中类；第三层级按照完成特定任务所需的物资功能或主要作业方式，将16个中类细分为65个小类；第四层级则针对每一个小类，进一步提出了若干种重点应急物资的通用名称。总的来说，该目录突出第一时间应急响应的物资需求，主要是突发事件应急处置与救援、现场紧急恢复环节所需的通用性强的物资，暂不包括预防与应急准备、监测与预警及恢复重建等阶段与环节所需的物资。即便如此，该目录对于其他阶段的应急管理工作仍具有十分重要的指导和规范作用，特别是便于应急物资保障部门开展应急物资储备和应急资源调查等工作。

阅读材料 3-1：美国国家突发事件管理系统应急资源分类

"9·11"事件后，美国国土安全部建立了国家突发事件管理系统（National Incident Management System，NIMS），以解决紧急事件应对中存在的组织间协调不足、信息管理不良等问题。2004年3月开始，国土安全部要求所有联邦机构采用NIMS，而美国各州、地方如果希望获得联邦应急准备基金的资格也必须通过这一系统。NIMS现已成为美国指导应急准备和响应的标准化体系，致力于提供一套覆盖全美的全面、系统的事件管理方法，包括指挥与协调、资源管理和信息管理。

应急资源管理是NIMS的三大核心功能之一，旨在提供标准机制以系统管理应急资源，包括人员、队伍、设施、装备和供给品。后三类可统一视作物资类应急资源，其中设施类主要包括办公场所、庇护场所、仓库等；装备类包括各类应急工具设备或相关组件；供给品的范围十分广泛，既包括饮用水等基本生活物资，也包括胶合板等工程类物资。

NIMS提供线上查询目录以便管理各类资源。在NIMS的资源类型数据库工具（Resource Typing Library Tool）中，通过能力（资源的核心能力）、类目（资源最主要功能，如消防、医疗等）等导航栏或输入相应关键词，可以迅速定位并查询各类应急资源的相关信息。经过数年的维护和动态更新，截至2024年该数据库已收录600余项资源，共分为减灾、预防、消防、损失评估、搜救、紧急医疗、后勤与运输、通信等20个大类。在一级分类的基础上，NIMS按照人员、队伍、供给品等类型进一步细分出二级资源，再根据应急工作任务的能力要求从资源能力、人员组成、装备配置等方面对每小类资源进行标准化分级。

资料来源：
1. 王宏伟.2010.美国的应急协调：联邦体制、碎片化与整合[J].国家行政学院学报，(3)：124-128
2. 陈虹，马丽斯文，王巍，等.2021.应急资源准备及分类分级标准[M].北京：地震出版社

二、应急物资管理

应急物资管理的内容主要包括应急物资的筹措、运输、配送、分配等管理事项。

（一）应急物资的筹措

应急物资筹措是应急物资保障与管理的首要和基础环节。一般而言，应急物资的筹措渠道主要包括以下几种。

1. 应急采购

应急采购是指在抢险救灾、战时动员等紧急状态下，为应对突发事件、完成紧迫任务而实施的紧急性物资采购保障活动。应急采购通常伴随着时间紧、压力大、要求高等

特点，主要适用于一些不易长期保存但用量较大的物资，如食品等，以及灾后用量骤增而存量不足的物资。

2. 应急物资储备

应急物资储备是筹措应急物资的首选方式。通过及时、合理地调取储备物资能够极大地缩短应急物资的筹措时间，减少救援等待时间。应急储备包括实物储备和能力储备两种形式。实物储备，即成品的储备，主要适用于一些长期耐储、需求较为常见、灾后用量较大但不易即时采购的物资，如帐篷、棉被、折叠床等。能力储备包括生产能力和供应能力的储备，其形式包括采购合同和持有两种方式。

相较于能力储备及其他筹集方式，实物储备能够更快地将物资调往受灾地区，具有响应迅速的优点。但是，突发事件发生与否、何时出现具有很高的不确定性，而即便是耐储物资也具有保质期限制，因此大量储存成品物资存在较大的资源浪费风险。相比之下，能力储备不仅可以有效降低实物储备的成本，同时也可以更灵活地满足应急缺口，有助于减少物资供应不足和资源浪费的问题。但是，能力储备相较于实物储备存在响应时间较长、供应商监督管理不易等缺点，一旦监督缺失或管理不当就可能加大物资供应的不确定性。综合以上多方面的考量，在实际运作中，救援机构通常采取实物储备与能力储备相结合的方式。

3. 社会捐赠

捐助物资是由个人、企业、社会法人组织等各界力量向受灾群体所捐献的物资。由于捐助物资的所有权发生了转移，因此这部分物资一般无法索回，也不会退还或给予补偿。

实物捐助对于弥补灾区需求缺口具有十分重要的作用。当灾区需求缺口较大，一时间难以通过市场采购、紧急生产迅速补齐时，则可以通过组织捐赠的方式进行筹集。然而，救灾物资捐赠很大一部分属于灾后的应急捐赠，从组织捐赠、接收捐赠、筛选分类、包装、运输到发放，这一过程较为缓慢，应急物资匮乏、供需匹配缺口较大的困境在一段时间内很难迅速缓解，甚至可能会出现救援真空，而在救援中后期物资达到饱和后，捐赠物资依旧源源不断流向灾区，造成供应过多、物资浪费等问题，另外管理和处理这些物资也会占据宝贵的救援资源，包括时间、人力、运输等资源，甚至会降低救援工作的效率，如引发物流瓶颈等问题，进而影响救灾资源抵达灾区的正常进程。除了时间和数量上的供需失衡以外，由于救援信息不对称、捐赠主体分散、来源繁杂等，实物捐助也容易出现种类、标准上的匹配失衡，有时还会存在捐非所需、质量难以控制等问题。

4. 临时征用

征用物资属于私人产权但不属于政府或救援机构储备范围或所有的物资。当应急任务十分紧迫，通过动用储备、临时采购、组织捐赠等方式无法及时获取相关物资时，政府可以依据相关法律向有关单位或个人依法征用应急救援所需的设备、设施、场地、交通工具等物资，以满足或者暂时缓解应急需求。我国《突发事件应对法》为应急物资的征用提供了主要法律依据,该法第十二条规定:"有关人民政府及其部门为应对突发事件,可以征用单位和个人的财产。"从世界范围看,应急征用并非我国独有,如加拿大紧急状态法案赋予总理享有紧急状态下的征用权。在日本,市、町、村行政首长可以征用公用、民用物资、设备、土地、建筑。英国法律规定,内阁在紧急状态下可以征用车辆、土地和建筑物。

由于被征用的物资属于私人产权,在物资使用完毕或者突发事件应对结束后,应当及时返还相关物资并予以一定的补偿;对于消耗性物资及因征用而受损或灭失的物资,应根据实际情况对被征用主体给予赔偿。

(二)应急物资运输

从应急运输方式上看,铁路、公路、航空和水路构成了应急物资运输的主要方式,这些方式各有优缺点,而具体选择何种运输方式和途径取决于应急管理工作所处的阶段,同样受制于受灾地点的可达性和交通条件,需选择合适的直达运输或联合运输方式。在应急响应阶段特别是灾害发生初期,如何有效压缩应急物资的运输时间、减少受灾民众的等待时间是选择运输方式和路径的关键考虑因素。在应急管理的其他阶段,如准备和恢复重建阶段,可以适当考虑成本优化原则,选择一些更为经济的运输方式。又如,在重特大自然灾害的救援工作中,通往灾区的道路常常因灾受损,通过常规运输途径很难将物资送达灾区,此时,在最后一公里运输中可能需要借助直升机、无人机等现代运输手段,在一些复杂的情境中,甚至可能需要动用人力、畜力等非常规运输手段。应急物资常见运输方式的适用范围和运作特征如表3-1所示。

表3-1 应急物资常见运输方式的适用范围和运作特征比较

项目	铁路	公路	航空	水路	管道
适用距离	中长途	中短途	中长途	长途	中长途
运载规模	大	小	小	大	大
运输能力	强	强	弱	最强	最弱
运行速度	快	快	很快	慢	很慢
运输频率	高	很高	高	有限	连续
运营成本	中	中	高	低	很低
可靠性	很好	好	好	有限	很好
可用性	广泛	广泛	有限	很有限	专业化
适用情况	大宗物资长途干线运输	支线和末端运输,配送	紧急运输,空投运输	二次或补充运输,情况缓和	气体、液体紧急供应保障
应急物资运输类型	一般级、严重级、紧急级	一般级、严重级、紧急级	严重级、紧急级	一般级	严重级、紧急级

资料来源:王丰,姜玉宏,王进.2007.应急物流[M].北京:中国财富出版社

从运力保障来看,应急物资的运输以灾区所在交通部门动用本地的应急运输力量自行组织运输为主。按照来源,应急运输力量的构成主要包括各级政府和有关部门投资建设的专业运输力量、国家和政府所属公务运输力量,以及其他可投入应急运输的企事业

单位、社会团体与个人的车辆及设备。总的来看，民用运输力量在灾后应急物资运输中发挥了主力作用。

为了提高应急运输保障的效率、速度及专业化水平，政府可以通过签订突发事件运力调用等类似合作协议的方式吸纳民间的专业运输资源，选择达到一定标准的客货运输企业，建立应急运力储备。然而，在重大及特重大突发事件中，应急运输需求在短时间内骤然剧增，仅仅依靠该地区的应急运输储备可能无法满足运输的需求，此时需要进行广泛的社会动员，号召社会各种运输资源积极参与并承担运输保障任务。必要时，基于军地合作机制，省级以上政府可以向人民军队请求支援，动用军队、武警，以及民兵预备役部队的运输力量。

根据应急工作需要，交通部门可对现场及相关通道实行交通管制，适时开辟应急物资运输绿色通道，保障应急物资以最快的速度运往受灾现场，从而使救援工作能够顺利开展。

（三）应急物资的配送

运输和配送两个词经常被放在一起使用。运输与配送既存在共同之处，同时又有区别。相同之处在于，二者都是物流过程的重要环节，彼此之间相互联系、相互制约。区别之处在于，从概念上看，运输是两点之间的货物输送，而配送是一点对多点的货物运输过程。也有观点认为，运输分为干线部分和支线部分，运输一般用于指代干线输送，以直达送货、批量运输为主要特征，注重效率；配送则属于支线部分的运输，处于二次运输或末端运输环节，离服务对象更近，对物资配送的种类、分配原则等具有更细致的要求。以应急物资的运输为例，从集散中心到配送中心之间的批量物资的空间位移被称为运输，而从配送中心向救援点之间的多品种、小批量的货物输送（空间位移）则属于配送。

应急物资的配送是指在突发事件发生后对应急物资进行挑选、包装、输送等作业，将物资按时送达指定救灾地点的物流活动。应急物资配送处于应急物流的末端环节，是应急物流发挥完整功能和实现最终目标的途径。

与运输环节类似，应急物资的配送同样应当遵循及时、准确、安全、高效的原则。由于配送任务主要出现在灾害发生之后特别是应急响应阶段，并且直接面向受灾区域和需求者，因此应急物资的配送通常面临时间紧、环境复杂、难度大、要求高等特点。

应急物资的配送方式包括定时配送、定量配送、定时定量配送、及时配送、超前配送和综合配送，各种配送方式的适用范围如下。

定时配送：按照一定的时间间隔进行配送，主要适用于那些具有一定消耗规律的阶段性消耗品。

定量配送：每次按照固定数量进行配送，主要适用于非消耗品，如应急救援设备、防护用品等，这些物资的需求结构较为固定，易于统计，也方便将多个受灾点的应急物资统筹配送，以提高救援效率。

定时定量配送：在一定的时间间隔内按照固定数量向灾区配送应急物资，配送对象多为日常消耗品，如食物、药品等。

及时配送：根据灾情的变化情况灵活做出安排，依据受灾民众的紧急需求，及时向灾区配送相关应急物资，主要是紧急类物资，如生命救助类物资、特种设备等，以及当下需求缺口较大的关键性物资。

超前配送：基于预测技术和规划手段，在灾害发生之前即应急准备阶段，将一定种类和数量的物资提前配送到前方。超前配送的物资主要是一些防灾、减灾和抗灾的物资，如救援设备、防护工具等。

综合配送：顾名思义，即综合运用以上多种配送方式，根据灾情的变化情况，灵活地安排物资配送活动。

（四）应急物资的分配

应急物资分配是应急物资管理的重要组成部分。在资源不足的情况下，合理地分配资源就显得尤为重要，能够在很大程度上弥补资源不足的缺陷。

与一般性的资源分配相比，应急物资的分配具有以下特点。

1. 动态性

突发事件的发展变化是不确定的、物资需求是不确定的、信息是不确定的。突发事件本身的随机变化与动态等性质决定了应急管理的资源调配是一个动态的多阶段过程，同时由于应急物资供应的稀缺性，一次分配很可能不能完全满足应急管理工作需求，这就需要第二次、第三次分配，直至救援工作结束。在应急物资分配过程中，必须结合当下的供需现状和先前阶段的分配情况，考虑可能的分配后果，对本阶段的分配策略及时加以调整。因此应急物资分配是一个动态管理的过程。

2. 紧迫性

在应急救援中，时间是一个重要的系统要素。物资匮乏时间越长，受灾人员所遭受的痛苦就越多，可挽回的损失就越小。应急物资分配决策的基本目标是追求时间效益最大化，在最短的时间成本下满足受灾群体的物资需求。应急物资如果分配不及时不仅会影响救援活动的开展，还会给整个应急管理工作带来巨大的损失。目前，我国各地均已出台了应急物资保障工作相关指导意见，明确要求自然灾害发生后，第一批应急物资需于12小时之内运抵灾区。

3. 阶段性

突发事件的发展演化包含几个不同阶段，各阶段所面临的问题不同，应急物资分配的内容和方式也不同。

一方面，应急物资的需求具有阶段性。应急物资需求的种类和数量随管理阶段和时期的不同存在不同程度的波动。在每一时期，各类物资需求的优先级存在差异，各类物资的优先级不同，应该优先配送高优先级物资。例如，在应急响应的初期，确保人民群众的生命安全是最紧要的任务，此时应该优先保障生命救助类物资的分配工作。当然，各类物资的优先级并不是一成不变的，需要根据事态发展情况和所完成任务的效果进行动态调整。

另一方面，不同阶段所处环境及面临的约束不同，应急物资分配工作的方式也存在差异。在开始阶段，由于信息缺失和资源短缺，很难在一开始就做到精准分配和公平分配。随着信息的不断更新及各类资源的陆续运抵，就需要对分配策略适时加以调整，以平衡好公平和效率的关系。

4. 社会性

应急物资的分配过程往往需要社会力量予以支援。社会力量具有组织灵活、后备力量广泛等优势，能够深入到应急管理工作的多个细分领域，与政府、军队等公共救援力量相互补充，相得益彰。

5. 复杂性

应急物资分配的复杂性主要体现在物资需求特点上，具体表现在应急物资种类繁多、需求结构复杂、需求数目庞大及需求时间与数量的不确定方面。另外，分配对象的差异性、决策环境的多变性也都在一定程度上增加了应急物资分配工作的复杂性。

（五）应急物资的其他管理事项

除了上述工作以外，应急物资的管理还包括出入库管理、清点处置及日常维护等事项。

出入库管理主要涉及物资的接收、存储和分发等事务，包括登记入库、临时存储、分拣包装、出库管理等。

应急物资的处置主要是一些善后工作，包括清点剩余物资、处置过期与受损物资、补充储备消耗等。

应急物资的维护不仅包括对设备、工具等物资的日常检查与保养工作，还应当定期开展应急资源评估工作，并根据结果对应急物资品类、库存进行调整、更新及补充，目的在于确保应急物资性能可靠与质量安全，确保应急物资的保有量和持有品类能够满足基本的应急需求。

第二节 应急资金保障与管理

一、应急资金的含义与来源

（一）基本概念

应急管理的每个阶段都离不开资金的支持，但是当谈到应急资金时，一般指的是响应阶段和快速恢复阶段中用于应急管理工作的资金。这是因为减缓和准备阶段所需资金相对较少，通过常规财政预算即可覆盖，而灾后（长期）重建工作虽然需要大量的资金投入，但是由于持续时间较长，一般会被纳入正常财政预算和管理渠道，因此这些资金通常都不被视作应急资金。按照所属阶段，可以将应急资金大致划分为救援资金和快速恢复资金。另外，还需要注意应急资金与应急财政的概念差异。应急资金主要是指用于响应阶段和快速恢复阶段各项应急管理工作所需要的资金，其来源比较广泛，并不局限于政府财政资金；应急财政是指各级政府为应对各类公共突发事件所采取的各类财政政策措施和财政管理手段的总称。

（二）主要来源

应急资金的主要来源有：财政资金、金融资金、捐赠资金和自筹资金四大类，其中金融资金主要包括保险理赔资金和银行信贷资金。各类资金的提供主体、目的、时效、渠道和受益者等特点如表3-2所示。

表3-2 各类应急资金的特点

来源	提供主体	目的	时效	渠道	受益者	其他特点
财政资金	各级政府	保障	快捷	行政	全体	易于控制
保险理赔资金	保险公司	赔付	比较慢	理赔	指定受益人	先投保后受益
银行信贷资金	银行机构	盈利	比较快	投资	投资对象	用于企业重建
捐赠资金	社会各界	公益	比较慢	社会	部分定向	不确定性大
自筹资金	受灾群体	自救	很快	多样	筹集者	不易掌握

资料来源：陈安，马建华，李季梅，等. 2010. 现代应急管理应用与实践[M]. 北京：科学出版社

1. 财政资金

就我国而言，应急财政资金的来源主要包括两类：一是每年的财政预算中用作各类自然灾害救灾工作的常规资金；二是突发事件发生后为缓解地方政府常规应急资金不足，以及保障突发事件应对与恢复工作有效运作而发生的专项财政拨款。常规资金主要包括自然灾害救灾资金、救灾专项资金和预备费三部分。

2. 金融资金

应急管理中的金融资金是指通过银行贷款、保险理赔、发行债券等方式筹集的应急资金。尽管各类金融机构都具有营利性的诉求，但只要配置得当，金融资金同样能够在应急管理工作中发挥重大作用，与财政资金形成补充，相得益彰。应急管理中的金融资金主要指银行信贷资金和保险理赔资金。

1）银行信贷资金

应急金融资金的主要形式包括银行信贷资金和保险理赔资金。银行信贷资金是应急资金的重要来源之一，具有速度快、金额大的优点。相较于流程烦琐、拨款缓慢的政府拨款，银行信贷资金特别是应急贷款能够迅速满足政府应急需求。汶川地震后，各银行业金融机构通过简化审批手续、特事特办等方式向受灾地方政府和符合条件的重点企业、

中小企业、因灾失业人员实施倾斜和优惠的信贷政策，在地震救援和灾后恢复重建中发挥了至关重要的作用。当然，银行作为企业，其基本目的是营利，银行信贷的本质是一种投资行为，在应急管理中也主要应用于生产重建中。

2）保险理赔资金

作为一种市场化的风险转移机制、社会互助机制和社会管理机制，保险在推进突发事件应急管理创新，提高应急资金配置效率方面具有重要作用。保险的基本特点是前瞻性和分散性，既是对未来可能发生风险的一种预提或准备，从经济学的角度来讲也是一种分摊经济损失的财务安排。在突发事件应急管理中，投保人可在突发事件发生前通过交保费的方式与保险公司签订保险合约并指定理赔受益人，一旦保险风险（突发事件）发生，保险公司将按合约承担相应的赔偿责任，向受益人赔付保险金。保险资金是政府应急反应机制的重要资金补充来源，从发达国家的情况来看，以民防损失为例，保险赔付资金往往占整个受灾损失的20%~50%。自中华人民共和国成立以来，与灾害相关的保险品种一直存在于我国保险业，但是由于长期以来形成的财政救灾惯性，加之保险业不够发达及缺乏费率厘定数据和相关技术支持等，保险资金在相当长的一段时间内并未进入政府应急管理的视野（冯俏彬和贾康，2015）。总的来说，目前保险资金在突发事件预防、救济补偿方面所发挥的作用还十分有限。

3. 捐赠资金

捐赠资金是人道主义精神的一种具体体现，其特点是自愿性、公益性和多元性。从分配与管理方面来看，捐赠资金具有分散、灵活、小型、多样等特点，能够与主力资金形成补充，相得益彰。

4. 自筹资金

突发事件发生后受灾群体也有一定的筹资能力，可以通过自有资金，或者向亲朋请求资助、向银行申请借贷等方式筹集资金。由于这些资金掌握在受灾群体手中，可以直接用于筹资者的救治或生活所需。由于自有资金属于个人私有，只能用于个人所需，其信息一般不公开，很难掌握。

（三）使用方向

按照使用方向，应急资金大体上可以分为抢险救援资金、生活救助资金、日常救灾补助资金和快速恢复资金。

1. 抢险救援资金

用于支持抢险救援的资金，发放于响应阶段初期，主要用于支持抢险备料、排危除险、人员搜救等应急处置工作。抢险工作时间紧迫，对于事态控制和挽救生命具有至关重要的作用，因此必须优先保障。抢险救援资金主要根据应急响应级别、直接经济损失、抢险救援难度、调动抢险救援人员规模等情况核定。

2. 生活救助资金

救助资金是用于受灾群众的应急生活救助及过渡期生活救助的资金，主要用于解决受灾人员主要是临时安置人员的吃、穿、住、医等临时生活困难，购置受灾人员所需基本生活物资。

应急生活救助资金发生在响应阶段，相对于抢险救援资金而言其紧迫性稍小一些，但也一刻不容耽搁。由于抢险救援和应急安置是两个紧密相接的工作，因此抢险救援资金和应急生活救助资金基本同步使用。受灾人员基本生活所需物资种类繁多，除少量来源于政府储备或社会捐赠外，大部分需要事后采购。特别是在重大突发事件发生以后，由于受灾人数众多，所需应急生活救助资金的需求量很大。

过渡期生活救助资金发生在恢复阶段，主要用于帮助因灾无房可住、无生活来源、无自救能力的受灾群众，解决其灾后过渡期间的基本生活困难。过渡期生活救助属于临时性的安排，根据相关规定，过渡期生活救助天数由各地政府根据受灾群众实际生活困难情况确定，最长期限不超过三个月。过渡期生活救助的人员范围相对较小，补助标准也比应急补助低，因此资金需求量相对较小。

3. 日常救灾补助资金

相对于上述各类资金，灾后受灾群众冬令春荒期间生活困难的救助资金及日常森林草原航空消防等应急救灾资金的需求紧迫性较低，因此纳入日常救灾补助资金管理。根据财政部、应急管理部要求，各省级财政、应急管理部门须于每年7月15日之前提出下一年度森林草原航空消防补助资金申请。于每年10月底之前提出本年度冬春临时生活困难救助资金申请。

4. 快速恢复资金

此类资金需求发生在恢复阶段的早期，用于快速修复基础设施的功能，恢复基本社会秩序，包括修复道路交通、供水排水、能源供应、邮电通信等工程基础设施，恢复教育、医疗卫生、社区治理等基本社会服务，为失去住房的民众提供基本生活条件，为受灾企业复工复产提供必要帮助等。快速恢复的设施主要是一些受损不是很严重、短期内即可修复并恢复基本运转的部分，不包括严重受损需要重建的部分。与更为长远的灾后重建相比，快速恢复工作所需的投入相对较少，但资金需求也更为急切。一般而言，公共设施的快速修复主要由财政资金或捐赠资金承担，个人或企业设施的修复主要由自筹资金或银行贷款承担，政府结合实际情况给予适当补助。

二、应急资金管理

财政资金是应急资金的主要来源，同时由于金融资金、捐赠资金和自筹资金的管理各有其独特方式，因此本节主要讨论应急财政资金的管理。按照时间流程，应急财政资金的管理包括储备，申请与拨付，清算、审计与监督等。

（一）应急财政资金储备

应急资金储备主要是应急财政资金的储备，即各级政府部门所预设的专门用于应急管理工作的财政预算。当然，很多企事业单位也会设立应急资金，一些家庭也有预留应急资金的习惯，但是这些资金的"应急"用途通常十分宽泛，难以做到专款专用，在管理上也都是自行打理，不具有普遍规律，故一般不在应急资金储备考虑之列。

我国应急财政资金储备主要体现在以下方面：一是自然灾害救灾资金，二是救灾专项资金，三是预备费，四是保险储备。

1. 自然灾害救灾资金

自然灾害救灾资金是各级政府的一般公共预算中用于支持本级或下辖行政区域履行自然灾害救灾主体职责，组织开展重大自然灾害救灾和受灾群众救助等工作的共同财政事权转移支付。自然灾害救灾资金的支出范围包括人员搜救、灾情统计、应急监测、应急处置、受灾群众救助、救灾物资采购与保管、应急装备租赁等支出，以及各级政府所批准的其他救灾事项。

2. 救灾专项资金

救灾专项资金包括自然灾害救灾救助、救灾物资购置（应急物资储备）等专项资金。自然灾害救灾救助资金是指中央和省级财政预算安排，用于支持开展自然灾害救灾和受灾群众生活救助等工作的专项资金。其中，救灾物资购置（应急物资储备）专项资金是由各级财政预算安排，专门用于采购紧急安置突发事件受影响人员基本生活物资（包括应急救助、过渡期救助、冬春救助等）的资金，用于救灾物资购置及政府采购相关支出、物资检测、物资维护保养、物资装运等管理费用，以及对代储单位管理储存救灾物资的补助等支出。

3. 预备费

除了常规性的救灾资金预算，我国各级财政还设立了预备费，以应对预算执行过程中发生的新的追加支出，从而保证年度预算收支平衡。《中华人民共和国预算法》第四十条规定，各级一般公共预算应当按照本级一般公共预算支出额的百分之一至百分之三设置预备费，用于当年预算执行中的自然灾害等突发事件处理增加的支出及其他难以预见的开支。需要说明的是，预备费并不是专门用于应急管理工作的准备金，而是一种不规定具体用途的后备资金，用于政府管理中的任何未及预料、临时发生的开支。

4. 保险储备

除了通过各级财政设立救灾事业费和预备费以外，购买保险也可以看作财政资金储备的一种特殊形式。例如，我国河北等地方政府已将农房保险补助纳入自然灾害救灾救助资金预算管理范围，有效拓宽了各地减灾救灾资金的筹措渠道。

不同于应急物资的储备，应急资金的储备不需要更新。只需要进行预算上的调整，因此其管理相对比较简单。应急资金储备管理的关键问题是确定一个合理的储备水平。

（二）应急财政资金的申请与拨付

1. 应急财政资金的申请

2005年，财政部发布了《财政应急保障预案》，对突发事件中应急财政资金的申请、支出、调整、拨付、使用、监督等进行了规定（冯俏彬和贾康，2015）。随后，各地财政部门也都相继编发了本级财政应急保障预案，对财政应急的响应程序和应急财政资金的管理政策进行了明确。2020年印发的《中央自然灾害救灾资金管理暂行办法》重点对重大自然灾害救灾资金申请与下达、预算资金管理与监督等政策进行了规定。

根据各级财政部门所发布的应急财政与救灾资金管理规定，突发事件发生后，应急管理部门及其他各类突发事件相关主管部门应及时向财政部门报告，提出专项经费请求。在发生重大特大突发事件时，当所需资金预期超出本级财政的承受能力时，经当地人民政府同意后，下级财政部门（或会同相关部门联合）可以向上级财政部门报告，请求给予应急财政支持。

报告内容主要包括：事件的基本情况，包括发生时间、影响程度和损失程度；相关突发事件应急预案启动情况，已采取的主要应对措施，事态发展预测及控制程度；需要财政部门解决的突出问题，以及地方应急资金的实际需求。一般情况下，资金申请报告需要以书面形式提交。紧急情况下可先通过电话报告，但事后需要补报正式书面报告。

2. 应急财政资金的拨付

财政部门在接到应急管理部门或者突发事件相关主管部门的申请报告后，将根据地方已启动的应急响应级别和资金请求情况，结合地方财力等因素核定补助额，并下达应急财政资金预算。目前，我国各级政府均已建立了应对重大突发事件的应急财政资金快速核拨机制。根据我国各地财政应急保障预案相关政策，各级财政部门在接到同级主管部门的拨款申请后原则上应在一个工作日之内完成审核和拨款手续；对于下级财政的资金拨付和调度，原则上也应在一个工作日之内完成审核、拨款和调度手续。应急财政资金的拨付遵循"特事特办、急事急办"的原则。在紧急情况下，财政部门可根据同级政府领导的指示，先行预拨部分应急财政资金或者先安排支出，再按程序补办相关手续。

（三）应急财政资金的清算、审计与监督

突发事件财政应急保障资金的使用，应接受审计部门的监督和检查。另外，突发事件处置结束后，财政部门应及时对财政应急保障资金进行清算。清算的基本原则是多退少补，即超出部分由财政补足，有结余或超出支出范围的，收回财政统筹安排。另外，

财政部门还需要会同应急主管部门，按规定组织开展资金使用绩效评价，并提交书面报告。报告内容主要包括应急财政资金的安排分解、下达预算情况，资金投入情况分析，绩效目标完成情况、效益指标完成情况、偏离绩效目标的原因和下一步整改措施等。

应急财政资金审计的目的在于了解应急资金的募集、分配、划转、拨付、使用情况，以及相关应急救援工作所取得的成效，揭示应急资金管理中存在的薄弱环节和问题并分析原因所在，评价应急财政资金的使用效益，提出审计建议以进一步提高资金使用效益，促进完善应急财政资金管理制度。进行应急财政资金审计的主体有两个：一是审计部门，二是财政监督检查部门。

审计的重点内容包括灾情上报情况、资金接收情况、资金分配情况、资金管理情况、资金拨付情况、资金使用情况及资金效益情况（叶晓钢，2012）。对于审查出来的应急资金管理与使用中的违法、违纪行为，按照国家有关规定予以处理、处罚，构成犯罪的，要依法追究刑事责任。

完善应急资金的监督管理，不仅需要强化专项审计，还需要创新资金监管方式，加强社会监督（邹小钢，2014）。一方面，利用信息化手段提升监管效能，对应急资金实行可视化监控。另一方面，规范信息公开公示，通过政府信息网、新闻媒体等渠道，依法向社会公布应急资金预算、分配、支出等情况，按规定定期向社会公布阶段性审计情况。同时，建立健全投诉举报处理反馈机制，保障人民群众的知情权、参与权和监督权，引导人民群众成为社会监督的重要力量。

第三节　应急人力保障与管理

一、应急人力资源的概念与分类

（一）应急人力资源的基本概念

应急人力资源并不简单等同于应急救援力量。尽管应急救援往往是应急管理工作中最重要和最受瞩目的环节，但是一个完整的应急管理过程涵盖了事前、事中和事后的各项工作，包括监测预防、应急准备、协调指挥、抢险救援、事件控制、医护、安置等内容，这些工作都需要具有不同专业能力和业务水平的人员予以承担，并且只有通过不同人员之间的协同配合，才能取得良好的成效。因此，应急人力资源不只包括应急救援力量，而是在突发事件的预防、准备、应对及恢复过程中为应急管理工作提供各类劳动服务、智力支持和组织保证的人员的总称。

（二）应急人力资源的分类

按照不同的划分标准，可以将应急人力资源作出不同的分类。例如，按照职业化的程度，可以将应急人力资源从整体上划分为专职应急人员、兼职应急人员和志愿者；按照专业领域，则可以划分为消防、医卫、技术、通信、管理等人员；按照力量的来源，可以分为政府人员、军队力量和社会力量；按照技术水平的差异，可以将所有人力划分为专业技术人员、非专业技术人员和非技术人员。

在实际工作中，这些分类之间存在交叉或包容关系。综合来看，可以将应急人力资源大体上划分为应急管理队伍、应急救援队伍及应急管理的其他力量。

1. 应急管理队伍

应急管理队伍主要包括应急管理机构与相关政府部门的工作人员，以及基层社区和各行业应急管理工作的主管领导及相关工作人员，这些人员分别在不同的领域和层级承担了应急管理相关职能管理工作。应急管理队伍的主体是各级政府应急管理机构的公务员，他们是整个应急管理系统的重要组织保障。根据所承担的主要职责，应急管理队伍大致可分为管理决策人员、执行指挥人员、操作实施人员及监督指导人员。

2. 应急救援队伍

应急救援队伍是指参与应急救援行动和现场应急处置的相关工作人员，其基本力量主要包括消防、急救、医疗、公安等专业应急处置队伍，以及水、电、油、气等工程抢险队伍。除了这些基本救援力量以外，由企事业单位救援队伍与民间救援组织构成的社会救援力量也在应急救援中发挥了不同程度的作用。

按照专业程度可以将各类应急救援队伍分为专业救援队伍和非专业救援队伍。专业救援队伍又可进一步分为专职型专业救援队伍和非专职型专业救援队伍。专职型专业救援队伍不仅由专业人士组成，而且其职责也是专门应对突发事件，专门承担应急消防、矿山救援、地震救援、海上搜救等救援任务。非专职型专业救援队伍主要是为应对突发事件而临时组建的专业性救援队伍，如为应对汶川地震灾后伤员救治、为控制新冠疫情发展蔓延等重大应急需要而专门组建的医疗队伍。这些队伍虽然由专业医护人员组成，但应对突发事件只是他们的临时职责。

在特别紧急的情况下，政府有时也会召集各类公共力量和社会力量，组建临时性的非专业救援队伍（李雪峰和佟瑞鹏，2021），由于这些救援力量大多并非专业出身，因此其职责主要是承担与应急救援相关的辅助性工作。由于缺乏相关经验，为避免非专业救援人员操作不当造成二次伤害，需要对这些群体进行临时性的应急救援培训。

在具体的应急处置工作中，按照现场参与程度，可以将各类救援人员划分为一线救援人员、二线救援人员和三线救援人员。其中，一线救援人员包括专业救援人员、部队官兵、警务人员和其他直接参与现场救援的人员；二线救援人员主要包括医护、后勤、安保等工作人员；三线救援人员包括心理咨询师、健康教育专员等其他辅助工作人员。

3. 应急管理的其他力量

应急管理的其他力量主要包括武装力量、社会力量及专家队伍。

1）武装力量

从世界范围来看，武装力量参与应急管理工作是各国普遍的做法。中国人民解放军、中国人民武装警察部队和民兵预备役是中国特色应急救援的突击力量，在历次重大突发事件抢险救援中发挥了独特而重要的作用。根据《突发事件应对法》《军队参加抢险救灾条例》以及国务院及其部门制定的各类突发事件应急预案，军队在我国应急管理中的任务主要包括：参与应急指挥、情报信息支援、处置军事突发事件、参加应急救援处置与抢险救灾、专业技术支援、交通运输保障（李雪峰和佟瑞鹏，2021）。

2）社会力量

社会力量的构成比较复杂，包括企事业单位职工、社区民众、社会团体及志愿者等。社会力量在应急管理中的作用主要体现在基层管理和救援辅助方面。近年来，以志愿者为代表的社会力量在参与突发事件防治和社会救助方面的作用日益显现，成为我国应急人力体系的重要补充。目前，我国一些省市相继开展了应急志愿者队伍建设，一些省市就应急志愿者队伍建设出台了相关配套文件，对志愿者的能力与素质要求、志愿者的分类分级、岗位职责等内容进行了明确。

3）专家队伍

专家队伍包括相关领域的技术支撑与决策辅助人才，特别是灾害、工程等领域的人才。加强专家队伍建设、完善专家队伍体系建设是健全科学决策机制、提升应急决策支持水平的关键。按照专业领域的不同，应急管理专家可总体上划分为自然灾害类、事故灾难类、公共卫生类和社会安全类。为了加强和规范应急管理专家队伍管理，我国各地相继制定和实施了相关管理办法，对专家的遴选标准、聘用机制、工作要求、专家使用的情形、退出机制等进行了明确要求。

二、应急人力资源管理

专职型应急人力资源的日常管理工作与一般人力资源管理类似，主要包括人力资源规划、人员招聘与配置、培训开发、绩效考核、薪酬福利、员工关系管理等内容（陈安等，2010）。本节主要讲述面向突发事件应对过程的应急人力资源管理，主要包括以下几个方面。

（一）应急人力资源的储备与培训

应急人力资源的储备包括两层含义，一是开展应急人力资源普查工作，掌握当地公共应急力量、社会应急力量及各类专家的分布情况和配置信息，建立应急人力资源数据库并及时更新，明确各类应急力量的联系方式，规范并优化应急人力调用程序，以便在突发事件出现后及时调动相关应急人力资源。二是能力建设与储备，即针对专兼职应急人力资源开展必要的应急培训，其目的体现在两个层面，最基本的目的是提高现有应急人力资源的业务水平，同时通过必要的演练增进多部门的协同，旨在提高协同应对能力。

应急人力资源培训的基本内容概括为应急管理通识教育、突发事件形势分析、应急管理技能培训、应急救援技能培训、救援心理素质培训五个方面。

由于各类人员在应急管理中所承担的职责不同，对不同类型、不同水平的应急人员的素质要求和培训导向也不同。不同应急管理人员的培训侧重点不同，对于行政领导干部，主要接受应急管理决策能力培训，重点是对突发事件事态的宏观把控能力、对事态发展的预测能力、在应急管理不同阶段的快速应对与迅速调整能力。普通管理人员主要接受执行指挥层面的培训，如信息收集、跟踪反馈等方面的培训，同时要求提升领悟力、贯彻力和协同应对能力，可根据领导的决策制订可操作性强的具体行动计划。对于救援队伍等专业力量而言，主要在各自领域接受消防、救援、医护等方面的培训，增强业务快速反应能力，由于应急管理通常需要涉及多个部门，因此还需要加强合作与协同能力，另外还需要增强资源整合能力。具体培训内容涉及医疗救援技能、搜寻救援技能、装备操作技能、灾民安置技能、应急心理干预、避难避险、资源管理等技能。

另外，突发事件类型不同、行业不同，应急管理培训的具体内容也不同。因此，在实际工作中，应结合应急管理阶段、具体事件类型、事态发展情况和职责角色，选择恰当的培训内容，组织针对性的培训。按照层次可以将应急培训分为基础训练、专业训练、战术训练和自选科目训练。

应急管理的培训方法有很多，主要包括事故案例教育、知识讲座、模拟演练、应急知识比赛、应急技能比武竞赛等。选择合适的方法是影响培训效果的关键，应根据培训的内容、时间和期限选择最恰当的方法，这一点尤其重要。

（二）应急人力资源的招募与调配

应急人力资源的招募与调配是指根据突发事件的情况确定人力资源需求、调动公共人力资源、宣传和发动其他人员参加应急工作，分配工作任务。

应急人力资源的招募方式主要有以下几种。

1. 调用公共人力资源

应急人力资源的筹集对象主要是来自政府和公共部门的公共人力资源。根据日常职责所在，公共应急人力资源可分为：①专职应急人员，如应急管理机构或突发事件主管部门的工作人员、消防人员、堤防人员等；②兼职应急人员，如公安、医护、武警等，这些人员并不专职从事应急管理的日常工作，但是对突发事件应对工作负有重要职责；③临时应急人员。

2. 临时征用或聘用

征用对象一般指来自非公共部门的专业技术人员或有一技之长的特殊人员，如道路运输从业人员、工程设备操作人员、私立医院医护人员等。征用结束后需要对征用人员本人、家属或所属单位进行补偿。

3. 招募应急志愿者

应急志愿者是出于公益和服务社会目的志愿参加应急工作的人员，具有反应迅速、响应灵活、亲民性高等优势，但也经常面临救援经验不足、专业参差不齐、组织性不强等问题。为了保证应急救援的有序进行，政府有必要对志愿者参与应急工作加以引导和规范。

4. 动员受影响群体

包括受影响群体在内的社会大众是突发事件救援不可或缺的力量，是减少突发事件损失的关键。尤其是在重大突发事件发生、专业救援力量不足时，应积极组织自救与互救工作，号召受灾群体在力所能及的范围内参与应急工作。

在应急人员调配过程中需要与各方人员保持良好沟通，避免由沟通不畅造成人员空白或浪费。另外，救援活动中所需人员的类型因事件类型和时间而异，因此应急人员的调配还需要考虑应急工作的阶段性特征。例如，地震前期更需要一些医疗救助人员、道路抢修人员、搜救人员等，随着时间的推移，后期更需要心理咨询及辅导人员、卫生防疫人员等。

（三）应急人力资源的接收与管理

这项工作主要包括接收应急人员，建立临时管理体系，对各类应急人员进行人事管理。应急人力资源的构成通常十分复杂，在重大突发事件应对过程中尤其如此。为了促进各方人员的良好沟通，避免多头指挥带来的混乱，有必要建立临时性的人力资源管理系统，以协调各方人员的管理与指挥工作。该系统最好由具有人员调配权力的行政人员和具备应急专业知识的专业人士领导，以提高指挥的专业性，进而确保救援行动的有序协调和组织高效。

（四）应急人力资源的奖励表彰

应急管理工作具有高度的危险性、不确定性和紧迫性，应急人员不仅需要付出巨大的体力和精力，同时还需要承受严重的身体和心理压力。建立完善的应急救援奖励机制，不仅可以减轻应急人员个人与家庭所面临的压力，也能弥补应急人员个人、家庭及单位由于参与救灾所产生的损失，提高社会各界对参与应急工作的重视与支持。

我国《突发事件应对法》第五章第六十一条第三、第四款规定："公民参加应急救援工作或者协助维护社会秩序期间，其在本单位的工资待遇和福利不变；表现突出、成绩显著的，由县级以上人民政府给予表彰或者奖励。县级以上人民政府对在应急救援工作中伤亡的人员依法给予抚恤。"另外，《中华人民共和国公务员法》《中华人民共和国人民警察法》《中华人民共和国执业医师法》《公务员奖励规定》《军人抚恤优待条例》等法律法规也对特定群体参与应急管理的表彰奖励工作进行了规定。

> **思考与练习**

1. 应急管理过程中应急资金的来源有哪些?
2. 根据你所在地区的突发事件形势和社会经济特征,你认为哪些应急资源是当地需要着重储备的? 应该采取何种方式储备这些资源?
3. 如何有效对应急资金进行管理和完善?
4. 应急人力资源管理的主要内容有哪些?
5. 应急物资的分类准则有哪些?

第四章

突发事件的风险管理与预防减缓

导言

通过本章学习,你将了解突发事件的风险概念及风险种类;理解突发事件的风险影响因素;掌握突发事件风险管理的主要内容,以及如何进行风险的预防减缓。

本章第一节介绍突发事件风险的影响情况,在学习这一部分内容之前,你需要了解突发事件的相关基本概念,以及突发事件的种类和特点。建议读者主动思考一下突发事件风险对我们的社会有何影响,再代入到实际的学习中。本章第二节是突发事件的风险管理,建议读者提前了解商业风险管理相关基础知识,以便对突发事件的风险管理具有更深的理解。本章第三节是突发事件风险的预防减缓,学习本节之前,建议读者认真学习前两节与突发事件风险有关的内容,如风险影响因素与风险管理,以便更好地掌握突发事件的风险预防减缓知识。

第一节 突发事件风险概述

一、突发事件风险的定义与分类

(一)风险的定义

风险(risk)一词是在 17 世纪 60 年代由意大利语中的 riscare 一词演化为英语的,它的意大利语本意是在充满危险的礁石之间航行,后来牛津英语词典(Oxford English Dictionary, OED)首次使用风险一词,并定义其为"(暴露于)损失、伤害或其他不利或不受欢迎的情况的可能性;涉及这种可能性的机会或情况"(恩比,2018)。只有在描述未来某些事件是否发生的时候才会使用风险这个词,而过去发生的危险并不称作风险。

风险涉及的领域众多，如商业、工程、行政、社会媒体、医学等。

本书所讨论的风险特指突发事件应急管理工作中的相关风险。《联合国国际减灾战略术语》将灾害风险定义为潜在的生命、健康状况、生计、资产和服务系统的灾害损失，它们可能会在未来某个时间段里、在某个特定的社区或社会发生（UNISDR，2009）。当然，对于风险的定义并不唯一，不同学者从不同角度对风险进行了定义。联合国大学（波恩）环境与人类安全研究所曾推荐22个风险定义，主要集中在风险的可能性与概率、期望损失及概念化公式这三个角度（黄崇福等，2010），表4-1着重列举了部分学者与机构对灾害风险的定义。

表4-1 风险的定义

角度	作者或机构	定义
风险的可能性与概率	亚历山大	可以被定义为可能性，或较正式地定义为概率。这里的概率，是指由于一系列因素而产生的特定损失的概率，损失是由于某种危险源的存在而产生
	阿尔王、西格尔和约根森	由已知或未知的事件概率分布来刻画，而这些事件是由它们的规模、频率、持续时间和历史来刻画的
	美国《灾后恢复》季刊	是潜在的暴露损失，通常用概率来测量这种潜在性
	欧洲空间规划观察网络	是危险发生的概率或频率和产生后果的严重性的组合
	《院前和灾害医学》	是危险变成事件的客观或主观概率，可以发现风险因素从而修改概率
	澳大利亚昆士兰州紧急服务部	对某些对象有影响的事情发生的机会，用后果和可能性对其测量
	拉希德和威克斯	是在城市地区由于危险暴露而潜在的损失程度，可将风险视为危险发生概率和脆弱程度的乘积
	施奈德鲍尔和埃尔利希	是有害后果发生的概率，或能产生一定威胁的危险因素所导致的预期损失
	联合国开发计划署	是由自然或人为诱发危险因素和脆弱的条件相互作用而造成的有害后果的概率
	联合国环境规划署	是暴露于某一事件的概率
	克莱顿	是损失的概率，取决于三个因素：危险性、暴露性和脆弱性
期望损失	卡多纳	预期出现的伤亡人数、财产损失和对经济活动的破坏，这种预期归因于特定的自然现象和因此产生的风险要素
	日本亚洲减灾中心	由某种危险因素导致的损失的期望值，灾害风险是由危险性、暴露性和脆弱性构成的函数
	蒂德曼	风险是指预期出现的伤亡人数、财产损失和对经济活动的破坏，这种预期归因于特定的自然现象和因此产生的风险要素。具体可表征为因特定自然现象的损失预期度，该预期度是自然危险和脆弱性的函数
概念化公式	盖雷特瓦和博林	灾害风险=危险性×脆弱性

虽然对风险的定义不尽相同，但是目前比较公认的关于风险的表述有以下两种（王宏伟，2019b）。

风险是致灾因子与脆弱性共同作用的结果，即

$$风险=致灾因子×脆弱性$$

风险是事件发生的可能性与影响程度共同作用的结果，即

$$风险=可能性×严重性$$

这两种表述分别从不同的角度讲述风险，前者侧重于展示风险形成的机理，后者则便于人们对风险进行定量评估。虽然表述方式不同，但其本质是一样的。削弱致灾因子

的作用可以降低突发事件发生的可能性，降低区域本身抵抗致灾因子的脆弱性可以降低突发事件发生的严重性，这是一一对应的关系。

致灾因子被认为是影响社会的外部因素，而脆弱性作为内部因素评价了社会相对于特定致灾因子的易损性。因此，理解风险需要了解致灾因子与脆弱性的相关知识。

根据2009年发布的《联合国国际减灾战略术语》，致灾因子是一种危险的现象、物质、人的活动或局面，它们可能造成人员伤亡，或对健康产生影响，造成财产损失，生计和服务设施丧失，社会和经济被搞乱，或环境被破坏。简单来说，致灾因子是会对人们和周围环境造成威胁的一种自然、人为或者技术现象。不同国家对致灾因子的分类标准不同。美国主要将致灾因子划分为四类，其中前三类属于自然致灾因子，第四类属于技术致灾因子，如表4-2所示。我国主要根据突发事件的种类对致灾因子进行分类，即自然灾害、事故灾难、公共卫生事件及社会安全事件。风险产生于风险源，而致灾因子就是灾害发生的风险源。致灾因子是导致灾害发生的必要条件，也就是说，只要有灾害发生，就一定存在致灾因子，但致灾因子不一定会导致灾害的发生。可见，致灾因子是影响灾害风险的关键因素。

表4-2　美国致灾因子分类

类别	主要内容
气象致灾因子	强风暴、酷暑天气、龙卷风、飓风和山火
水文致灾因子	洪水、风暴潮和海啸
地质致灾因子	火山爆发和地震
技术致灾因子	人为失误，最严重的技术致灾因子包括炸药、易燃物、有毒化学物质、放射性物质和生物灾害等

脆弱性这一术语早期多用于自然灾害研究，目前已扩展至气候变化、土地利用、生态环境、可持续性科学等多个领域。《联合国国际减灾战略术语》对脆弱性的定义是一个社区、系统或资产的特点和处境使其易于受到某种致灾因子的损害（UNISDR，2009）。脆弱性是指系统对各种胁迫的易损性，属于系统的内在属性，由自然、社会、经济和环境因素及过程共同决定。根据林德尔（2011）的灾害影响模型，脆弱性可以分为物理脆弱性和社会脆弱性，它们均作为灾害发生的前影响条件，也就是说，灾害的具体影响取决于这两种致灾因子的作用。物理脆弱性有三种，包括人的脆弱性、农业脆弱性和建筑脆弱性。社会脆弱性是指外部压力对人类健康造成的潜在负面影响，这种压力包括自然或人为灾难或疾病暴发，减少社会脆弱性可以减少人类痛苦和经济损失。脆弱性是区域或城市抵御灾害能力的重要指标，是降低区域或城市突发事件风险的重要工具，在突发事件风险研究中需要重点关注。

（二）突发事件风险的类型及特点

突发事件风险依据突发事件类型被划分为四类，分别是自然灾害风险、事故灾难风险、公共卫生事件风险及社会安全事件风险，具有以下基本特点。

（1）不利性：突发事件风险所产生的结果对个人、组织和国家的生命安全、身心健康、经济发展、环境保护、政治局面等都可能产生不利后果。

（2）不确定性：突发事件风险在发生时间、空间、强度上均具有一定的不确定性，不容易预测，无法准确预测突发自然灾害所产生的影响。

（3）复杂性：突发事件风险产生的原因、变化过程和可能后果均非常复杂，无法简单用状态分布或者概率分布进行准确表达。例如，自然灾害的多样性和社会系统结构的复杂性决定了自然灾害风险的复杂性。

各类突发事件的风险构成和特点也不尽相同。

1. 自然灾害风险

自然灾害风险是由自然灾害自身演化而导致未来损失的不确定性。自然灾害的风险是客观存在的。我国自然灾害主要分为七大类，包括气象灾害、洪水灾害、地震灾害、地质灾害、海洋灾害、生物灾害和火灾。许多研究按照自然灾害风险事件发生的频率设定其可能性等级，并按照损失的强度设定风险事件的强度等级，最终根据风险评估矩阵来表示自然灾害的风险等级。自然灾害风险具有以下特征。

（1）普遍性：只要自然界存在，有人类活动发生，自然灾害就不可避免。

（2）动态变化性：自然灾害风险可能会由某一种自然灾害引发多种二次灾害等。

2. 事故灾难风险

我国主要把事故灾难分为工矿商贸等企业的各类生产安全事故、交通运输事故、公共设施和设备事故及环境污染和生态破坏事件。事故灾难风险，是指发生上述意外事件的可能性和后果的总和，主要由固有风险、潜在隐患风险和人的行为风险构成。固有风险是生产系统中的危险源所导致的风险，通常不可或难以避免，且基本不发生；潜在隐患风险是指具有发生事故灾难的条件及诱因，只是暂时还未形成事故的风险；人的行为风险是指人的不安全行为导致事故发生的风险。事故灾难风险具有以下特征。

（1）相对性：事故灾难风险是一种辩证性的存在，但事故灾难风险的影响是相对的。

（2）绝对存在性：事故灾难风险是对人类安全的客观威胁，具有绝对存在性。

3. 公共卫生事件风险

公共卫生事件风险是指在特定时期内，发生需要紧急应对的公共健康危害事件的可能性，是指突然发生，造成或者可能造成社会公众健康严重损害的重大传染病疫情风险、群体性不明原因疾病风险、重大食物和职业中毒以及其他严重影响公众健康的事件风险（国务院，2011）。根据公共卫生事件的性质、危害程度、涉及范围，可以将公共卫生事件风险划分为特别重大、重大、较大和一般四个等级。公共卫生事件风险具有以下特征。

（1）差异性：风险存在时间和空间上分布的差异，还有人群分布的差异。

（2）广泛性：全球化时代使得疾病可以更快速地传播到全球各地。

4. 社会安全事件风险

社会安全事件风险是指突然发生、造成或可能造成重大人员伤亡、重大财产损失和对部分地区的经济社会稳定、政治安定构成重大威胁或损害，有重大社会影响的涉及社会安全的紧急事件发生的可能性，主要包括大型活动安全事件风险、涉外突发事件风险、恐怖袭击事件风险、经济安全事件风险、突发网络舆情事件风险、校园安全事件及规模较大的群体性突发事件风险。

社会安全事件可以分为一般突发社会安全事件（蓝色警戒Ⅳ级）、较大突发社会安全事件（黄色警戒Ⅲ级）及重大突发社会安全事件（橙色警戒Ⅱ级）三个等级。社会安全事件风险具有如下特征。

（1）人为性：社会安全事件发生在社会安全领域，属于人为因素导致的突发事件。
（2）社会性：社会安全事件风险是在社会的背景下存在的潜在风险，具有社会性。

二、突发事件的风险影响分析

依据林德尔（2011）的灾害影响模型，突发事件的风险影响主要分为物理风险影响和社会风险影响。物理风险影响主要包括人员伤亡和财产损毁。物理风险影响是最容易被测量出来的，并且最先由新闻媒体报道。社会风险影响则包括心理、人口、经济和政治影响，可以在很长一段时间内形成，而且很难在发生时进行评估。尽管很难衡量这些社会影响，但是监测它们，甚至在可能的情况下预测它们是重要的，因为它们可能对受到影响的社区中特定类型的家庭和企业的长期运作造成重大影响。

1. 物理层面

1）人员伤亡

人员伤亡包括突发事件所导致的人员受伤或死亡。伤亡人群不仅包括直接受突发事件影响的灾民，还包括在应急响应过程中搜寻、营救、援助等活动中被间接影响的人员。当然，突发事件的发生并不一定都会造成人员伤亡，但伤亡人数是衡量突发事件严重程度的重要指标，伤亡人数越多，社会影响越大，突发事件严重等级越高。按照人员伤亡的程度将突发事件划分为轻微事故、一般事故、重大事故和特大事故。

2）财产损毁

财产损毁主要包括建筑物、动物和农作物的损毁，还包括对农田、牧场和林地的破坏和污染等。建筑物的损毁主要包括灾民住所（私人住宅或小区等）、公共设施、公司办公场所等的损毁；动物、农作物损毁主要包括自然界生物由突发事件导致的数量或种类的减少。建筑物的损毁是灾民面对突发事件时最关注的问题，这是满足灾民基本需求的保障，一旦被损毁，成千上万的灾民将流离失所，需要立即进行援助。

2. 社会层面

1）心理影响

突发事件会造成广泛的负面心理反应。大多数情况下观察到的效果都是轻微和短暂的，很少有受害者需要进行精神疾病诊断。但是有一些人群需要特别关注，如儿童、年老体弱的人、先前患有精神疾病的人、少数民族和灾难遇难者的家属。

2）人口影响

考虑到灾害发生后人员伤亡、人口失踪等，突发事件可能会影响到该地区人口的结构。在中国，受灾地区的人口通常没有太大变化，但是，在有的国家或地区，人们会因灾害选择迁入另一座城市，影响灾害地区的人口结构。

3）经济影响

经济影响主要分为直接经济损失和间接经济损失。由突发事件影响所造成的直接经济损失可以用修复或替换的费用来计算，如企业固定资产。但是，这些损失是难以衡量的，因为并非所有信息都能被记录下来，因此不能准确估计。除了直接经济损失，经济影响还包括因商业活动中断而引起的间接经济损失。例如，新冠疫情期间，线下的经济活动基本停止，实体店无法经营，物流无法正常运行，劳动力数量急速减少，许多公司业务也被迫中断，造成了巨大的间接经济损失。突发事件同样会给政府机构带来严重影响，相关部门和组织需要耗费大量财政资金用于清除废墟、修建基础公共设施、恢复服务。同时，由于突发事件所造成的间接经济影响，营业税、商业税、个人所得税等税收可能会出现下滑，政府的财政收入也将随之减少。另外，突发事件会使财政支出增加，这无疑增加了政府的财政压力。

4）政治影响

突发事件可能会引发群体性的社会行动，从而导致政治混乱，特别是在看似漫长的灾难恢复期间。例如，有的受害者会因灾害而产生心理和情绪上的非常规性，更有可能做出极端行为或者形成非寻常组织，有时政府需要制定相关政策来进行管理和约束，这时就会产生新政策并进行尝试。

了解突发事件风险的影响因素有助于更准确地把握突发事件的特征和相关人群的反应行为与特点，为灾前预测和制订防治突发灾害事件的应急计划提供基础。因此，了解突发事件的风险影响应是每一个应急管理者需要做的事情。

第二节 突发事件的风险管理

一、风险管理概述

《联合国国际减灾战略术语》将灾害风险管理定义为一项系统工作，即通过动用行政命令、调配相关机构、运用相关工作技能和才能，以实施战略、推进政策并提高突发事件应对能力，进而减轻致灾因子带来的不利影响和灾害发生的可能性（UNISDR，2009）。风险管理的对象是风险，即针对不确定的风险进行可行性的管理，管理的目标是预防或减少风险源的产生（闪淳昌和薛澜，2020）。

风险管理主要包括四个步骤：风险准备、风险识别、风险评估和风险处置，如图4-1所示。风险准备是确立风险背景，明确各部门间的风险管理工作划分与任务，建立风险管理基本框架和评估标准，这是进行风险管理的开端与基础。风险识别是指对风险的性质进行判断、分类的过程，其主要目的是识别所有主要和次要风险，并针对是什么、为什么、怎么发生、什么时候发生、在哪里发生这些方面对各个风险进行描述，了解风险的基本特征。风险评估是在风险识别的基础上，采用定性和定量的方法对风险发生的概率和损失幅度进行估计与预测，其目的主要是进一步分析风险的特征，将风险特征转化为可以进行决策的信息和依据，这也为政府对关键风险元素进行排序提供了基础。风险处置则是根据所分析的风险特征，选择合适的手段处理风险，并合理配置风险资金，主要目的是为风险减缓工作制订完整的风险管理计划。

风险准备 → 风险识别 → 风险评估 → 风险处置

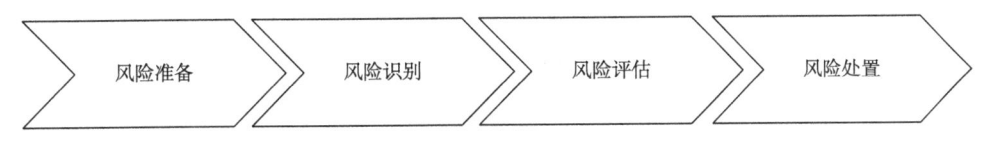

图4-1 风险管理的主要步骤

当然除了以上四个主要步骤外，风险管理还应包括风险管理计划的追踪与监控，保证对风险管理的可控和及时调整，风险管理合作部门也需要进行及时、有效的沟通，促进风险管理工作稳步进行。

二、风险识别

风险管理的核心是风险评估，而风险评估前需要进行风险识别。风险识别是在准备计划进行和风险确认完毕后，认知和确定需要管理的风险。风险识别是风险评估的基础，也是风险管理决策的基础，它帮助我们认识区域风险的性质，并对各种潜在风险进行系统归类，分析风险来源、产生风险的原因和确定风险可能影响范围，这对有效的风险管理和降低脆弱性至关重要。风险识别的程序主要如下。

（一）形成事件清单

详细记录风险识别的情况，分析认定哪些事件可能会发生，并对其进行归类，确定风险来源及可能影响的范围，从而形成一份比较详尽的事件清单。我们可以从强度、可能性、程度、时间及措施这几个方面对致灾因子或者风险进行描述，从不同角度、不同层次分析会发生什么不利情况、致灾因子有哪些、发生的可能性、可能会发生在什么地点、范围多大。

（二）分析风险产生的原因、可能导致的不利后果

考虑为什么会发生这种不利情况，是通过何种途径、何种机理、如何导致的，并讨论这些不利情况主要会影响哪些对象，哪些人、建筑或者基础设施等被暴露在这种不利

情况之下，会导致什么样的后果，以及会产生什么样的客观和主观损失，在面对这种不利情况时应该采取怎样的措施。

三、风险评估

《联合国国际减灾战略术语》将灾害风险评估定义为一种确认风险性质和范围的方法，包括对致灾因子特点进行研究；分析暴露程度和现存脆弱条件；评价潜在危害场景的应对能力（UNISDR，2009）。风险评估已被列入国家处理突发事件的重要事项。《突发事件应对法》第五条指出"突发事件应对工作实行预防为主、预防与应急相结合的原则。国家建立重大突发事件风险评估体系，对可能发生的突发事件进行综合性评估，减少重大突发事件的发生，最大限度地减轻重大突发事件的影响"。

风险评估有以下几个基本原则，以保证在评估过程中的准确性。

第一，客观性原则。灾害风险评估是为了风险治理与防灾减灾的需要，而评估质量会直接影响后续决策的正确性。客观性是科学研究的基础，在评估过程中要采用科学的方法，进行科学的风险评估。

第二，科学性原则。根据灾害风险发生的客观规律性来识别区域风险，找出灾害风险存在的客观条件、诱发因素、发展趋势，然后预测后果，并制订科学的防灾减灾方案。

第三，系统性原则。现代社会是一个复杂的系统，突发事件种类众多，并且具有很强的关联性，经常会出现一个灾害导致二次灾害的情况，因此在进行风险评估时，需要全面、系统地收集信息，综合考虑多种因素。

第四，规范化原则。突发事件风险评估需要有统一的指标与规范，以便更好地进行信息交流和风险比较。

第五，动态性原则。有可能诱发突发事件的危险要素处于不断变化之中，评估得出的结论具有一定的时效性，因此需要不断监测、动态评估，不断发现新的风险并及时采取防御措施和应对措施。

最常用的风险评估流程来自《风险管理—原则与指南》（国际标准 ISO 31000：2009）和《风险管理—风险评估技术》（国际标准 ISO/IEC 31010：2009）。风险评估流程包括风险分析和风险评价。风险分析在于确定风险的概率及后果，并以此作为确定风险级别的基准，为风险评价和处置提供支持；风险评价则是通过对从风险分析中获得的风险等级和预先设定的风险评估标准进行比较，对组织可能面临的各种风险进行综合排序，确定不同风险的重要程度和可接受水平。

四、风险分析

风险分析是一项重要且复杂的研究，应尽可能全面、一致、透明且接近。如果风险不能被正确理解或解释，那么应急部门和管理决策者就很难做出理性的选择。风险分析有许多不同且互补的方法和工具，这些方法从定性方法（如专家调查法）到半定量方法再到定量方法（包括最严格的概率风险分析方法），方法的选择随着环境不同而不同。定性风险分析是以完全定性的方法确定概率和后果，定量风险分析则是对概率及后果进行数学估算，有时还需考虑相关的不确定因素。而半定量分析，有时候指在一定范围内对概率和后果进行近似量化的风险分析。定量分析适合对那些概率较低、影响较大的事件的风险进行量化，也可进行专门的概率评估和大规模分析。

《2015—2030年仙台减灾框架》（《2005—2015年兵库行动框架》的后续公约，受联合国减灾署支持）鼓励进行全面灾害风险管理，这需要了解一个国家面临的多种主要危害的影响。因此，将灾害风险分析主要分为三类（UNDRR，2017）：单一灾害风险分析；多灾害风险汇总和比较分析；连续、同时和相互关联的灾害风险分析。

对于单一灾害的风险分析、多灾害风险汇总和比较分析，有各种各样的方法和工具，复杂程度各不相同；然而，对于连续、同时和相互关联的灾害风险分析，可用的方法和工具较少。

（一）单一灾害风险分析

单一灾害风险分析要素主要有四类，需要提前进行准备：一是灾害分析，即对危险要素进行分析，如提供灾害发生的地点、规模、频率和影响；二是暴露性分析，如提供有关可能受到灾害风险影响的资产的存在状态、属性和价值；三是脆弱性分析，如提供有关已识别的资产如何对灾害作出反应；四是不确定性分析，通过定量或定性地进行评估、判断或计算置信水平来完成。

风险分析要素一旦准备完毕，就可以对每个灾害进行风险分析。以下是进行单一灾害风险分析最主要的方法，这些方法均有各自的优点和局限，且每种方法适用于特定的目的。多灾害分析也是基于这些方法进行分析的。下面是每种方法的简要描述。

1. 概率分析法

概率是风险的固有属性，因此所有的分析方法都需要直接或者间接对概率进行处理，概率分析法是一种系统和全面地去量化这些概率的方法。在这种方法中，大量关于灾害、暴露和脆弱性的科学信息及从历史损失和数据得到的结论被用来模拟灾害风险的复杂现象。虽然概率分析法是一种资源密集型分析方法，但它有很多优点，如能够度量风险成本、对降低风险的替代措施进行成本效益分析、对各种危害的相对风险进行定量比较且适宜有效捕捉和量化不确定性等。

2. 情景分析法

该方法分析了单个事件或情景的影响或损失，它根据事件发生的大小和位置来进行情景描述，但是并没有完全量化这些事件发生的频率，或者以概率的方式去评估它们的影响。情景的选择和后果的分析可以从历史损失信息中得到支持，也可以从对有关地区的灾害、暴露和脆弱性的某种程度的科学认识中得到支持。如果在风险分析中使用情景分析法，建议分析具有各种可能性的多个情景，以获得更完整的风险情况。

3. 历史分析法

该方法在相当长的一段时间内系统地收集灾害破坏与损失方面的历史数据以及相关数据库。这些数据库可用于历史分析，提供有关事件发生频率、潜在影响和与频繁事件相关的总体风险的信息。历史分析不能用于罕见的灾害（如地震），并且，由于没有揭示低概率、高强度事件的信息，可能会产生误导。

4. 专家调查法

如果没有进行风险分析的其他信息或手段，则可以通过咨询各个灾害风险领域的专家并进行分析归纳。虽然使用专家调查法进行定性分析更为常见，但专家也可以提供灾害风险分析的定量观点。然而，不同专家的观点和评估多少存在一些潜在的偏差，因此最好可以咨询若干专家以减少分析的偏差。

（二）多灾害风险汇总和比较分析

风险分析的目标之一是对可能影响某一国家或地区的各类危害风险进行比较。通常，先进行几个单一危害的风险评估，然后将评估产出作为工具和技术的输入，以便将各种风险汇总、比较和评估，最后作出决策。这样的分析提供了对所有危害风险更全面的了解。这一过程包括两个步骤，风险汇总和风险比较。首先是风险汇总。这一过程可能听起来很简单，但是仍可能需要专家的帮助来识别相关问题，如很难找到合适的汇总标准度量等。其次是风险比较。有几种技术和方法可以比较不同危害带来的风险。风险管理国际标准关于风险评估的指南提供了各种技术，虽然并非所有技术都普遍用于灾害风险管理，但大多数技术都可以通过调整，用于风险管理决策的风险比较。下面是三种最常用的方法。

1. 概率风险分析法

通过对不同危害进行概率风险分析来比较各种风险的产出，如为每一种危害计算不同利息回报期的回报期损失或平均年损失。超越概率曲线是概率分析的主要输出之一，使用户可以自由地研究不同危害的各种可能性或影响的不同值，以便进行比较、确定优先次序和作出风险管理决定。

2. 可能性情景分析法

该方法可以根据国家面对灾害的相关应对能力，提出不同方案，并在不同情景下进行压力测试。方案的选择应尽可能广泛，以便为决策者刻画决策行动的可能性范围提供更好的见解。这一方法最常用于应急准备、恢复和重建规划，在这些规划中，最值得关注的是最可靠或最坏的情况。情景的选择在很大程度上是基于专家抽取的，因此需要广泛的利益相关者和专家的参与，来为各种风险和能力提供情景。情景可在影响（表4-3）

和可能性（表 4-4）这两个风险维度上分析，分析的最终结果以风险矩阵表示，作为确定风险优先级的基础。

表 4-3　突发事件的风险影响

幅度	分值	描述
特别重大	5	社会运行完全中断
重大	4	社会运行受到严重影响，可能会使社会运行中断
较大	3	社会运行受到较严重的影响，但不会造成社会运行的中断
一般	2	社会运行的效率受到一定的影响，但不会对社会运行体系造成威胁
较小	1	社会运行受到的影响可以忽略不计，风险可以用常规手段加以排除

表 4-4　突发事件风险的可能性

可能性	分值	描述
几乎确定	5	发生概率为100%，一年或几年发生一次
很可能	4	发生概率为75%以上，近年来经常发生，频率较高
可能	3	发生概率为40%~74%，在1~2年内会发生，偶尔会遇到
不确定	2	发生概率为10%~39%，近年来未发生过，但五年以后可能发生
可能性小	1	发生概率小于10%，几乎不会发生，或者在极端条件下才可能发生

风险矩阵（表 4-5）是表示风险的影响、可能性和置信水平的通用模板，这个矩阵将影响和可能性分析的结果投射到两个轴上。然而，产生的风险矩阵并没有提供绝对的风险排名。风险矩阵中所示的不同国家风险的实际影响和可能程度是单一灾害风险分析的结果。可接受的风险偏好、当前的应对能力和减少风险的新机会等因素可能会影响如何确定优先事项。

表 4-5　突发事件风险的矩阵表

风险等级		可能性小	不确定	可能	很可能	几乎确定
		1	2	3	4	5
特别重大	5	5（低）	10（中）	15（高）	20（高）	25（高）
重大	4	4（低）	8（中）	12（高）	16（高）	20（高）
较大	3	3（低）	6（中）	9（中）	12（高）	15（高）
一般	2	2（低）	4（低）	6（中）	8（中）	10（高）
较小	1	1（低）	2（低）	3（低）	4（中）	5（高）

注：表格中括号里的"低""中""高"分别表示风险程度，由风险等级和风险可能性共同决定

3. 层次分析法

在该方法中，大量关于灾害、暴露、脆弱性和能力的信息与数据可以简化为指标得分，然后结合单一指标得分来表示风险水平。它的主要好处是，可以简单使用其输出来

比较各种灾害的风险水平，或在相关区域之间进行比较。根据用户针对灾害风险管理措施的目的和意图，可以使用任何层次的指标进行比较和评价。

（三）连续、同时和相互关联的灾害风险分析

连锁风险和灾害对国家风险评估进程有严重影响，特别是当它们对关键基础设施造成影响而扰乱社会和经济秩序时。重要的是，我们不仅要了解和评估关键基础设施中的连锁反应，还要知道如何阻止灾害升级。不幸的是，对这种复杂现象进行建模需要大量数据、复杂建模工具和专业知识，这可能使定量建模成为不可行的方法。不过，应明确指出重大危害可能产生的连锁效应，并尽可能加以量化。

五、风险评价

风险评价是在风险分析的基础上，在考虑社会、经济、环境等方面的基础上，对风险的容忍度做出判断的过程。风险评价可以帮助应急管理者识别风险等级，更好地对本组织存在的风险进行排序，并根据风险评价的结果将资源合理投入到应急预防与准备当中。

风险评价不能从一维的角度出发，而需要从风险可能性、后果及其影响等多维度综合考虑，以确定不同风险的轻重缓急。风险评价还需要进行规范化处理，因为具有相同的制度或者准则才可以让不同风险具有可比性。结合社会对突发事件的风险承受能力和风险评估标准，我们将风险继续排序，可以划分为三个等级：第一个等级，可接受风险，基本不会对社会造成安全威胁，需要预测预警系统持续监测；第二个等级，可容忍风险，社会受到一定程度的干扰，但可以依靠自身的能力加以修补和矫正；第三个等级，不可容忍风险，社会受到严重影响，需要采取特别手段进行紧急处置，在这种情况下，预警系统需要做出决策，发出警报。

对于风险评价过程，如何合理划分风险，对风险进行科学、公认的排序，也需要一定的技术支持，以使评价决策更具科学性。针对风险评价非常适用的方法技术有危险与可操作性分析、危险分析与关键控制点、结构化假设分析、以可靠性为中心的维修、风险指数、层次分析法、在险法、均值-方差模型、资本资产定价模型、FN曲线、蒙特卡洛模拟法及贝叶斯分析等。为适应风险社会发展的需求，风险评价也从单一变得更加多样，从定性变成定量、从局部变成系统，形成更具综合性的风险评价体系（闪淳昌和薛澜，2020）。

以上介绍了不同灾害下的多种分析方法，选择一种分析方法意味着在以下三者之间取得平衡：第一，方法的质量及其结果应达到最初的目的并且具备适用性；第二，需要的资源，如技术（包括数据、工具和专业知识）、资金和时间；第三，风险的重要性和风险管理的投资水平。灾害风险分析方法的选择很重要，因为不同分析方法侧重的内容不同，需要应急管理者根据区域能力、要求和偏好进行分析方法的选择。

第三节 突发事件风险的预防减缓

一、预防减缓的含义

突发事件风险的预防减缓可以通过削减风险而降低突发事件发生的可能性，从而减少突发事件的损害。其实古人早就知道了预防的重要性，"杜渐防萌""思患预防"等词都是在表述灾害发生前就要采取预防措施。预防就是预先防备，减缓指速度放慢或者程度减轻。预先为应对可能发生的不利情况而做准备，从而减少不利情况对自己造成的损失，这就是减缓。在突发事件发生前，制订一项全面、长期的减灾计划，才能最有效地预防突发事件，避免社会公众生命、财产和公共资源遭受巨大损失。

不同国家或组织对预防减缓的定义不同，但含义大致相同。美国 FEMA 认为，减缓是旨在减轻重大灾害或紧急事件影响的活动或最大限度减轻未来灾害的负面影响的活动；世界卫生组织泛非紧急培训中心将减缓定义为"减轻灾害造成的人员和物质损失的严重程度"；加拿大公共安全部将减缓定义为"通过在紧急情况或灾难发生之前采取的主动措施来消除或减少危害的影响和风险"。基于上述定义，本书将预防减缓定义为"在突发事件发生之前采取能够削弱突发事件风险的主动措施来尽可能地减少突发事件可能带来的损失"。

突发事件风险的预防减缓在应急管理中意义重大，虽然它的效应不像应急响应那样引人注目，但是却有着自身的价值和内涵，那就是防患于未然，将一切不必要的损失扼杀在萌芽中。《"十四五"国家应急体系规划》中将预防减缓定为国家应急管理规划的基本原则，即"坚持预防为主。健全风险防范化解机制，做到关口前移、重心下移，加强源头管控，夯实安全基础，强化灾害事故风险评估、隐患排查、监测预警，综合运用人防物防技防等手段，真正把问题解决在萌芽之时、成灾之前"。可见国家对风险预防的重视及预防减缓的重要性。

第一，风险的预防减缓可以降低突发事件的发生概率。在生活中其实有很多突发事件可以预防，但人们对风险减缓不够重视，导致悲剧的上演。第二，风险的预防减缓可以减少突发事件带来的损失。预防减缓意味着在突发事件发生之前采取一系列措施，在一定程度上消除产生危机的源头，减少突发事件的影响和损失。第三，风险的预防减缓可以增强抗危机能力。虽然预防减缓不能消除所有的危机，但从各国的实践中可以看到，相当一部分预防减缓的措施都增强了个人、社区抵御危机的能力，增强了社会的总体防御能力。第四，风险的预防减缓可以降低应急管理成本。高质量的公共危机管理意味着管理的低成本和高收益，有效的预防减缓策略则是一种低成本高收益的表现。第五，风险的预防减缓可以促进人类的可持续发展。人与自然本身就是相互依存的关系，风险的预防减缓可以帮助我们更好地找到与自然合作共生的方式，从而促进人类的可持续发展。如果想从源头上削减灾害风险，那就需坚持"绿水青山就是金山银山"的理念，贯彻绿色发展理念，重视生态文明建设，与自然和谐相处。

二、预防减缓的工作步骤

2017年，FEMA发布了《部落减缓计划指南》，该指南围绕制订部落减缓计划的六个建议步骤详细介绍了一个部落应如何建立缓解计划，以减少自然灾害的长期风险（FEMA，2017）。本节以该指南为基础重新制订了突发事件风险预防减缓的具体步骤（图4-2）。

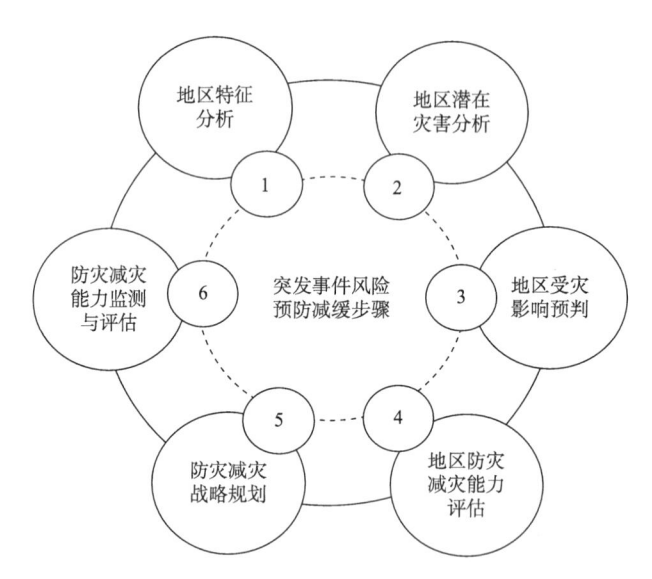

图4-2 突发事件风险预防减缓步骤

（一）地区特征分析

首先描述本地区的主要特征，包括本地区负责开发、管理或者已被授权管理的土地，以及在地区中所管理的人和财产，让他们免受突发事件的影响。为此，在进行本地区特征分析前，应该基于What、Who和How这三个方面回答以下问题：你想保护什么，你想保护谁，本地区是如何进行运作的。

（二）地区潜在灾害分析

第二步需要对本地区潜在灾害进行分析，即识别本地区可能发生的灾害。识别灾害的途径有很多种，如调研、政府官方数据库等。当确定好本区域内潜在灾害种类后，还需要确定好潜在灾害可能发生的位置、范围、程度，并用过去发生的灾害来估计未来可能发生灾害的概率。

（三）地区受灾影响预判

一旦确定了本地区所有可能发生的灾害，就需要对每种灾害的潜在影响进行预判。当发现本地区的相关建筑或者资产处于或者接近所确定的可能发生危险的区域时，那么这些地方就处于风险之中，需要提醒本地区的相应单位，帮助他们了解自己所面临的最大风险，并在后续的步骤中采取合适的降低风险的策略。

在描述各种灾害所带来的影响时，可以考虑以下问题：区域中谁最容易受到灾害的影响；哪些人群可能比其他人受到的影响更大；发生灾害时，哪些道路、基础设施、建筑物容易遭受损害及是否会因此在短时间甚至长时间内无法工作；灾害会破坏区域内哪方面的经济或者重要的土地，如林地或旅游景点；是否会影响本区域的正常运作能力。

描述完各种灾害影响，就可以对这些信息进行总结，总结地区脆弱性。

（四）地区防灾减灾能力评估

各地区在防灾减灾工作中所展现出的能力有所不同，需对其进行合理评估。正确认识本地区的防灾减灾能力现状有助于更合理地调配资源，以便及时填补相应资源，同时也有助于减少资源浪费。合理的能力评估对于防灾减灾整体战略的制定大有裨益，甚至可以说帮助最大，因为它们为理解如何执行地区防灾减灾战略、确定不同战略的优先次序提供了基本依据。评估一个地区的防灾减灾能力可以重点从以下几个层面入手，包括规划和规制、行政和技术、资金投入与使用、宣传教育。

规划和规制是指地区用于指导本辖区防灾减灾事业的相关条例、政策、法律和计划等。地区防灾减灾能力的高低在很大程度上可以从相关规划与规制项目中寻得端倪，例如建筑规范、土地使用规划、经济发展战略以及自然资源保护计划等。行政和技术在这里指一个地区在防灾减灾规划和行动上所投入的公务人员以及相关技能建设和工具支持，对这一维度的评估不仅要考察一个地区是否投入了相关资源，还需要判断该地区是否具备有效调动和组织协调各种资源的能力。与防灾减灾活动相关的资金用途和来源十分宽泛，对这一维度的评估不仅要看某一地区对于防灾减灾事业的预算投入，还需要对其能否获得以及是否善用上级政府的财政支援、转移支付等资金支持进行综合评估。宣传教育是指一个地区通过宣传引导在加强风险防范和促进防灾减灾信息传播等方面所做出的种种努力，可以从其工作程序和方法上开展相关评估。

（五）防灾减灾战略规划

前面的步骤考察了灾害风险的相关情况，包括灾害本身和处理灾害能力情况，这一步需要汇集之前在计划制订过程中收集的所有信息，并在此基础上制定有价值和可操作的防灾减灾战略。防灾减灾战略由目标和行动构成。目标是解释本地区想要实现什么的一般指导方针和政策声明，行动则是帮助本地区实现目标的具体项目。行动可以包括规划和法规、结构和基础设施项目、保护自然环境的方法和教育计划。这些行动计划在确定之后，需要根据本地区实际情况确定行动计划的优先次序，并开始确定实施防灾减灾行动所需的细节，以便更好地转变为本地区未来5年想要实现的蓝图。

首先关于行动优先次序。在防灾减灾战略中确定防灾减灾的行动列表的优先次序很重要，这样可以更有效地利用有限的资源，并提供一个系统的方法来决定如何更好地利用本地区资源。确定优先次序的方法有很多，但应着眼于实施减缓行动的机会和制约因素。在制订防灾减灾行动计划时可以优先考虑以下因素，包括生命安全、管理或技术支持、项目成本或其他经济因素等。

确定好行动的优先次序后，需要考虑每个行动的具体方案。这个很重要，因为防灾减灾行动或项目可能由不同部门领导，需要不同程度的努力，并利用不同的人员和资源。在安排每一项减缓行动前，可以先回答以下问题：谁负责完成这项行动；行动的时间表是什么，是否能马上开始；如果不能，多久可以开始；这项行动完成期限是多长时间；应如何筹备开展行动所需的资金；开展该活动需要何种资源。

（六）防灾减灾能力监测与评估

防灾减灾计划应该是随时间变化的活文件，需要进行积极和实时的维护。计划团队在计划的5年生命周期内保持参与是很重要的，一旦社区开始实施既定的防灾减灾计划，可能会有更多成员负责计划的各个部分。因此在规划周期内，规划小组必须定期与参与实施行动的人员举行会议，进行监测和报告，并形成文件以便后续审查。

防灾减灾能力计划维护过程中有三个重要的步骤：监查、评估和更新。每一个步骤都有助于在不同的层次上对计划进行积极的审查。监查包括监督和查看计划是否已经实施及如何实施。评估是对其有效性的更深入的检查。更新是每五年对防灾减灾计划进行一次全面审查和修订。这些程序有助于确保按照计划实施防灾减灾措施、为长期防灾减灾方案提供基础、建立对危害相关活动的长期监测、将防灾减灾措施纳入现有地区角色和其他规划工作、在计划进展过程中保持地区参与和问责制。必须保证所有计划都有指定负责人。防灾减灾计划的实施是一个很长的过程，中间可能会有其他的突发事件，因此需要进行恰当的、实时的更新。

三、预防减缓的措施

应急管理的最高境界不在于突发事件发生后的应急处理，而是在于排除导致突发事件的可能性，把突发事件的发生控制在萌芽之中，这样可以以最小成本获取最大社会效益，避免付出高昂的代价。减缓行动作为可以永久降低灾害风险的准备行动，不仅可以降低灾害发生的可能性，降低地区脆弱性，而且可以降低灾害发生带给我们的影响。因此，需要政府积极准备和开展风险的减缓工作。减缓工作主要包含对不断变化的风险环境的测量和评估，活动可能包括创建全面的、积极主动的工具，以帮助决策者将资金和资源集中使用在能够最大化降低风险的地方。

就美国的经验来看，减缓工作的主要工具有以下六种：致灾因子识别与绘图；建筑法规与标准；土地使用规划；经济刺激；保险；结构控制。

对于风险减缓措施，可以是结构性的（如修建防洪大坝等）和非结构性的（如合理的土地规划与资源调度等）。根据世界卫生组织泛非紧急培训中心减缓指导方案，减缓措施主要包括城市规划、经济、宣传和教育、基础设施和制度法规这 5 个方面（WHO and EHA，1998）。

（一）城市规划

城市规划管理者应采取相关实际措施，降低风险发生的概率，如为人们的住房和工作选择安全的地点等。城市规划的主要措施包括控制人口密度、进行合理的道路规划及土地规划。在进行城市规划时，需要控制人口密度，提高单位面积人口承受能力，才能更好地降低本地区脆弱性，提高防御能力；进行合理的道路规划，如完善城市服务渠道、结合潜在灾害特征修建城市道路等，提高城市防灾减灾韧性；合理进行土地规划，充分考虑公共安全的需求，遵循城乡统筹、合理布局、节约土地、集约发展和先规划后建设的原则，改善城市生态环境，促进资源、能源的合理利用，降低城市整体脆弱性。

（二）经济

开展多样化的经济活动增加了灾害发生后的补救措施，可降低损失。例如，洪水过后，如果所有的庄稼都被毁了，若当地经济模式单一、企业经营单一，那么被摧毁的庄稼将无从处理，不仅有物理损失还有经济损失。但如果当地存在工业企业，可以将被摧毁的庄稼处理为化学用品，那么这种由于灾害受到的影响和损失就会变小。提供经济激励，比如为企业提供贷款以建设更安全的办公楼，可以降低建筑设施面临的脆弱性，并鼓励企业可持续发展，从而降低相关突发事件发生的可能性；进行保险制度建设，可以对风险进行分散和转移，并且在利益的驱动下，保险公司会大力宣传减缓知识，推动减缓工作的进行。

（三）宣传和教育

减缓的宣传和教育是必要的。宣传主要包括媒体和社区宣传及教育和培训等，教育主要包括基础科研和技术专家支持等。从社会层面，通过宣传和教育这种软工具，可以提高人们的风险减缓意识、风险减缓素质，并提高风险减缓的科学性和精准性。通过媒体传播或者以街道或社区为单位定期开展相关风险减缓教育培训，降低人们对灾害的恐惧感。只有从思想上提高风险减缓觉悟，提升风险减缓的素质，才能更科学地指导人们的风险减缓行动；对灾害的科学研究是进行灾害管理的基础，它可以帮助我们更科学地进行减缓和灾害防御以及后续一系列工作，如更科学地评估区域脆弱性、设计更优良的减灾材料等。专家对减缓工作的支持也十分重要，是保障相关应急部门科学规划本地应急工作的重要支撑。

（四）基础设施

工程师在进行基础设施建设时，必须考虑两个目标：降低危害的影响（如使建筑物更坚固）及减少危险出现的可能性（如通过建造水坝来预防洪涝灾害的发生），因此需要设计更强的建筑结构和建设防险构筑物来抵御灾害。使用特定性防灾材料或特定性防灾结构以及针对某些特定的灾害修建特定的通道或者建筑可以帮助降低本地区基础设施的物理脆弱性，提高城市的防灾减灾能力。

（五）制度法规

制度法规建设也十分重要。制度法规是进行一切活动的准绳，政府相关部门需要依据本地潜在的灾害制定预防和应对政策，制定相关法律法规和准则。不仅如此，企业或者组织自身也可以根据本企业或行业特征进行防灾减灾制度的建立与完善，降低灾害发生时企业自身的损失。

阅读材料4-1：古巴的灾害风险管理

古巴是加勒比海地区最大的岛国，几乎每年都会受到飓风的侵袭，严重影响了其经济发展和社会安全。在长期抗击飓风的过程中，古巴逐渐形成了一套独特且有效的灾害风险管理体系，实施了多项防灾措施，取得了显著成效。主要措施包括以下五个方面。

1. 建立社会安全网，普及公共服务。尽管古巴的社会安全网整体服务水平较低，但其接收覆盖率较广，几乎覆盖了全体公民。当灾害发生时，灾情信息会在社会安全网络中动态实时更新。由于每个古巴人都在政府服务体系内，因此，当灾害发生后，全体公民能够根据社会安全网中发布的灾情信息立即进行灾害响应，并针对灾害情况做出针对性的响应、躲避以及撤离，尽可能地避免灾害带来的财产损失和人身威胁。此外，农业保险、医疗卫生和教育等领域的保障也会及时跟进，拓宽公共服务面，以更好惠及和服务全体公民。

2. 进行灾害教育，提高灾害预防能力。古巴在灾害预防和应对教育上投入了大量的资源。古巴的教育系统将灾害预防、阻止和应对作为学校课程的重要组成部分，学生在课堂上即可以学习如何预防不同类型灾害，以及当灾害发生时如何做出快速响应。即便是步入职场的社会民众也会经常参与工作单位组织的定期防灾减灾训练，有力地增强了社会层面的减灾防灾能力。与此同时，媒体也广泛参与防灾减灾宣传教育工作，对防灾信息、灾害应对技巧等防灾减灾知识开展全方位多层次的宣传。

3. 发展安全文化，完善社区减灾机制。在各级政府的引导和民众的支持下，古巴依托教育系统和社区组织开展了大量安全文化建设工作，并特别强调以社区为基本单位增强和完善灾害应急必需之资源，包括警报系统、疏散工具、避难所和医疗护理等，有效降低了社区灾害风险的脆弱性。通过采取一系列的措施，古巴社会现已形成了高水平的安全文化，上至专家学者、下至普通百姓，皆熟悉飓风防范相关基础知识，了解飓风应对的基本步骤和程序。

4. 建立专门的国家灾害防护机构和社会组织。古巴政府在全国范围内设立一系列旨在减轻风险的机构和组织，包括相关民防组织、科研机构以及气象协会等。其中，国家民防组织作为古巴灾害应对的最高指挥部，在灾害风险管理中发挥了重要作用，也为全体古巴公民提供了更坚固的灾害保障。

5. 制定并更新社区风险筹划。各级政府和社区层面都制定了风险规划，对房屋安全风险（飓风来临时哪些房子属于危房，哪些房子可以用作避难所）、弱势群体、社区家庭医生、患者病情、特殊群体等相关情况进行了详细的记录和筹划。

总的来说，古巴的灾害风险管理卓有成效，不仅摸索并建立起了一套独特的灾害风险管理体系，有效降低了灾害脆弱性以及因灾致贫风险，而且形成了高水平的安全文化。与此同时，近年来教育、道路、电力、通信等基础设施建设的完善，也对减灾工作产生了"乘数效应"，极大地增强了古巴各地特别是农村地区的风险抵御和应对能力。

资料来源：

1. 国际减贫中心. 2022-06-14. 全球减贫案例集|防灾减灾促减贫[EB/OL]. https://www.iprcc.org.cn/article/48Q3GG2juZW

> **思考与练习**

1. 何为灾害风险？突发事件风险主要分为几类？
2. 如果你是一名应急管理工作者，你将如何考虑突发事件风险的影响？
3. 请简要阐述风险管理的基本步骤和内容。
4. 作为风险管理的关键步骤，风险分析常使用的方法有哪些？
5. 如果你是本地区应急部门工作人员，被要求策划本地灾害预防减缓工作计划，你会如何安排？
6. 你认为什么措施可以更有效地预防减缓灾害？

第五章

突发事件应急准备

导言

我国是世界上自然灾害最为严重的国家之一，灾害种类多、分布地域广、发生频率高、造成损失重，安全生产仍处于爬坡过坎期，各类安全风险隐患交织叠加，生产安全事故仍然易发多发。《"十四五"国家应急体系规划》明确指出，强化灾害应对准备，凝聚同舟共济的保障合力（国务院，2022）。在这样的背景下，仅仅依靠风险减缓来进行应急管理是远远不够的。如果说风险减缓可降低灾害发生的可能性，那么应急准备则可以让我们在应对突发事件时临危不乱，有序协调，为快速响应创造机会。因此，必须强调应急准备的重要性，居安思危，坚持底线思维，对各大应急风险挑战防患于未然。

本章从四个方面介绍应急准备的工作内容，即应急管理规划、应急预案的准备、应急行动方案的设计、应急管理能力的准备。学习如何科学、全面地布防应急准备工作，实现应急准备阶段的最大效益。

第一节 应急管理规划概述

在应急管理中，若不能从长远、总体的角度统筹全局，制定未来的行动准则和指导方向，必然会导致突发事件发生后救援缓慢、权责不清等情况，影响应急响应的速度与效率，甚至可能会进一步恶化突发事件带来的影响，严重危害经济社会发展进程，损害公众的生命财产安全。应急管理规划的主要目的在于，在突发事件发生之前确定相关利益主体要承担的角色和职责，从而在突发事件发生后，有序做出行动，相互配合，最大化降低突发事件带来的消极影响，使社会发展快速步入正轨。因此，强调应急管理规划在应急准备阶段的重要性是非常有必要的。

一、中国应急管理规划发展概述

李湖生（2011）认为，应急管理规划是指与突发事件应急管理有较密切关系的各种规划，包括事先消除或减轻突发事件影响的减灾土地利用规划，提升应急准备和保障水平的能力建设与发展规划，对事中应急响应行动作出制度性安排的应急响应规划（即预案编制与实施），以及事后灾区恢复重建规划等。

自"九五"计划（1996~2000 年）以来，我国先后编制和实施了多项与应急管理相关的规划文件。

1998 年，中国国际减灾十年委员会发布了《中华人民共和国减灾规划（1998—2010年）》（国务院，1998）。提出了为国民经济和社会发展服务；坚持以防为主，防抗救相结合；把握全局，突出重点；充分发挥科学技术和教育在减灾中的作用；调动一切积极因素；加强减灾国际交流与合作的指导方针。

2011 年，国务院办公厅印发了《国家综合防灾减灾规划（2011—2015 年）》[①]。提出了政府主导、社会参与，以人为本、依靠科学，预防为主、综合减灾，统筹谋划、突出重点的基本原则。

2016 年，国务院办公厅印发了《国家综合防灾减灾规划（2016—2020 年）》（国务院，2017a）。提出了以人为本、协调发展，预防为主、综合减灾，分级负责、属地为主，依法应对、科学减灾，政府主导、社会参与的原则。

2017 年，国务院办公厅印发了《国家突发事件应急体系建设"十三五"规划》（国务院，2017b），提出了坚持源头治理、关口前移，坚持底线思维、有备无患，坚持资源整合、突出重点，坚持科学应对、法治保障，坚持政府主导、社会协同，坚持全球视野、合作共赢的基本原则。

2021 年，国务院印发了《"十四五"国家应急体系规划》。提出的基本原则为：坚持党的领导、坚持以人为本、坚持预防为主、坚持依法治理、坚持精准治理、坚持社会共治。文件提出了截至 2025 年和 2035 年的总体目标，如到 2025 年，应急管理体系和能力现代化建设取得重大进展，形成统一指挥、专常兼备、反应灵敏、上下联动的中国特色应急管理体制，建成统一领导、权责一致、权威高效的国家应急能力体系，防范化解重大安全风险体制机制不断健全，应急救援力量建设全面加强，应急管理法治水平、科技信息化水平和综合保障能力大幅提升，安全生产、综合防灾减灾形势趋稳向好，自然灾害防御水平明显提升，全社会防范和应对处置灾害事故能力显著增强。

2011 年之后的规划中都明确提到了规划涉及相关单位包括各省、自治区、直辖市人民政府，国务院各部委、各直属机构；2017 年之前的规划主题是减灾，2017 年（含）之后的规划中都使用到了"应急"。从 1998 年到 2021 年的应急管理规划发展中可以看到我国应急管理的理论和框架正在日趋完善，应急管理规划内容涉及范围也越来越全面，国家对于应急管理的重视程度也越来越高。从应急管理规划对我国上一阶段防灾减灾工作

[①]《国务院办公厅关于印发国家综合防灾减灾规划（2011—2015 年）的通知》，https://www.gov.cn/zhengce/content/2011-12/08/content_6099.htm。

的回顾与分析中可以看到我国在应急管理领域成效显著，对突发事件进行科学的管理、完善其流程与内容已经成为应急管理部门必须要完成的任务。

二、应急管理规划的设计原则

应急管理规划是应急准备阶段的行动指南，而规划原则为应急管理规划指明了思考的方向。所有的应急管理规划过程都要从原则出发，并做到在每个环节紧扣原则，提高应急管理规划的效率。我国对应急管理规划原则的描述相对较少，本节中给出了外国学者对应急管理规划原则的定义。

根据美国学者 Perry 和 Lindell（2003）的观点，我们对应急管理规划的原则进行了总结，认为应急管理规划的原则如下。

1. 认识导向原则

应急管理规划应基于对威胁本身的认识，并且要了解人们对威胁可能做出的反应。例如，很多应急管理规划者认为，由于突发事件发生后的恐慌情绪，盗窃等社会事件可能会发生，故而夸大应急管理规划中对此类事件的防护。然而，在很多实际情境下，突发事件发生后，灾民的信息获取非常有限且不对称，很多灾民都会自发地维护秩序，甚至第一时间参与到救援工作中。

2. 适当行动原则

应急管理规划应该起到减少冲动响应行为的作用，因此这里提到的是适当而非快速。诚然，突发事件发生后快速响应是非常重要的，但这绝非应急管理唯一的目标。采取适当、正确的行动，往往能比快速响应带来更好的效果。

3. 灵活性原则

应急管理规划过程应侧重于反应的原则，而不是试图详细阐述反应的过程。规划中若包含了太多的细节会使得每个职能似乎都具有同等的重要性，导致反应阶段的优先事项不明确，与应急计划混淆。规划者应认识到应急响应活动要基于突发事件行动的现实情况，尽量减少在应急管理规划中出现限制灵活性的行动细节。

4. 部门协调原则

现代突发事件的发生，往往具有很强的耦合性，可能涉及很多不同部门或组织的工作。因此，了解各个组织的资源、能力，协调不同组织的职责与行动范围，决定了应急响应阶段的效率。应急管理规划应该明确各参与部门的职责，促进各部门之间的协调。

5. 统筹规划原则

应急管理不仅要求在中央层面进行规划，还要将各个地方的规划文件进行整合分析，得到综合性规划文件。这有利于从整体角度，全面整合国家资源和力量，以更高效地应对突发事件。

6. 权责统一原则

仅仅通过规划制定每个部门应该负责的内容还远远不够，在规划中必须加入培训的环节，明确各部门在突发事件中的权责。培训可以确保涉及的相关组织、部门、人员知晓突发事件发生后可能带来的后果，了解规划中职责所代表的具体含义。

综上所述，在进行应急管理规划的过程中，要严格遵守应急管理规划要求和应急管理规划原则，提高应急准备阶段工作的效率，为应急预案的制定打下坚实的基础。

第二节 应急预案的准备

应急预案是在应急管理规划的基础上，根据各级部门、不同突发事件的种类进行编制的，是应急准备阶段的一个重要成果。《"十四五"国家应急体系规划》特别强调，强化应急预案准备，完善预案管理机制、加快预案制修订、加强预案演练评估。可见应急预案在应急准备阶段非常重要。

一、应急预案的定义与分类

根据国务院办公厅印发的《突发事件应急预案管理办法》中给出的定义，应急预案是指各级人民政府及其部门、基层组织、企事业单位、社会团体等为依法、迅速、科学、有序应对突发事件，最大程度减少突发事件及其造成的损害而预先制定的工作方案。合理的预案可以起到规划突发事件应对活动的作用，能够科学、有序地开展应急响应行动、降低人员伤亡和经济损失。在我国，国家应急预案的制定由应急管理部负责，应急管理部组织编制国家应急总体预案和规划，指导各地区各部门应对突发事件工作，推动应急预案体系建设和预案演练。

根据《突发事件应急预案管理办法》，应急预案可以大致分为以下类别。

如图 5-1 所示，根据制定主体的不同，可以将应急预案整体上划分为政府及其部门应急预案、单位和基层组织应急预案两大类。其中，根据中央人民政府给出的定义，又可以将政府及其部门应急预案进一步细分为国家总体应急预案、国家专项应急预案、国务院部门应急预案、地方应急预案等[①]。单位和基层组织应急预案则可进一步细分为居委会村委会预案、机关事业社团预案、生产经营单位预案等。

---

① 《国家突发公共事件总体应急预案》，https://www.gov.cn/yjgl/2005-08/07/content_21048.htm。

```
                    突发事件应急预案体系
                    ┌──────────┴──────────┐
            政府及其部门应急预案            单位和基层组织应急预案
        ┌────┬────┴────┬────┐          ┌────┬────┴────┐
       国    国        国    地         居    机        生
       家    家        务    方         委    关        产
       总    专        院    应         会    事        经
       体    项        部    急         村    业        营
       应    应        门    预         委    社        单
       急    急        应    案         会    团        位
       预    预        急              预    预        预
       案    案        预              案    案        案
                      案
```

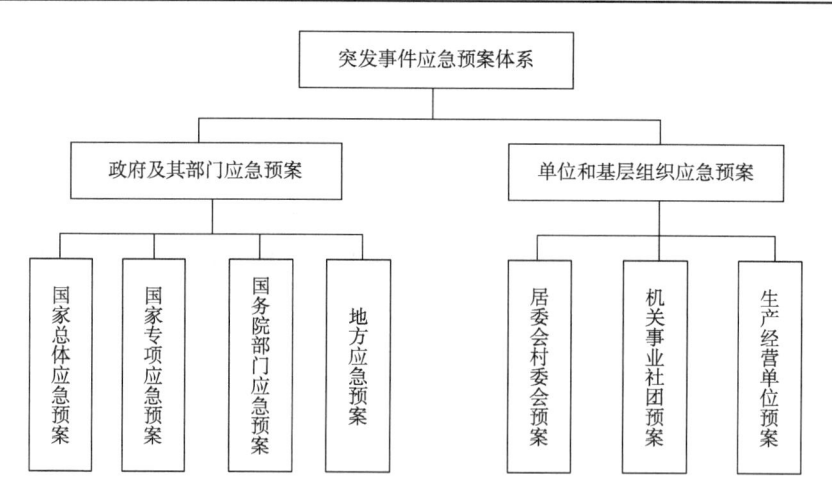

图5-1 应急预案的分类

（一）政府及其部门应急预案

1. 国家总体应急预案

国家总体应急预案是应急预案体系的总纲，是政府组织应对突发事件的总体制度安排，由县级以上各级人民政府制定。其目的是提高政府保障公共安全和处置突发公共事件的能力，最大限度地预防和减少突发公共事件及其造成的损害，保障公众的生命财产安全，维护国家安全和社会稳定，促进经济社会全面、协调、可持续发展。

总体应急预案适用于全国范围内的特别重大突发公共事件的应对工作，这类突发事件可能涉及跨省级行政区，或超出事发地省级人民政府的处置能力。其重点和原则在于，规定突发事件应对的基本原则、组织体系、运行机制，以及应急保障的总体安排等，明确相关各方的职责和任务。

2. 国家专项应急预案

国家专项应急预案是政府为应对某一类型或某几种类型突发事件，或者针对重要目标物保护、重大活动保障、应急资源保障等重要专项工作而预先制定的涉及多个部门职责的工作方案，由国务院及其有关部门制定。

专项应急预案适用于某一类型或某几种类型突发事件的应对工作，这类突发事件可能涉及需要重点防护的对象。例如，国家自然灾害救助应急预案、国家防汛抗旱应急预案、国家地震应急预案等。其重点和原则在于，明确专项突发事件的应对原则、组织指挥机制、预警分级和事件分级标准、信息报告要求、分级响应及响应行动、应急保障措施等。

3. 国务院部门应急预案

国务院部门应急预案是国务院有关部门根据总体应急预案、专项应急预案和部门职责为应对突发公共事件制定的预案。

该应急预案适用于与部门工作内容相关的突发事件的应对工作，这类突发事件往往与部门职责直接相关，其内容涵盖铁路、农业、气象等方面。其重点和原则与国家专项应急预案相似。

4. 地方应急预案

地方应急预案是各地方政府在省级人民政府的领导下，按照分类管理、分级负责的原则，为应对本地突发事件而制订的工作方案，由地方人民政府及其有关部门分别制定。

该应急预案适用于所属地突发事件的应对工作。该预案的重点和原则在于，要明确应急响应责任人、风险隐患监测、信息报告、预警响应、应急处置、人员疏散撤离组织和路线、可调用或可请求援助的应急资源情况及如何实施等，体现自救互救、信息报告和先期处置等特点。

（二）单位和基层组织应急预案

除了各级政府所制定的预案以外，单位和基层组织也可以根据相关标准规范和实际工作需要制定适用于本组织的应急预案。例如，地方大型企业集团可参照《生产安全事故应急预案管理办法》《生产经营单位生产安全事故应急预案编制导则》等，建立集团应急预案。

阅读材料 5-1：《极地考察航空器突发事件应急预案》

《极地考察航空器突发事件应急预案》主要针对极地考察作业过程中的航空器突发事件进行应急处置，主要包括如下内容。

（1）总则。定义预案的目的、依据以及适用范围等。预案涉及范围是极地考察用航空器在执行国家海洋局组织的极地考察活动过程中，出现危及人员生命安全、危及航空器安全、导致重要设施设备损毁、影响考察作业的自然灾害、环境污染、火灾和其他影响考察作业正常开展等需应急处置的事件。预案同时确定了预防为主，查防结合、以人为本，减少危害、统一领导，协调有序、科学决策，快速反应的工作原则。

（2）组织管理。针对航空器突发事件的应急工作实行统一领导、分级负责、现场管理为主的应急管理组织体系。航空器机长（队长）为现场应急处置负责人，具体组织本部门的应急工作。

（3）信息管理与报告。为减少突发事件可能产生的负面影响，航空机组应协助考察队主动加强新闻宣传和舆论引导工作。如有突发事件发生，航空器机长（队长）应在第一时间以最便捷的通信方式迅速上报极地考察队。

（4）应急响应启动。当突发事件发生，航空机组应迅速启动Ⅳ级类别的应急预案，就地组织应急处置，并及时向考察队报告应急响应情况。根据突发事件的性质、程度、可控性和影响范围等因素，做好应急处置升级的准备。如果事态发展超出本级应急处置能力，应及时请示考察队，由考察队启动Ⅲ级应急预案，按照极地考察队的统一部署开展相应的应急处置工作。

（5）应急响应调整与结束。根据突发事件发展态势与影响程度的变化，可随时建议极地考察队调整应急响应的级别，经极地考察队批准，可适时结束应急响应。

（6）调查与评估。航空机组在应急处置过程中应注意保存各类现场资料。其中调查内容包括突发事件发生的原因、影响程度、应急过程、应急效果、暴露的问题、经验教训及整改措施等。

（7）应急保障。航空机组根据考察现场作业情况和工作需要，落实应急岗位责任制；保证一定的应急物资储备；组织考察队员的应急培训和应急演练。

资料来源：极地考察航空器突发事件应急预案[EB/OL]. http://gk.mnr.gov.cn/zc/zxgfxwj/201807/t20180710_2077024.html

二、应急预案的编制

我国应急预案的编制可以追溯到1990年前后。起初，我国一些部门和企业编制应急预案来指导应急准备和应急响应。进入21世纪，我国灾害频发且内在耦合性越来越强，我国政府层面也逐渐开始编制应急预案。

要注意的是，本节提到的应急预案并非专指应急预案的制定环节，还包括应急预案的一系列流程。一个完整的应急预案流程包括应急预案的制定，审批、备案和公布，培训和演练，评估和修订等环节。

（一）应急预案的制定

在应急预案的制定过程中要依据有关法律、行政法规和制度，紧密结合实际，合理确定内容，切实提高针对性、实用性和可操作性（付立红和于魏华，2018）。

在预案的制定过程中，需要成立编制小组，进行风险等级和风险能力评估，完成预案的制定，判断起草的预案可行后，还需要初步演习验证，并根据反馈信息进行修改，完成预案的初步制定，才可以进入审批环节。

在制定准备环节，无论是编制小组成员构成，还是研讨和论证等，不仅需要牵头指挥部门统一协调，还需要负责具体执行的职能部门和负责配合工作的协作保障部门的广泛参与。这些部门均应委派代表参与预案制定，并表达本部门观点。只有让各相关部门都参与应急预案的制定，才能使各部门在突发事件中自觉地配合运作（蔡冠华和黎伟，2013）。

应急预案的制定应由五个步骤组成，即风险等级和能力评估、明确各部门职责、资源的调查与预测、确定响应阶段的程序、起草预案文本（闪淳昌和薛澜，2020）。

风险等级和能力评估是对所管辖区域内存在的风险和应对能力进行分析评估。只有确定了该地区面对何种风险，才能决定制定应急预案的种类与等级。能力评估则要求各级应急管理部门根据所属区域的突发事件应对能力，判断未来是否可以对可能发生的各类风险进行响应。若超出了该区域的应对能力，则需要上报至上级部门。

在突发事件的应对过程中，往往需要多个相关主体之间的协调联动。为防止出现责任推诿、权责不清等情况，在突发事件应急预案的制定过程中就需要明确哪些部门要参与突发事件的应对，明确各部门职责。根据预案的种类不同，同一部门的职责可能也会有所差别。只有确定了各部门的职责，才能确定应急响应的程序和流程。

资源的调查与预测是根据风险的种类，确定所需的资源类型，并调查现有资源储备情况与来源，并根据所属区域的人口、设施情况对需求进行预测，按照国家要求确定最终储备数量。此外，承担资源储备与资源分配职责的部门也应在预案中进行安排。

应急预案是为快速进行突发事件的处置而编制的，因此确定响应阶段的程序是应急预案的制定过程中非常重要的一环。确定响应程序需要根据区域应急处置能力，结合之前突发事件处理的实践经验，设计行动的流程。具体的响应程序设计可按如下流程进行：收集同类事件处置实例、研究事件演化机理、总结经验教训、结合区域应急情况确定响应程序和行动。

在完成以上步骤之后，要起草预案文本，形成预案的书面形式。在进行预案制定时，可以采用模板法和参照法来完成文本编撰工作。

1. 模板法

模板法是指各级预案制定部门根据政府应急管理权威部门发布的模板，按照相应的结构，补充本部门的应急预案要求，形成本部门应急预案。例如，《国务院有关部门和单位制定和修订突发公共事件应急预案框架指南》（国务院，2004）和《省（区、市）人民政府突发公共事件总体应急预案框架指南》（国务院办公厅，2004）给出了应急管理部门在制定和修订应急预案时需要的几个部分。除了普遍适用的模板外，我国政府还给出了针对某些特定突发事件或特定机构的应急预案模板，如《企业应急预案范本》等。

2. 参照法

参照法是指不存在相关预案模板时，各部门可参照同一级或同一类型的已发布的应急预案，框架不变，对内容进行适当的增加和修改，完成预案文本的制定。参照法是最方便、可行的一种应急预案编制方法。应急预案有标准的格式和规定的要素，而同级部门或同类突发事件应急预案往往具有非常大的相似性。只需要在参照应急预案的基础上，结合所属区域应急管理实践，对预案进行修改，具有编制效率高、使用方便的优势。

（二）应急预案的审批、备案和公布

应急预案的审批是指在预案发布之前，对预案文本的内容进行检查和确认的过程。其检查的主要内容包括：预案的结构是否完整、内容是否正确和恰当、责任主体和分工是否明确、响应程序是否合理、与其他相关预案是否协调等（付立红和于魏华，2018）。

完成应急预案文本的制定和审批后，还应该进行应急预案的备案和公布方可生效。其内容主要包括：装订应急预案文本、相关部门讨论会签、上报主管部门备案、发布应急预案。其中不同层级的预案由相应层级的主体组织审批、备案和发布，大致流程如下。

对于国家应急预案，国家总体应急预案报国务院审批，以国务院名义印发公布；专项应急预案报国务院审批，以国务院办公厅名义印发公布；部门应急预案由部门有关会议审议决定，以部门名义印发公布，必要时，可以由国务院办公厅转发。

对于地方应急预案，地方各级人民政府总体应急预案应当经本级人民政府常务会议审议，以本级人民政府名义印发公布；专项应急预案应当经本级人民政府审批，必要时经本级人民政府常务会议或专题会议审议，以本级人民政府办公厅（室）名义印发公布；部门应急预案应当经部门有关会议审议，以部门名义印发公布，必要时，可以由本级人民政府办公厅（室）转发。

对于单位和基层组织应急预案，须经本单位或基层组织主要负责人或分管负责人签发公布。

（三）应急预案的培训和演练

完成应急预案的制定、审批、备案和公布并不是应急预案工作的全部，还应该对应急管理部门相关人员和公众进行培训教育，进行应急预案的演练与评估，切实保障应急预案的可操作性。应急预案的培训和演练是相辅相成的，培训侧重于培养相关人员对程序技能的掌握和应急能力的培养，演练则侧重于在模拟的仿真情境中对预案的功能性进行检验。

培训的目的在于，让相关部门的所有人员了解其在应急管理中的职责以及明确其在突发事件发生后要做出的响应措施，培养公众的应急能力。应急预案编制单位应当通过编发培训材料、举办培训班、开展工作研讨等形式，组织对与应急预案实施密切相关的管理人员和专业救援人员等开展应急预案培训。培训中最重要的对象是指挥人员和专业人员。在应急预案的培训中，指挥人员应熟悉预案规定的组织指挥体系及职责、应急响应的全过程，培养指挥技能、协调能力等。专业人员应掌握响应的程序和流程，熟悉需要的资源和注意事项等（闪淳昌和薛澜，2020）。

应急预案编制单位还应当建立完善的应急演练制度，根据实际情况采取桌面推演、实战演练等方式，组织开展人员广泛参与、处置联动性强、形式多样、节约高效的应急演练。

桌面推演是指各相关人员围绕预案所应对的突发事件类型、等级进行讨论推演，仅需要一间会议室即可完成。其目的在于使各部门熟悉应急处置流程，加强各部门之间的协作。桌面推演的优点在于成本较低、无需大型场景布置、所需参与人员较少等。但是仅仅靠桌面推演并不能还原突发事件发生时的真实情景，有时会脱离实际。桌面推演适用于对应急预案的初步检验，模拟突发事件发生时的情形，使各部门明确其职责和行为。

实战演练是指在特定的突发事件中，各相关部门在模拟的仿真情境下对突发事件进行处置的过程。其目的在于检验应急处置流程的可行性及各部门之间的协调合作能力是否达到预期等。实战演练的优点在于尽可能真实地反映突发事件发生后的情况，因此也更能发现应急预案在实际实施中的不足。但是模拟真实情景会造成较高的成本。实战演练适用于对成熟的应急预案进行检验，检验应急处置的实际能力。

（四）应急预案的评估和修订

应急预案的编制是一个持续、动态的过程。因此，在完成应急预案的文本制定、公布后，应急预案编制单位还应当建立定期评估制度。各级各类应急预案原则上每三年修订一次，但若出现以下情形之一时要及时修订预案：有关法律规定、上级预案或预案中的重要信息发生变化时；应急指挥机构及其职责发生重大调整时；所属区域风险、应急资源发生重大变化时；在突发事件实际应对和应急演练中发现问题需要作出重大调整时；应急预案制定单位认为应当修订的其他情况时（付立红和于魏华，2018）。

应急预案的评估和修订要分析评价预案内容的针对性、实用性和可操作性，实现应急预案的动态优化和科学规范管理。在应急预案的评估过程中，应该向各级政府及其部门、企事业单位、社会团体、公民等寻求反馈意见，提出修订建议（付立红和于魏华，2018）。

综上所述，应急预案的编制过程要按照制定，审批、备案和公布，培训和演练，评估和修订的环节来进行，以保证应急预案的可实施性，实现承接应急规划和应急行动方案的作用，为应急行动方案的组织设计搭建良好的基础。应急预案编制的整体流程大致如图5-2所示。

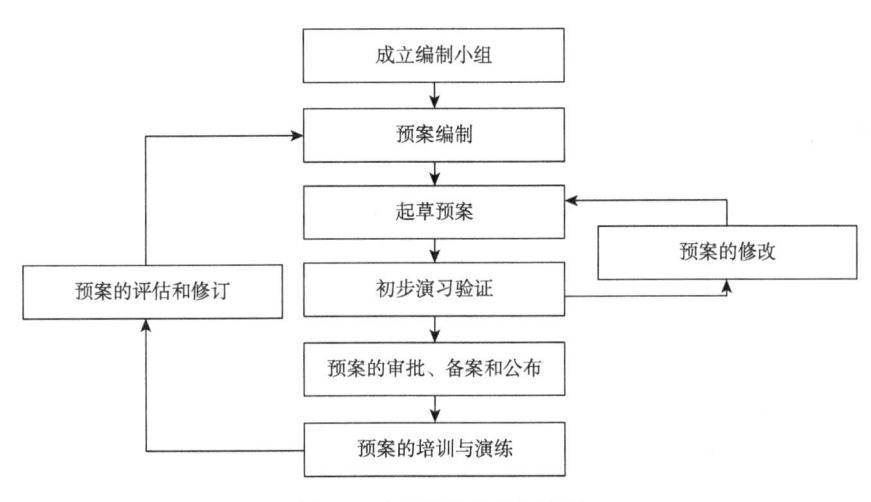

图5-2 应急预案的编制流程

第三节 应急行动方案的设计

在突发事件发生后，相关部门要根据事件的类型启动应急预案，确保可以调动所有有关部门参与应急救援行动中，在实际的应急响应环节中，更加直接的参考依据则是应急行动方案。

一、应急行动方案的含义与作用

（一）应急规划、应急预案与应急行动方案的关系

应急规划是应急准备阶段的行动指南，确定了在应急响应阶段可能涉及的相关部门，明确了哪些组织在突发事件发生后有责任参与应急处置流程，对应急准备阶段有战略性指导作用；应急预案则是建立在应急规划的基础之上，按照各级部门、不同突发事件的种类进行编制，对各部门的职责进行了进一步的划分，规定了突发事件发生后的基本原则和流程。应急行动方案更偏向于具体的方案，对应急响应阶段有战术性指导作用。

应急规划、应急预案与应急行动方案是不可分割的，但是我们要对这三者的定义进行严格区分，不可将三者混为一谈。从规划到行动，是一个由宏观到微观、从战略到战术乃至向运作层面的向下分解过程。在应急准备中，"规划"偏向于其动词含义，强调动态与过程；而"预案"和"行动方案"则偏向于其名词含义，强调方案与结果。

综上所述，应急预案、应急行动方案是应急规划的输出与结果，而应急行动方案又是应急预案的细分。应急规划可以理解为制订、管理、修正应急行动方案的动态过程。应急规划是持续、变动的过程，因此应急行动方案势必也要随之而变动（王宏伟，2016）。

（二）应急行动方案的作用

1. 应急响应环节的重要参考依据

突发事件发生后，各部门能够快速到位并展开应急响应工作是非常重要的，这直接关系到突发事件受害者的财产安全甚至是生命安全。突发事件发生后，各相关部门可以迅速根据应急行动方案的内容执行自己的工作。即便存在事发与预先准备有所差距的情况，仍可以参考应急行动方案迅速调整应急处置流程，加快响应速度。

2. 确保突发事件发生后权责明确

突发事件发生后，各应急管理相关部门的工作具有时间紧、任务重的特点，根据规划的指导和预案的原则临时制订行动方案显然不能与日益复杂的突发事件相匹配。制订应急行动方案则可以让各部门对自己的职责与权力有深入了解。在应急规划和应急预案环节，我们明确规定哪些部门可能会有责任参与到应急响应环节，而应急行动方案则是确定了各个应急管理部门的职责与其在突发事件发生后所要完成的具体工作，做到权责对等，甚至可能会具体到个人。防止在应急响应阶段出现权责不清、推卸责任等情况。

3. 合理配置应急准备资源

应急预案为不同种类的突发事件制订了总体应急管理方案及资源配置要求，在应急行动方案中，需要对这些资源进行详细的配置，如物资的空间存储与调度问题等。各应急管理部门通过不断更新、完善应急规划的内容，按照最新掌握的情况不断更新修改应

急行动方案，可以做到对突发事件进行快速响应，增强应急行动方案的实际可操作性，提高救援效率。

4. 形成良好的社会应急文化氛围

在制订应急行动方案的过程中，努力做到社会全体大动员，培养群众的忧患意识，让群众参与到应急准备的环节中来，形成社会预防、全员参与的良好氛围。当突发事件发生时，努力实现自救，在应急管理部门救援时与相关部门密切配合，形成从上到下的公共应急防范意识，最大限度地降低突发事件发生后对个人、社会造成的各项损失。

5. 对应急准备阶段起到指导作用

应急行动方案的主要目的在于对可能发生的突发事件进行一系列的资源部署，在突发事件发生之前确定相关利益主体要承担的职责，对应急准备阶段起到统筹指导的作用，从而在突发事件发生后，有序做出行动，相互配合，最大化降低突发事件带来的消极影响，使社会发展快速步入正轨。

二、应急行动方案的编制与管理

（一）应急行动方案编制流程

在国家机关发布应急规划及应急预案之后，地方政府应该根据相关要求制订部门应急行动方案或特定突发事件应急行动方案。如图 5-3 所示，应急行动方案的编制流程主要包括以下六点（林德尔等，2016）。

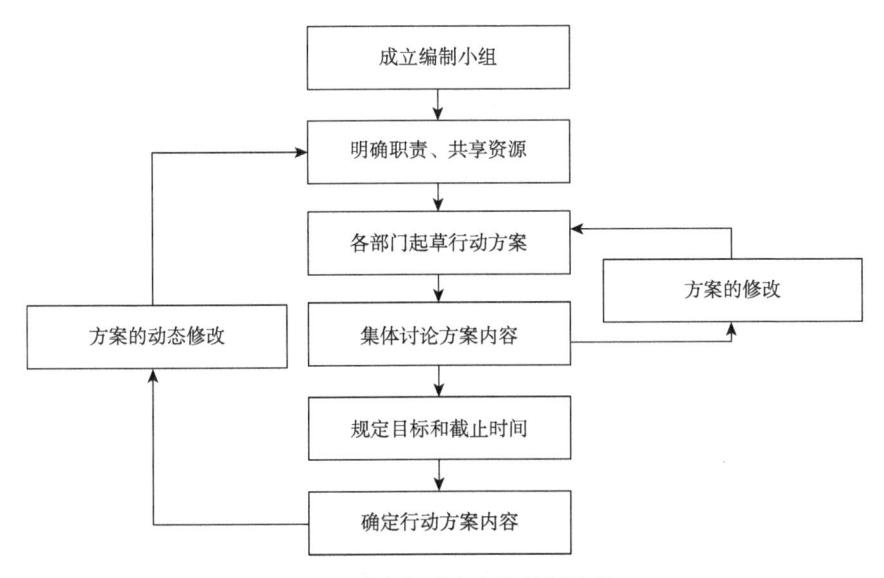

图5-3 应急行动方案的编制流程

（1）集合所有责任有关主体或代表商讨制订行动方案，构建灾害发生的情景，明确自己的职责，共享与应急管理相关的资源。

（2）各部门达成共识后要求参与编制的主体起草涉及自己职责的部分。

（3）对应急行动方案的内容进行集体讨论并修正。

（4）设定各相关部门的目标并确定应急行动方案的截止时间。

（5）确定应急行动方案的内容。

（6）各主体定期讨论并根据情况变化对应急行动方案进行动态修改。

（二）应急行动方案的内容构成

应急行动方案作为战术层面的指导原则，其内容要求尽可能详尽，主要应包括：指挥部和指挥人员、地点、联系方式；针对某种情景采取的措施和行动，目的和要求；每个行动的执行人；所需资源和获取方式；其他特殊要求（闪淳昌和薛澜，2020）。

（三）应急行动方案的启动流程

在突发事件发生后，有关部门需要根据事件类型和规模启动相应预案，执行应急行动方案。如图 5-4 所示，应急行动方案的启动主要包括以下几个步骤（闪淳昌和薛澜，2020）。

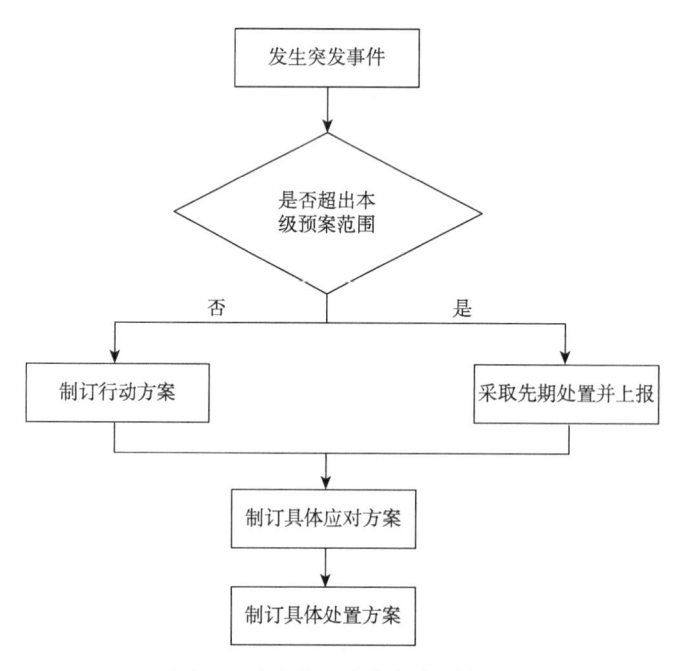

图5-4 应急行动方案的启动流程

（1）判断突发事件是否超出本级政府、本单位或本部门应急预案的适用范围。如果不超出，则应当立即根据应急预案制订行动方案；如果超出，在采取先期处置措施的同时立即上报，请求上级启动应急响应。

（2）根据事态和处置需求，判断需要启动应急预案的哪些具体响应，依据响应的内容制订具体应对方案。

（3）根据突发事件或灾情的实际情况将响应的内容具体化，形成处置方案。

一般情况下，初步的事件行动方案应该在事件发生两个小时以内完成，之后可以根据突发事件或灾情的变化作动态调整。

（四）应急行动方案实施的注意事项

综上所述，虽然应急行动方案是在应急规划和应急预案的基础上制订的更细致、更便于实际操作实施的方案，但是在应急行动方案的执行过程中仍要注意随机应变。现代突发事件具有发生难以预测、耦合度高、程度深等特点，要想在事件发生之前就模拟预测出事件的实际情况难度非常大，这就需要在操作环节根据已有的应急行动方案，结合实际情况进行分析调整，更好地适应变幻莫测的情况，加快应急响应速度。

阅读材料 5-2：合肥市消防救援支队涉疫场所应急救援处置预案

合肥市消防救援支队办公室印发的《合肥市消防救援支队涉疫场所应急救援处置预案》提出了对涉疫场所救助的行动方案，其主要内容如下。

（1）掌握辖区内疫情场所分布情况，做到底数清、情况明，加强自身防护，坚决防止非战斗减员。

（2）接到警情后，判断灾情位置，如属疫区（包括医院、隔离点、发热门诊等）及疫区邻近区域警情，需立即提升防护等级进行处置，第一时间向指挥中心汇报；如属非疫区（包括商场、酒店、学校、影院等）警情则按一般警情进行处置。

（3）指挥员途中要随时与报警人、指挥中心保持通信联络，提示随车人员做好处置行动准备，视情向指挥中心请求增援力量到场协助，视情提请政府启动应急预案，调派相关力量到场协同。

（4）个人防护严格按照一般警情、疫区警情、社会救援及救助三类警情着装。①一般警情。一线指战员着灭火防护服全套，佩戴空气呼吸器，驾驶员、安全员佩戴N95型口罩。②疫区警情。所有参战指战员着简易防化服、杜邦限次使用防护服，佩戴空气呼吸器，视情着防化服。③社会救援及救助。非疫区警情：佩戴N95口罩和医用胶质手套。疫区警情：着防化服，佩戴空气呼吸器。

（5）处置一般警情时，第一时间划定警戒区域。处置疫区警情时，在全面评估污染区域、对象和危害程度的基础上划定警戒区域。划定参考范围为：病原体周围10米范围内划为重危区，10米至30米范围内划为中危区，30米至50米范围内划为轻危区，50米外划为安全区。

（6）现场处置分为灾情侦察、灾情处置、清理移交三步。①灾情侦察。采用外部或内部侦察、询问知情人等方式进行。②灾情处置。按照转运伤员、清理洗消、警戒防护、综合保障等类型进行。③清理移交。处置完毕后，对现场进行清理移交，视情留守监护。

（7）现场灾情处置完毕后，及时使用洗消帐篷、多功能洗消器、高压清洗机及消毒药剂对参战人员进行简易洗消。归队后，对参战人员、车辆及装备器材进行全面洗消。

（8）带队领导为第一责任人，严格"谁带队、谁指挥、谁负责"要求，一旦出现问题，严肃追究领导责任。

资料来源：《合肥市消防救援支队涉疫场所应急救援处置预案》

第四节 应急管理能力的准备

一、应急管理能力概述

在应急准备阶段，除了强调应急管理规划、应急预案、应急行动方案的制订之外，还应该提高国家、地区、社区应急管理能力的建设。应急管理能力是衡量一个国家综合应对突发事件的重要指标，对应急响应阶段各个措施的落实有着举足轻重的作用。

应急管理能力是国家或各级政府为了应对各大突发事件，快速有效地开展应急响应行动，而必须具备的决策部署、信息处理、应急保障、组织协调、应急救援、恢复重建等方面的能力。

突发公共事件应急能力评估体系划分为18个类别，包括法制基础、管理机构、应急中心、专业队伍、专职队伍和志愿者、危险分析、监测与预警、指挥与协调、防灾减灾、后期处置、通信与信息保障、决策支持、装备和设施、资金支持、培训、演练、宣传教育、预案编制等（国家安全生产应急救援指挥中心，2007）。

FEMA将国家应急目标划分为5个任务阶段和32个核心能力，旨在帮助需要在应急管理各个环节发挥作用的每个组织或个体（FEMA，2020）。

5个任务阶段包括预防、保护、缓解、响应、恢复。预防是指预防、避免或制止受到威胁或实际已经存在的突发事件的过程；保护是指保护公民、居民、游客和资产免受更大的威胁和危害的过程；缓解是指通过减轻未来突发事件的影响，减少生命和财产损失的过程；响应是指快速响应以拯救生命，保护财产和环境，并在突发事件发生后满足人们的基本需求的过程；恢复是指通过修缮和加固基础设施，保障住房和振兴经济，修复和完善医疗、社会、文化、历史和环境结构，使受突发事件影响的社区恢复活力的过程。

其中，根据所处的不同任务阶段，32个具体的能力划分包括：涉及全部阶段的规划、公共信息、运营协调能力；预防阶段的取证归因能力；预防和保护阶段的信息共享、拦截破坏、搜索检测能力；保护阶段的访问控制和身份验证、物理保护措施、网络安全、供应链安全、风险管理能力；缓解阶段的风险评估、社区恢复、降低脆弱性、威胁识别能力；响应阶段的环境安全、关键运输、情境评估、伤亡服务、火灾管理、物流与供应链管理、公众护理服务、搜救行动、现场安全、运营沟通、医疗服务能力；响应和恢复阶段的基础设施建设能力；恢复阶段的卫生和社会服务、经济恢复、自然资源、避难场所建设能力。

二、应急管理能力建设

本书将应急管理能力划分为：决策部署能力、信息处理能力、应急保障能力、组织协调能力、应急救援能力、恢复重建能力，旨在从这些角度衡量各部门的应急管理能力，以下将对各项能力的建设要点展开讨论。

（一）决策部署能力

决策部署能力贯穿突发事件应急管理的全过程，是相关应急管理部门在战略层应对突发事件的统筹规划的能力，主要包括制订应急管理规划、应急预案，部署突发事件的具体应对计划、风险的识别和突发事件的缓解等（FEMA，2020）。

决策部署能力关乎突发事件应对方向、目标、资源调配等，是从宏观层面对突发事件进行整体分析，做出决策选择的过程，是决定突发事件影响结果的重要因素。由于突发事件具有不确定性强、影响范围广、影响程度深等特点，一项决策一旦付诸实施往往具有难以挽回性，因此，决策部署能力对突发事件的最终结果具有重大影响。

在突发事件发生前，应急管理部门需要开展一个系统的过程，使所有相关部门酌情参与突发事件应对方案的制订，决定其目标，并确保目标可在预期的时间范围内利用现有资源实现。根据所有相关部门的风险评估结果，制订突发事件的应对计划，如制订应急管理规划、应急预案等。此外，为防患于未然，决策部署中还应考虑对突发事件的缓解。在事发之前评估风险和恢复力，可以帮助决策者、响应者和相关成员依据现有资源，采取相应的行动，降低响应阶段的风险，提高系统恢复力。

在突发事件发生后，应急管理部门应快速根据突发事件的类型制订详细计划，针对具体情况重新决策部署，依据事件发生前已经制订好的计划、目标，调整任务顺序和范围，利用现有资源在计划设想的时间范围内实施。在应急响应之后，还应召集所有受影响部门，部署监督突发事件恢复计划。综合考虑社会经济、人口、技术和风险评估，提供总体战略和时间表，统筹应急恢复阶段的工作。

为提高应急管理部门的决策部署能力，可以从提高领导层的决策能力、获取技术支持方面着手。

这里的领导层一般指分管应急管理工作的各个部门的各级领导，他们需要在突发事件发生后的第一时间全面权衡，分析局势，做出综合判断，制订全局方案。他们很少直接出现在事发现场，亲自提供服务，而是在突发事件发生的各个阶段进行协调部署（林德尔等，2016）。在应急准备环节应着重培养他们对突发事件的宏观把握能力、对事态发展趋势的强大预测能力、面对各类重大突发事件临危不惧的心理素质、对应急处置相关流程的熟练掌握能力、对国家和人民强大的责任心等。

技术能力储备要求有关部门在突发事件发生之前，完善应急管理咨询机制，提高应对突发事件决策的质量。要定期组织各个相关行业的专家，听取他们对可能出现的突发事件的意见。引导技术、专业人员加强组织体系与运作机制研究、加强突发事件的机理机制研究、加强监测预警研究等，加强在突发事件准备阶段的技术储备。在突发事件发生时，向相关人员寻求技术支持，提高决策的可执行性。此外，还要充分应用决策支持系统、智能决策支持系统、空间决策支持系统等现代决策技术（闪淳昌和薛澜，2020），提高应急管理部门的决策部署能力，提高决策的科学性。

（二）信息处理能力

信息处理能力贯穿突发事件应急管理的全过程，在对突发事件的应急管理中，快速、全面地获取信息，正确、精准地处理信息，是各级部门应急管理能力的重要一环，往往可以起到最大化资源利用效率，最小化社会损失的作用（FEMA，2020）。主要包括对突发事件的预判预警能力、突发事件发生后对信息的整合分析能力及对舆情的监控能力等。

在突发事件发生前，有关部门应定期对可能发生的突发事件进行预判，识别可能存在的威胁，使用适当的方法，有效地传递有关突发事件的信息，向整个社会迅速提供可靠和可采取行动的信息。例如，向公众提供突发事件相关认知资料，帮助公众了解可能发生的突发事件，酌情与公众和其他利益相关方分享信息等。

在突发事件发生后，有关部门应具有及时、准确地收集、处理、分析、传播、评估和反馈可用信息的能力。通过一切必要的手段，包括可获得的工具，告知社会所有受影响的部门关键信息，如如何挽救生命和维持生命的信息，以加快应急响应进程，并帮助公众采取保护性行动。同时，由于突发事件与公众的生命、财产安全密切相关，人们往往会产生悲观情绪，这就容易导致突发事件流言和谣言的产生与传播。在此情况下，应急管理部门要及时、客观、主动地公开权威信息，引导舆论向正确的方向发展。

为提高信息处理能力，相关部门要逐步建设满足应急处置和管理要求的数据库系统，供各级政府应急部门和其他相关应急组织远程运用，建立实时更新的数据库系统，以及各地区和各部门间的数据共享机制。数据库具体内容应包括突发事件发展过程的预测监控信息、应急指挥过程信息、应急资源信息、各类事件趋势预测与影响后果分析模型等（国家安全生产应急救援指挥中心，2007）。同时，在信息公布时，应遵循以公众为导向、公开透明、准确及时、尊重事实、恰到好处的原则，形成与公众双向传递信息的环境。必要时，还可以与媒体合作，与媒体建立良好的合作伙伴关系，对舆情进行适当的监控（林德尔等，2016）。

此外，公众应该提升对信息的收集和辨别能力，对突发事件信息进行筛选，判断其真伪，做到"不造谣，不传谣"，以理性、客观的态度看待舆论。相信政府的突发事件处置能力，及时与政府进行沟通反馈，共同打造信息的双向传递通道。

（三）应急保障能力

应急保障能力主要涉及应急准备阶段，指在突发事件发生前为实现系统资源的合理布局和动态调配，进行的资源配置、储备及维护等方面的能力，主要包括人力资源保障、应急资金保障、应急物资保障、应急设施保障等。

人力资源包括专职应急管理人员、相关应急专家、专职应急队伍和辅助应急人员、社会应急组织、企事业单位、志愿者队伍、社区、国际组织，以及军队与武警等。

应急资金包括政府专项应急资金、捐献资金和商业保险等。突发事件发生以后，财政部门要及时拨付应急救援资金，保障救灾物资及时到达，并安排专项资金支持受灾地区恢复与重建工作。

应急物资包括防护救助、交通运输、食品供应、生活用品、医疗卫生、动力照明、通信广播、工具设备、工程材料等。应急物资保障资源是开展应急救援工作的基础。优化应急物资管理、加强物资实物储备、提升物资产能保障是应急准备阶段不可或缺的一环。

应急设施包括应急避难场所、通信设施、公共基础设施等。

应急避难场所是指突发事件发生后，为躲避事件带来的危害，保障人们基本生活的有一定功能设施的场地。这些设施可以设置在已有的体育馆等坚固的公共建筑，或公园、广场等开阔地点，也可新建。

通信设施是应急管理者远在千里之外可以监控突发事件的重要保障，主要是指突发事件发生后，有关部门迅速恢复通信网络，确保突发事件应对工作通信畅通的过程。

公共基础设施保障是指在突发事件发生后，有关部门做好被毁坏的公共设施的修复工作，尽快恢复正常的生产、生活秩序，如通信、供电、供水等公共设施的修复等。

为了加强国家应急保障能力建设，在进行应急保障储备时可从以下几个方面着手。

1）提高时效性

突发事件的发生往往无法预判，对事件的反应要求快速、高效。在应急资源储备的过程中，要注意各项保障可获取时间问题，只有短期内可以迅速获取的资源储备才是有意义的。

2）增强实用性

应急保障储备的主要目的是保障受灾群众的基本生活需求，提供基础救援，不同种类的突发事件在资源的储备上也会存在一定的差距。因此，在储备环节要从工作实际出发，明确了解群众的真实需求，明确为谁储备物资、为应对哪些灾害储备物资，提高储备的实用性。

3）注重全面性

为快速对突发事件做出响应，在应急准备阶段要做到全面考虑。在保障储备环节，要从实际出发，确保资源储备涵盖各类突发事件、涵盖各类所需资源种类、涵盖突发事件处置的全过程。

（四）组织协调能力

组织协调工作贯穿突发事件应急管理的全过程。应急管理部门应当建立并维持统一协调的运营结构和运作流程，适宜地整合所有关键利益相关部门，为核心功能的执行提供支持（FEMA，2020）。缺乏组织协调能力会导致在应对突发事件的过程中不能有效整合、利用全社会的资源，影响应急响应的顺利进行。主要包括建立和维护各部门之间的组织关系，协调各部门的应急管理工作等。

在突发事件发生前，应急管理部门要建立和维护各部门之间的关系结构，以支持组织网络的形成、组织间的规划和协调。定期组织各部门制定协议，整合分享必要信息，以支持与各部门之间的协调。此外，要对各部门既有资源进行组织协调，明确事件发生后所有可以动员的资源，优化资源配置。

在突发事件发生后，应急管理部门要根据既定的协议，动员所有关键资源，在受影响地区的其他相关部门中建立指挥、控制和协调机构，明确其行动和目标，以满足基本需求，稳定事件所带来的影响，防止突发事件的进一步恶化。此外，要根据实际需要，在整个突发事件发生期间维护这种组织结构，直到过渡到恢复阶段。在恢复阶段，还要建立分级的、综合领导的组织，以协调各部门运作，得到充分的评估和分析支持，为恢复阶段提供明确的结构和决策过程。

加强应急管理部门组织协调能力的建设，可从以下几个方面着手（闪淳昌和薛澜，2020）。

1）政府部门之间的协调

政府部门之间的协调主要分为纵向协调和横向协调。纵向协调主要是指上级政府对下级政府进行的协调，带有强制性；横向协调主要是指同级政府之间的协调联动，由于存在部门利益、专业分工、本位主义和不同隶属等问题，协调难度较大，需要各部门的合作配合来实现，必要时可能需要建立一个更高级别的联动指挥中心来实现联动。

2）不同行政区域的协调

现代突发事件发生的地点、影响程度往往会超过一个行政区域可管辖、控制的范围，因此往往需要其他区域的帮助和支援。为实现区域合作，可通过建立区域间应急管理联动小组、定期举行会议商讨合作事项、定期通报和交流应急管理工作等方式实现。

3）军队和地方政府的协调

随着现代社会的发展，人民军队逐渐开始承担更多非军事化的行动，参与到应急救援的环节中来。在唐山地震、汶川地震及各大洪涝灾害等突发事件中，人民军队都起到了非常重要的作用，与军队进行组织协调可以极大地提升突发事件的应急处置能力。

4）政府和企业、社会的协调

应急管理并非政府单方的责任，也是企业和全体社会公民应该履行的义务。与其他企业、慈善机构等社会组织进行协调，形成合作伙伴关系，可以充分发挥各自的优势。此外，还应加强与公众的协调联动，公众的支持和配合可以极大地降低工作的难度，提高效率。

（五）应急救援能力

应急救援能力主要涉及应急响应阶段，是相关应急管理部门在突发事件发生后，开展紧急救援，最大限度地降低突发事件带来的不利影响的能力（FEMA，2020）。主要包括人员疏散和救援、公众自救知识普及、运输配送能力和医疗服务等。

人员疏散和救援是指对幸存者进行搜救，并为受害人员提供补水、食物、临时住房、分发应急物资的能力，目标是在尽可能短的时间内挽救尽可能多的濒危生命。疏散和救援工作主要由专业人员完成，我国的应急处置队伍由国家队伍和行业队伍两部分组成。国家队伍包括国家综合性消防救援队伍，以及防汛抗旱、海上搜救等专业应急队伍；行业队伍包括应急志愿者队伍、非专业卫生队伍、企业内保人员、社区治安人员和社区保安等。为提高应急救援能力，在应急准备环节应着重培养救援人员的应急专业处置能力、协同配合能力等（郭其云等，2017），使其能够在第一时间快速作出反应，到达现场，尽快地找到突发事件的起因，防止事态扩散，降低突发事件对社会的冲击力和破坏力。

公众自救知识普及是指向公众介绍突发事件应对的各种方法、措施，提高公众在突发事件发生时的自救能力。应急救援仅仅依靠专业救援队伍是远远不够的，公众的自救、配合往往可以起到在根源上减轻灾害伤亡的作用。因此，政府可以向公众提供应急自救知识普及服务，鼓励公众制订家庭应急计划、配备应急物资箱、了解突发事件自救知识等。

运输配送能力是指向受影响地区运输重要的响应人员、设备和服务的能力。在突发事件发生后，道路往往会受损或瘫痪，给资源运输带来极大的困难。因此，为加强运输配送能力建设，应急管理部门要充分依托现有航空、公路、铁路、水路等运输能力，形成联合运输网络系统及协调机制，加强重要公路和水路交通枢纽的监控、加强清除障碍及修复能力建设。在突发事件发生后，利用 GPS（global positioning system，全球定位系统）、GIS（geographic information system，地理信息系统）等可视化技术选择最有效的运输路线和方案。此外，还要提高物资的配送、分发和使用的调度管控水平，确保物资能够配送到受灾人员手中。

医疗服务是指在突发事件发生后，有关部门迅速组织响应，积极开展救治和公共卫生工作的过程。旨在通过紧急医疗服务和相关行动提供救生医疗，并通过向所有受影响人群提供有针对性的公共卫生服务来避免额外的疾病和伤害。为提高应急管理部门医疗服务能力，应建立医疗卫生保障数据库，确保医疗卫生救助和卫生防疫技术队伍可以在现场应急救援指挥机构的统一指挥下，结合数据库，积极开展救治和公共卫生工作（朱启星和杨永坚，2016）。

（六）恢复重建能力

恢复重建能力是指在突发事件发生后，政府通过采取一系列的相关措施，使受影响地区的社会和公众生活恢复正常的能力，包括社会恢复重建、公众心理援助等。

社会恢复重建是指突发事件发生后进行的恢复和维持基本的公共及个人生活服务，

维护社区功能的能力。主要包括防止衍生事件发生、恢复社会秩序、恢复公共设施、恢复社会生产和经济、制定相关优惠政策等（闪淳昌和薛澜，2020）。为提高社会恢复重建能力，应急管理部门可以对社会服务需求进行评估并对优先级进行排序，制订时间计划，重新开发社区基础设施，以提高弹性、可访问性和可持续性。提供满足社区需求的系统，在恢复计划中指定的时间内尽量减少恢复期间的服务中断，从而加快恢复重建进程。此外，政府还要及时对突发事件的影响进行调查并进行损失评估，健全突发事件受影响地区的财政支持、企业和群众优惠政策机制等，提高社会恢复重建能力。

公众心理援助是指对受突发事件影响的群众及时给予适当、适时的心理援助，以最大限度地减少突发事件对心理造成的危害，使之尽快摆脱困难或尽量减轻痛苦的过程（王丽莉，2009）。突发事件的发生，会对受害者和救援者的心理造成非常大的影响，政府应该对有需要的公众进行心理援助。为提高公众心理援助能力，政府应该进行公众安全教育，培养公众的心理承受能力；鼓励社会公众在突发事件发生时开展自救、互救活动，相互激励；对心理脆弱的群体给予物质和精神上的援助；开展专业的心理咨询和治疗，帮助公众减轻灾害带来的心理影响；做好长期心理恢复的准备（王宏伟，2016）。

▷思考与练习

1. 为什么要从宏观角度进行应急管理规划？
2. 简述国家总体应急预案和国家专项应急预案侧重点有何不同。
3. 简述应急预案的编制过程。
4. 简述应急规划、应急预案与应急行动方案的关系。
5. 简述应急行动方案的编制过程。
6. 为什么要加强应急管理能力建设？
7. 试述如何衡量应急管理能力。

第六章

突发事件监测预警

导言

2020年6月2日,习近平同志在北京主持召开专家学者座谈会并发表重要讲话,提出加强监测预警和应急反应能力,"要把增强早期监测预警能力作为健全公共卫生体系当务之急。早发现、早报告、早隔离、早治疗'四早'的关键是'早发现'"[①]。

"早发现"就是要提高应急管理体系对突发事件的监测和预警能力。然而突发事件往往具有不确定性,不仅是发生时间不确定,发生地点、发生的事件种类及影响程度等也不确定。有效的监测和预警可以提升先期处置能力,帮助提供及时且准确的应急响应方案,协调应急物资、救援人员的调配,先期降低突发事件带来的生命与财产损失,降低社会总成本。

我们将在本章中学习监测预警的三个内容,即突发事件监测、突发事件预警、预警案例;学习如何进行监测并发布、调整、解除预警信息,降低突发事件带来的社会损失。

■ 第一节 突发事件监测

一、监测的基本知识

(一)监测的含义

国际安全科学领域里,有一条著名的"海恩法则":每一起严重事故的背后,必然有29次轻微事故和300起未遂先兆,而这些征兆的背后又有1000个事故隐患。"海恩

[①]《构建起强大的公共卫生体系 为维护人民健康提供有力保障》,http://www.qstheory.cn/dukan/qs/2020-09/15/c_1126493739.htm。

法则"具有一定的警示意义,那就是任何一起突发事件都是有原因和征兆的,适当的监测可以控制和避免大多数突发事件。从被动响应到主动应对,将应急管理的关口前移,需要做好突发事件的监测工作。

广义的监测是指对潜在风险、危险源、危险区域等进行实时跟踪,获取相关信息后及时报送、处理并发出预警的整个流程。狭义的监测是指以科学的方法,收集重大危险源、危险区域、关键基础设施和重要防护目标等空间分布、运行状况及社会安全形势等有关信息,对可能引起突发事件的各种因素进行严密的监测,搜集和掌握有关风险及突发事件的资料与第一手信息,为科学预警和及时采取有效措施提供重要的信息基础(郭济,2005)。突发事件的监测是指国家通过设立各种网点,对可能引起突发事件的各种因素和突发事件发生前的各种征兆进行观察、捕捉、预测的活动(王宝明等,2013)。

监测是收集情报的过程,是预警的基础。监测首先要做的就是确定监测的目标和对象,对重大危险源、关键基础设施、重点防护目标进行实时监测,以获得这些单位、设施、目标的重要基础数据,如空间信息数据、风险源基本属性等。通过对空间信息数据的采集,可以为隐患分析和风险评估提供科学的依据。物理、化学、生物、信息等学科的不断发展,为突发事件的监测提供了先进的科学技术手段,如遥感技术、GPS技术、毒气监测技术、生物探测技术、信息监测技术等,上述技术与手段在风险监测中发挥了重要作用(闪淳昌和薛澜,2020)。

(二)监测的主体

监测的主体可分为社会监测体系和专业监测体系。

社会监测体系是一种发动广大群众(特别是受到威胁的个体或集体)采用简单的设备直接参与潜在突发事件监测的监测方法(闪淳昌和薛澜,2020)。例如,在许多地质灾害多发村庄,当地群众通过定期、简易观察,报告崩塌滑坡地区的变化情况,有助于发现潜在地质灾害风险,以便及时防范。社会监测体系的优点包括:①成本低,社会监测无需专业设备及人员;②灵活性强,社会监测可以随时随地进行,无固定时间、地点和人员等要求;③群众基础牢固,社会监测的主体是广大人民群众,涉及各行各业和不同地区,覆盖面广泛。但社会监测体系也有缺点:①组织松散。由于缺乏组织领导和专业指导,社会监测人员可能无法及时有效地与相关部门和人员沟通,导致灾情延误、错失最佳救援时机。②欠缺专业知识与技能。由于专业知识和技能的局限,社会监测人员可能会低估或夸大突发事件,影响相关部门的研判和决策。

专业监测体系是指在群防群测基础上,专业技术人员借助监测设备,利用视频、无线、卫星等监测方法,对潜在风险、灾害的触发因素及演化过程进行自动监测和风险预警的工作(闪淳昌和薛澜,2020)。经汇总整理以后,专业技术人员再将有关监测目标的精确数据提交给管理决策人员,从而为风险评估提供数据支持。由于突发事件的类型和特点不尽相同,专业监测的手段有所差异。例如,针对自然灾害的监测可通过观测仪器和装备及相关技术获取有关灾害的资料和数据,以满足分析、评估、统计、科研和其他应急管理工作的需要；监测气象灾害就是通过遍布各地的站点获取气象、水文信息，通过卫星获取卫星云图，预测可能发生的气象灾害。专业监测体系的优点包括：①组织性强。专业监测人员可以与有关部门及其他专业人员进行有效沟通。②专业知识和专业技能高。专业监测人员与专业监测设备可以做到精确评估突发事件的危险等级，并能妥善处理应急事件。在疏散人群，保障人民群众生命及财产安全方面可以给予宝贵的意见。专业监测体系的缺点包括：①成本高。专业监测人员不仅需要较高的培养成本，同时专业的监测设备也需要较高的购买成本。②覆盖面有限。专业监测人员和设备的数量及覆盖面有限，在应对突发事件时，不能做到点对点、一对一实时处理。对于偏远地区发生的突发事件，专业监测人员往往只能通过远程监测，难以深入了解事件发生经过。

实际监测工作将社会监测体系与专业监测体系相结合，构建由各级政府相关主管部门、专业机构、监测网点及基层部门等构成的综合监测体系，通过多种途径及时、全面、准确地收集突发事件信息。

（三）监测的原则

监测的目标是对可能引起突发事件的各种因素和征兆进行观察、捕捉和预测，研究突发事件发生、发展和衍生的规律，确保风险早发现、早研判、早报告、早处置、早解决。加强监测预警能力，构建高效监测网络体系，需遵循以下原则。

（1）依法监测原则。要依据突发事件监测相关的法律、法规、规章开展监测工作。

（2）以人为本原则。监测过程必须以人的需要为出发点，减少公共危机的风险。

（3）实事求是原则。风险隐患情况应当如实、客观地记录，运用科学手段分析比较，反映真实客观情况，确保情报的可靠性。

（4）信息保密原则。对于某些需要保密的监测数据及信息，监测机构及其工作人员不得向外泄露。

（5）科学监测原则。监测过程会运用系统论、控制论、信息论等方法，结合传感技术、监测技术、计算机技术等现代高新技术，对风险源进行实时监控。依托科学手段，实时传输源数据，结合科学手段进行风险评估分析，及时发布预警信号。

（6）专业监测和社会监测相结合的原则。在重视运用科学手段监测的基础上，充分发挥人民群众在监测过程中的积极作用（闪淳昌和薛澜，2020）。

（四）监测的作用

1. 监测潜在风险，及时进行预警

对风险源进行监测，方便人们及时、准确、全面地捕捉风险源变化情况。通常情况下，风险源的状态并不是一成不变的。当处于安全区间之内，风险源对外界不会产生威胁。一旦风险源发生变化，其基本属性也必然随之改变。有效的监测不仅可以帮助了解

其安全区间，也可以及时捕捉变化情况，收集数据进行分析，及时进行有效预警。

2. 实时监测变化情况，及时提供决策依据

在突发事件发生后，相关部门需要对其发生事态进行实时监测，及时传递最新数据并进行分析汇总，向决策者汇报最新进展。决策者会根据最新信息及时调整决策方案。例如，在洪水灾害中，决策者会依据降雨量、水库水位等信息及时调整预警信息，调整应急救灾方案。

3. 分析监测数据，追溯风险源头

风险有时候是突然且难以预测源头的，如火灾等灾害，当人们发现时灾害已经发生。风险源发生变化的整个过程会产生大量的数据。通过实时监测的方式对这些数据进行收集、整理、分析，可以追溯风险发生的源头，预防灾害再次发生。

4. 掌握风险变化的趋势和规律，改进监测及预警模式

风险发生变化后，根据数据分析结果，预测风险可能发展的趋势，总结出一般性规律，可以有效地提高监测及预警效率。例如，通过对消防电器火灾监测系统在火灾动态监测和监管、火灾预警等方面的研究，依据物联网技术和云计算技术，为智慧消防的发展提供新的研究方向。不仅如此，还可以大大提升消防预防和消防救援应急处置能力，降低火灾发生概率，提高火灾扑救能力，达到保护人民生命财产安全的目的。

二、突发事件监测的类型与现状

突发事件的监测根据不同的划分方式，可以分成多种类型。根据监测的频率，可以分为常规监测、特殊监测和随机监测。常规监测是指日常对风险源的某些属性进行观察监测，收集数据。特殊监测是指对特定的风险源进行特殊的监测，特别是对可能会造成重大安全事故影响的危险源给予特殊对待。随机监测是指对现实中某些随机事件进行随机抽样监测，是对于指定的对象和范围突发性的风险性监测。

根据监测的先后顺序，可以分为早期监测、中期监测和后期监测。早期监测是指对于一些没有被感知，或者刚被感知的风险，依据经验或者科学手段预测风险的发展路径，对指定的对象或是承载体进行监测，目的是尽早发现并控制风险源，预防突发事件的发生。中期监测是指对于已经发展到一定阶段的风险，其发展方向无法改变，一些特性逐步显露，对其进行监测，目的是能够从多个方面把握风险的变化情况。后期监测是指对于已经造成一定影响的突发事件进行实时监测，进一步收集数据，为后期的决策提供依据。

根据监测的手段，可以分为定量监测和定性监测。定量监测是指对突发事件和承载体的多方面参数值进行观察、测量、记录和分析。例如，污染浓度、地震震源深度等都属于定量监测。定性监测通常是从突发事件的质的方面进行分析，分析事件中是否具有

某种性质会引起某些现象的发生。例如，突发事件的发展状态等属于定性监测。

本节从监测对象的角度简要介绍自然灾害监测、事故灾害监测和公共卫生监测的主要内容及发展现状。

（一）自然灾害监测

2003年以后，我国全面强化自然灾害风险监测、调查和评估工作，自然灾害监测预报能力显著增强。截至2022年1月，气象部门建成6万多个自动气象站，水利部门建有12.1万处水文监测站，自然资源部门建有28.6万处地质灾害隐患点群测群防体系，森林火险要素监测站3245个、瞭望塔9312座，视频监控系统3998套，地震监测台站1400个左右（郭桂祯等，2022）。

《"十四五"国家应急体系规划》提出了防范化解重大风险、织密灾害事故防控网络的路径与对策，对自然灾害的风险监测与预警进行了重点部署。一是强化风险监测预警预报，即"充分利用物联网、工业互联网、遥感、视频识别、第五代移动通信（5G）等技术提高灾害事故监测感知能力，优化自然灾害监测站网布局，完善应急卫星观测星座，构建空、天、地、海一体化全域覆盖的灾害事故监测预警网络"。二是完善风险监测预警网络建设，即"实施自然灾害监测预警信息化工程，建设国家风险监测感知与预警平台，完善地震、地质、气象、森林草原火灾、海洋、农业等自然灾害监测站网，增加重点区域自然灾害监测核心基础站点和常规观测站点密度，完善灾害风险隐患信息报送系统。建设沙尘暴灾害应急处置信息管理平台，在主要沙尘源区试点布设沙尘暴自动监测站"。

（二）事故灾害监测

如机械伤害、火灾、易燃易爆危险品引起的爆炸、高空坠落及物体打击、触电和中毒等，利用人工智能和物联网新兴技术等进行定期监测，以有效辨识和提取隐患信息，降低灾害发生的风险。事故灾害监测不仅需要政府相关部门审计与监管，也需要企业主动落实，以自我防范事故灾害的发生。不同于自然灾害，事故灾害最大的特点就是人为性，往往由缺乏监管、未定期检查维修造成。因此，对事故灾害的监测应着重基于设备特点进行适当的定期监测与维修并提升监测的精细化、智能化和智慧化水平。

面对产业转型升级和更加激烈的国际竞争，我国安全生产压力巨大。根据国家统计局近10年的统计数据，我国事故灾难情况近年来呈现总体好转之势，但形势依然严峻。以2019年为例，该年我国各类生产安全事故死亡人数为29 519人，其中：工矿商贸企业就业人员10万人生产安全事故死亡人数1.474人、煤矿百万吨死亡人数0.083人、道路交通事故万车死亡人数1.80人（刘奕等，2021）。党的十八大以来，事故灾害的防灾减灾科技创新工作不断取得新进展，安全生产水平稳步提高，科技支撑防范化解重大安全风险的能力明显提升。聚焦危险化学品、矿山、消防、交通运输、城市建设等重点行业领域重大安全风险，研究探索了重大灾难事故次生衍生机理与规律，研发了专业化、智能化监测预警系统，各类事故、较大事故和重特大事故起数显著下降，科技强安专项行动初见成效。但是，面对灾害事故风险隐患仍然突出、防控难度不断加大的复杂严峻形势，我国事故灾害监测还存在着一些短板。例如，重大灾害事故风险早期识别、系统性预警、及时响应、精准防控与评估能力不强，监测预警技术装备精度、稳定性和智能化水平不足，用于气象灾害预警的气候系统模式分辨率偏低，用于极端环境下感知精度不够，运输货物和寄递物品关键设备设施巡检效率和检测精度有待提高[1]。

《"十四五"公共安全与防灾减灾科技创新专项规划》指出，强化云计算、大数据、物联网、工业互联网、人工智能等数字技术在重大灾害事故监测预警和应急救援技术装备研发中的创新应用，重点研发重大自然灾害监测预警与风险防控、安全生产风险监测预警与事故防控以及应急救援等核心关键技术装备，着力提升重大自然灾害、安全生产风险的主动应对能力。重点突破危险化学品本质安全化流程再造与风险防控、矿山重大事故精准预警与智能防控、火灾早期特征精准识别、交通运输安全风险早期识别、复杂环境下特种设备耦合损伤演化及失效控制等技术瓶颈，显著提升重点行业领域安全生产重大风险识别准确率，大幅提高安全生产技术保障水平。重点研发瓦斯灾害、冲击地压、水害、爆炸、火灾、尾矿库溃坝等矿山典型重大事故风险感知、智能化预警及防控技术，油气生产中溢流、井喷、浅层地质灾害等重大隐患智能监测预警、防控及应急技术装备等，显著提升矿山事故监测预警与防控能力。

（三）公共卫生监测

公共卫生监测是连续系统地收集、分析和解释对于计划、实施和评估公共卫生行动至关重要的健康相关数据，及时将信息传递给需要知道的人员并应用于疾病预防控制，为早期发现、有效控制和预防突发公共卫生事件提供信息保障（WHO，2017）。公共卫生监测是公共卫生实践的重要组成部分。公共卫生系统有5个必备的功能：人群健康评估、健康监测、健康促进、疾病和伤害的预防、健康保护（蔡智强等，2015）。公共卫生监测主要分为两类——疾病监测和与健康相关问题的监测。疾病监测包括传染病监测和非传染病监测（如恶性肿瘤、心血管疾病、出生缺陷等），而与健康相关问题的监测主要包括行为危险因素监测、环境监测、药物不良反应监测、营养和食品安全监测等（孙辉，2017）。在进行公共卫生监测时，特别需要关注相关伦理问题。例如，相关数据可能涉及个人身份的可识别信息和/或其他敏感信息，因此，公共卫生监测必须坚持数据收集的最小必要原则，即在确保能实现监测目的的前提下，不给监测对象带来额外的风险，尤其是带有可识别标识的信息收集，必须严格控制在合理范围内。世界卫生组织发布了《公共卫生监测伦理指南》，为进行公共卫生监测提供了国际性伦理指导框架，迈出了从伦理上规范公共卫生监测的重要一步。

---

[1] 《科技部 应急部关于印发〈"十四五"公共安全与防灾减灾科技创新专项规划〉的通知》，https://www.gov.cn/zhengce/zhengceku/2022-11/11/content_5726118.htm。

非典之后，我国不断加强卫生应急体系建设，并于2004年正式建成了全球最大、最先进的传染病疫情和突发公共卫生事件网络直报系统，该系统目前基本覆盖全国范围内的医疗机构和疾控部门，有的已经延伸到乡镇卫生院（侯世科和樊毫军，2019）。但是目前不同地区、不同行政级别开展突发公共卫生事件监测工作有差异。目前开展最多的两项突发公共卫生事件监测工作是传染病疫情信息直报和突发公共卫生事件报告工作，全国范围内开展比例分别达到95.8%和93.8%，在省、市、县三级机构间开展率均超过90%。不明原因肺炎监测工作开展比例在全国范围内为66%（东部73%、西部65%、中部61%），在省、市、县三级开展率分别为65.5%、70.5%和64.8%。临床异常症状监测这一主动监测工作已经在我国42.2%的地区开展，东部（47.2%）、中部（37.6%）、西部（42.4%）地区开展比例存在一定的差异，在省、市、县三级开展情况大致相当，均略高于40%。

目前公共卫生监测还处于发展阶段，尽管已经建立了初步的监测机制，但是还存在着种种问题，如理论需进一步完善，监测方法还需改进等。政府需要进一步提高开发监测的能力，完善传染病疫情和突发公共卫生事件监测系统，改进不明原因疾病和异常健康事件监测机制，提高评估监测敏感性和准确性，建立智慧化预警多点触发机制，健全多渠道监测预警机制，提高实时分析、集中研判的能力；加强实验室检测网络建设，提升传染病检测能力；建立公共卫生机构和医疗机构协同监测机制，发挥基层哨点作用，做到早发现、早报告、早处置等。

第二节 突发事件预警

一、预警的基本知识

（一）预警的定义

"预警"最早源于军事领域，主要是通过各种方法或手段提前发现、分析和研判敌情，将其威胁性报告指挥部，提前采取应对措施。后来被应用到政治、经济及灾害管理等各个领域。突发事件的预警，在法律上有明确的定义。《突发事件应对法》第四十三条规定："可以预警的自然灾害、事故灾难或者公共卫生事件即将发生或者发生的可能性增大时，县级以上地方各级人民政府应当根据有关法律、行政法规和国务院规定的权限和程序，发布相应级别的警报，决定并宣布有关地区进入预警期，同时向上一级人民政府报告，必要时可以越级上报，并向当地驻军和可能受到危害的毗邻或者相关地区的人民政府通报。"从规定中可以看出，预警信息的发布意味着突发事件发生的可能性较大，需要立即采取一系列防备措施，包括预备紧急物资、人员财产转移、加强对风险源的实时监控等，并与社会公众进行风险沟通。

预测、预报、预警这三个词在应急管理中十分常用，也特别容易混淆，但三者之间是有本质区别的。通常来说,"预测"即"预先监测",是指对致灾因子进行监测,收集相关数据,研判危机发生的可能性;"预报"即"预先报告",是指政府或指定机构将突发事件相关预测意见以公开形式,向有关部门和社会发布;"预警"即"预先警告",是指将具有严重危害的突发事件向公众发出警告,并提前采取应对措施。总之,预测是对事件发生的可能性的预判,预测的主体不固定,准确性不能保证。预报是对预测信息的公布,预报的主体固定,预报的内容一般有一定的时间尺度,通过及时的响应,可以避免或减少危害。预警也是对预测信息的公布,但是预警的主体相较预报的主体更具权威性,一般是人民政府及授权机构,同时,预警的内容更具紧迫性(林鸿潮,2020)。

预警的内容包括突发事件的类别、预警级别、影响的时间及范围、警示事项、建议措施、咨询或求助电话、发布部门、发布时间等。影响的时间及范围主要是指突发事件发生的时间及地区。在监测技术足够成熟的情况下,对于某些特定的突发事件不仅可以监测到发生时间,甚至是持续时间,如现在利用气象学的相关理论及技术,可以预测到某一时刻某地区会突降暴雨,降雨量可达到多少毫米以上,最大降水点在什么地区,是否有引发山洪的危险等。警示事项根据预警级别提醒人们应当采取相应措施。预警信息由人民政府及其指定机构发布,具有一定的权威性。本节后续内容将详细介绍预警级别和相关工作流程。

(二)预警的级别

突发事件预警分级一般是依据突发事件的预测信息,判断可能造成的危害程度,确定相应的预警级别,标示预警颜色,向社会公布相关信息。社会公众依据预警信息,及时做出有效的响应,最大限度地减少公共危机造成的危害。突发事件的预警级别与突发事件本身的分级类似,所分级数、分级对象和分级标准均相同。突发事件的预警级别划分主要依据三个方面:突发事件发生的紧急程度、发展态势和可能造成的危害程度(林鸿潮,2020)。

《突发事件应对法》第四十二条规定:"可以预警的自然灾害、事故灾难和公共卫生事件的预警级别,按照突发事件发生的紧急程度、发展势态和可能造成的危害程度分为一级、二级、三级和四级,分别用红色、橙色、黄色和蓝色标示,一级为最高级别。预警级别的划分标准由国务院或者国务院确定的部门制定。"不同的突发事件的预警级别标准是有区别的,《突发事件应对法》没有明确规定预警级别的具体划分标准,但近几年来国务院发布各种突发事件专项应急预案对可以预警的突发事件预警级别规定了统一的划分标准。本节分别举例说明自然灾害、事故灾难、公共卫生事件和社会安全事件的预警级别。

1)自然灾害预警分级

此处以暴雪灾害为例,说明自然灾害预警级别划分标准。中国气象局对暴雪灾害提出的预警分级和应对措施,如表6-1所示。

表 6-1 暴雪灾害预警分级及应对措施

预警分级	应对措施
蓝色预警（IV级/一般）：12 小时内降雪量将达 4 毫米以上，或者已达 4 毫米以上且降雪持续，可能对交通或者农牧业有影响	1.政府及有关部门按照职责做好防雪灾和防冻害准备工作 2.交通、铁路、电力、通信等部门应当进行道路、铁路、线路巡查维护，做好道路清扫和积雪融化工作 3.行人注意防寒防滑，驾驶人员小心驾驶，车辆应当采取防滑措施 4.农牧区和养殖业要储备饲料，做好防雪灾和防冻害准备 5.加固棚架等易被雪压的临时搭建物
黄色预警（III级/较重）：12 小时内降雪量将达 6 毫米以上，或者已达 6 毫米以上且降雪持续，可能对交通或者农牧业有影响	1.政府及相关部门按照职责落实防雪灾和防冻害措施 2.交通、铁路、电力、通信等部门应当加强道路、铁路、线路巡查维护，做好道路清扫和积雪融化工作 3.行人注意防寒防滑，驾驶人员小心驾驶，车辆应当采取防滑措施 4.农牧区和种养殖业要备足饲料，做好防雪灾和防冻害准备 5.加固棚架等易被雪压的临时搭建物
橙色预警（II级/严重）：6 小时内降雪量将达 10 毫米以上，或者已达 10 毫米以上且降雪持续，可能或者已经对交通或者农牧业有较大影响	1.政府及相关部门按照职责做好防雪灾和防冻害的应急工作 2.交通、铁路、电力、通信等部门应当加强道路、铁路、线路巡查维护，做好道路清扫和积雪融化工作 3.减少不必要的户外活动 4.加固棚架等易被雪压的临时搭建物，将户外牲畜赶入棚圈喂养
红色预警（I级/特别严重）：6 小时内降雪量将达 15 毫米以上，或者已达 15 毫米以上且降雪持续，可能或者已经对交通或者农牧业有重大影响	1.政府及相关部门按照职责做好防雪灾和防冻害的应急及抢险工作 2.必要时停课、停业（除特殊行业外） 3.必要时飞机暂停起降，火车暂停运行，高速公路暂时封闭 4.做好牧区等救灾救济工作

资料来源：中国气象科普网. 2021-01-06.暴雪预警信号及防御指南（N）[EB/OL]. http://www.qxkp.net/qxbk/yjxhjfyzn/202103/t20210312_2948466.html

2）事故灾难预警分级

以生产安全事故为例说明事故灾难预警级别划分标准。根据生产安全事故造成的人员伤亡或者直接经济损失，一般按照以下等级进行预警：特别重大事故 I 级预警，适用于造成 30 人以上死亡，或者 100 人以上重伤（包括急性工业中毒，下同），或者 1 亿元以上直接经济损失的事故。重大事故 II 级预警，适用于造成 10 人以上 30 人以下死亡，或者 50 人以上 100 人以下重伤，或者 5000 万元以上 1 亿元以下直接经济损失的事故。较大事故 III 级预警，适用于造成 3 人以上 10 人以下死亡，或者 10 人以上 50 人以下重伤，或者 1000 万元以上 5000 万元以下直接经济损失的事故。一般事故 IV 级预警，适用于造成 3 人以下死亡，或者 10 人以下重伤，或者 1000 万元以下直接经济损失的事故（朱慧斌和徐德武，2011）。

3）公共卫生事件预警分级

以传染病的预警为例，《中华人民共和国传染病防治法》第十九条规定："国务院卫生行政部门和省、自治区、直辖市人民政府根据传染病发生、流行趋势的预测，及时发出传染病预警，根据情况予以公布。"根据传染病突发疫情的波及范围、危害程度，以及社会经济影响，可以将传染病疫情的预警划分为特别重大（一级）、重大（二级）、较大（三级）和一般（四级）。具体而言，传染病疫情的预警分级需要综合考虑疫情的传播规律、流行强度、流行方式、流行趋势、医疗资源占用等因素，因此对于传染病疫情的预警分级通常无法因病种一概而论，必须基于多维度监测数据开展定性定量分析。现实中，地方政府也常以疫情发生区域的远近、本地是否出现疫情等作为传染病疫情预警分级的粗略划分依据。

4）社会安全事件预警分级

目前，我国对突发事件的预警分级仅限于自然灾害、事故灾难和公共卫生事件这三类。考虑到社会安全事件的特殊性、社会敏感性、发展态势的把握难度，《突发事件应对法》等相关法律法规政策并没有规定其是否需要预警以及如何划分预警级别。美国国土安全警报系统将恐怖袭击类社会安全事件的风险预警分为五个等级，分别用五种颜色表示（王宏伟，2011）。根据潜在威胁的严重程度，按照从低到高的顺序依次是：①低（绿色），表示恐怖袭击风险低；②警戒（蓝色），表示恐怖袭击风险一般；③升级（黄色），表示恐怖袭击风险较大；④高（橙色），表示恐怖袭击风险高；⑤严重（红色），表示恐怖袭击风险严重。

二、预警的发布、调整及解除

预警内容确定后，需及时经多种渠道发布预警信息。为保证预警信息的权威性和信服力，要严格执行预警信息从发布、调整至解除的全部流程。

（一）预警的发布

为了规范预警信息发布的流程，《国家突发事件预警信息发布系统运行管理办法（试行）》中明确要求预警发布责任单位利用预警发布系统发布预警信息，要与相应的预警发布工作机构建立工作机制，明确具体的预警类别、发布格式、发布流程和责任权限等。预警信息制作采用统一格式，主要内容包括预警类别、预警级别、起始时间、可能影响范围、警示事项、应采取的措施和发布单位、发布时间等。各级预警发布工作机构为预警发布责任单位提供预警信息录入客户端。

为了使预警信息快速发送到指定范围，更加有效地利用预警信息，预警信息发布工作机构需要在指定的时间和范围内，通过广播、电视、互联网等社会媒体、电信运营商、警报器、宣传车等方式将预警信息及时、准确、无偿地传播出去，对于特殊人群，如独居老人、残疾人等需安排人员上门通知。要减少审批环节，建立上下贯通的预警信息发布机制。在预警信息发布后，要密切跟踪、及时调度预警信息接收情况。图6-1展示了突发事件预警信息发布的流程规范。

突发事件预警信息制作与审核（预警信息发布单位）→ 突发事件预警信息发布（预警信息发布系统）→ 突发事件预警信息传播（各社会媒介）→ 预警信息到达公众与各用户

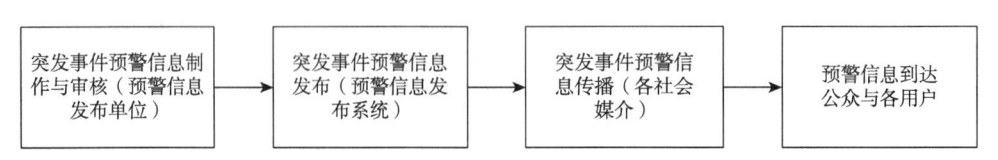

图6-1 预警信息发布的流程规范

资料来源：深圳市市场监督管理局发布的《突发事件预警信息发布管理规范》

（二）预警的调整

突发事件具有不可确定性，当紧急情势发生转变时，行政机关的应对行为应当适时作出调整并发布给公众知晓，这不仅是应对突发事件的现实需要，也是降低危机管理成本、保护行政相对人权益的有益举措。

（三）预警的解除

预警的解除是基于对突发事件发展趋势的预判，由于突发事件发展演化的不确定性和随机性，以及可能存在的错误判断，突发事件未必会发生或是朝预期方向发展。另外，在突发事件发生后，随着事件的演变及相关处置手段的干预，在某一时间节点之后，其发展态势终将趋于衰弱。如果有事实证明突发事件不会发生或者危险已经解除，警报发布单位应当立即宣布解除警报，终止预警期，并适时终止已经采取的相关措施，避免民众因为长时间的恐慌、戒备而产生负面情绪，扰乱正常工作与生活秩序。因此，及时解除预警信息不仅是确保预警程序的完整性，也是避免和减少资源浪费、降低行政成本、控制事态影响扩大和维护社会稳定的内在要求。与预警信息的发布类似，预警的解除需要填写解除单，其内容包括解除编号、预警的机关名称、突发事件的类别或名称、解除的预警级别和解除时间等。

三、预警的响应

预警信息发布后，为了避免或减少突发事件造成的损失，各单位应当立即进入应急状态，及时采取措施并反馈信息；社会公众应立即按照预警信息中建议的应急措施采取行动。

（一）单位的响应

由于突发事件本身的异质性，针对不同类型突发事件的预警发布信息，需要作出响应行动的主体也存在差异。国家为此发布了总体应急预案和专项应急预案。总体应急预案宏观地说明了应对突发事件工作原则和组织体系等。专项应急预案是针对不同灾害类型制订的方案，对特定的突发事件具有实践指导意义。这里以防汛预警为例，说明预警信息发布后需要响应的单位及单位职责。

各级水文或气象等监测机构在监测到灾害信息后，需要将结果及时报送到防汛抗旱指挥机构。机构会将这些信息整合，通知有关区域做好相应准备。在这一过程中，水文部门仍然需要紧密关注水文信息，及时跟进最新动态，及时将最新信息报送防汛抗旱机构。当江河发生洪水时，水文部门在2小时内需要将雨情、水情等测验结果上报国家防汛抗旱总指挥部，重要站点需要30分钟内完成上报。

国家防汛抗旱总指挥部审核汛情动态，发布相关预警信息。信息发布形式包括组织报道、接受记者采访、举行新闻发布会等。当江河出现在警戒水位线以上洪水时，各级堤防管理单位需要加强工程监测，及时将最新信息报告工程管理部门及防汛抗旱部门，做好组织抢险准备。

任何通信运营部门需要充分利用公共广播和电视等媒体，及时通知群众做好应急措施，必要时需要快速撤离。通信部门应启动应急通信预案，做好迅速调集力量抢修损坏的通信设施的准备。电力部门需要负责抗洪抢险、防汛抗洪等方面的供电需要和应急救援现场的临时供电。交通运输部门需要做好防汛救援物资运输、群众安全转移、车辆调配等方面的准备。同时医疗卫生防疫部门需要做好为可能受灾地区提供业务技术指导、防疫消毒、抢救伤员等准备。

（二）公众的响应

公众在收到预警信号时，首先应当保持冷静，根据预警信息中的建议措施合理地采取行动，并在条件允许的情况下，尽可能避免或减少突发事件造成的损失。例如，洪水发生时，户外人员应当注意身边可能的危险源，如电力设施、流水、河岸边等。室内人员应当备足食物、饮用水等应急物资，注意关闭电源、门窗、煤气等。当房屋处于低洼地势，或者房屋结构不稳（如泥坯房）时，需要及时转移安置地，有组织地向山坡、高地等处转移。当自身被洪水包围时，应当冷静分析自身所处环境，迅速寻找一些漂浮材料；并设法与当地政府或部门取得联系，报告自己的方位和险情，积极寻求救援。

阅读材料 6-1：海城地震的成功预警

1975 年 2 月 4 日，在辽宁省海城、营口一带发生 7.3 级强烈地震。震源深度为 16 千米，震中烈度为 9 度强，极震区面积为 760 平方千米。这次地震发生于寒冷的冬季晚上，发生在人口稠密、工业发达的地区，是该区有史以来最大的地震。此次地震造成了大量建筑和设施损毁，受损面积高达 500 万平方米，受灾人口多达 400 万，但人员伤亡极少，其中因灾死亡 21 人，直接死亡人数只占总人口的 1.6%，可以说最大程度上减少了伤亡，成为地震史上的一个奇迹。这一奇迹的出现是因为震前已经有了较为准确的地震预报，使得原本可能超过十万人的伤亡减少到了最低程度。以下是海城地震监测与预警的进程表（北京时间）：1975 年 1 月下旬，国家地震局和辽宁省地震部门提出 1975 年上半年辽宁南部可能发生一次较大地震的报告；2 月 1~3 日，辽宁营口、海城两县交界处出现小震活动特征及宏观异常增加等情况；2 月 4 日零点左右，辽宁省地震办公室向全省发出了带有临震预报性质的地震简报，提出小震后面将会有较大的地震；2 月 4 日 10：30，辽宁省人民政府向全省发出紧急电话通知，并发布临震预报；2 月 4 日 19：36，地震发生。

从这个案例的时间表可以看到，由于我国地震部门对这次地震及时发出预警信息，当地政府能够提前采取应对措施，公众能够及时采取自救措施。据推测，这次预报拯救了 10 万余人的生命，避免了数十亿元的经济损失。

资料来源：钟以章.2005.1975 年海城地震成功预报的回顾与思考[J]. 防灾博览，（1）：17-18

> **阅读材料 6-2：印度洋海啸的不成功预警**
>
> 2004年12月26日，由苏门答腊地震（里氏9.0~9.3级）引发的特大海啸在大约7个小时内，波及距离震中4500千米以外的地方，横扫印度洋地区。12个国家受到海啸影响，其中印度尼西亚、斯里兰卡、印度、泰国受损最为严重。根据联合国有关机构的估计，大约25万人死于海啸，1.4万~5.1万人失踪，150万人背井离乡。根据有的国家和机构估计，海啸造成的死亡人数在30万人以上。以下是印度洋海啸演进的时间表：2004年12月26日0:58，9.3级地震发生；1:00，海啸袭击安达曼和尼科巴群岛，地震和海啸造成7500人死亡；1:07，澳大利亚与太平洋海啸预警中心联系，称地震强度为8级；1:14，太平洋海啸预警中心发出地震信息通报，称太平洋地区不会有海啸风险；1:20，海啸袭击了印度尼西亚的亚齐省，造成25万人死亡或失踪；1:28，太平洋海啸预警中心向整个太平洋地区发出预警；2:04，太平洋海啸预警中心将地震强度修改为8.5级；3:00，海啸袭击泰国海岸，5500人死亡或失踪；3:20，海啸袭击斯里兰卡海岸，3.1万人死亡；3:50，海啸袭击印度东部海岸，1.1万人死亡；7:30，海啸袭击非洲东部海岸，200人死亡。
>
> 从这个案例的时间表可以看到，从印度尼西亚苏门答腊地震发生到泰国、斯里兰卡、印度、非洲东部受到海啸影响，其间的时间间隔分别约为2小时、2小时20分、2小时50分和6小时30分。事实上，在大部分地方，人们从岸边跑到安全地带只需要几分钟，如果上述国家和地区具备良好的海啸监测预警系统，海啸灾害是可以减轻甚至避免的。
>
> 资料来源：湖南省人民政府. 2011-12-28. 应急管理概论（九）监测与预警[EB/OL]. http://www.hunan.gov.cn/hnszf/xxgk/yjgl/yjzs/201301/t20130108_4694712.html

▶思考与练习

1. 什么是监测？监测的主体和对象是什么？
2. 监测的作用是什么？
3. 什么是社会监测体系和专业监测体系？各自的优缺点是什么？
4. 什么是预测、预报、预警？三者之间的区别是什么？
5. 预警信息发布工作流程是什么？
6. 突发事件的预警可分为几个等级？分别代表什么？代表颜色是什么？

第七章

突发事件应急响应

导言

通过本章学习,你将理解应急响应的相关概念;理解应急响应的组织体系与社会参与;掌握应急响应的主要内容,并对应急处置的基本程序及特殊措施有基本认知。

本章第一节介绍应急响应的主要内容,在学习这一部分内容之前,你需要掌握应急管理的基本概念,熟悉应急管理的运作环境及特征,理解应急管理生命周期理论。第二节阐述应急处置的基本程序,以及应对各类突发事件的特殊性措施。第三节依次介绍了应对常规和非常规突发事件的应急管理组织体系。第四节对应急响应中的社会参与问题进行讨论,包括社会捐助和应急志愿者两部分内容。

第一节 应急响应的基本知识

应急响应是指为应对已经发生或即将发生的突发事件所采取的一系列措施,本节将阐述应急响应工作中所需遵循的基本原则,包括统一领导、以人为本、预防为主、依法治理、精准治理、社会共治。

应急响应工作具有一定的灵活性,需根据突发事件的类型、灾情演化、周边环境等因素进行特别设计或调整,但也遵循一些共同的基本原则,主要指导原则有以下六个。

(一)统一领导

统一领导是指加强党对应急管理工作的集中统一领导,全面贯彻党的基本理论、基本路线、基本方略,把党的政治优势、组织优势、密切联系群众优势和社会主义集中力量办大事的制度优势转化为应急管理事业发展的强大动力和坚强保障(国务院,2022)。

突发事件应急处置工作需要跨部门甚至跨地区调动资源,因而必须形成高度集中、统一领导与指挥的突发事件管理指挥系统，实现资源的整合，避免各自为战，确保政令的通畅。加强统一领导关键是在各级党委的领导下，发挥政府的主导作用，调动全社会的力量，形成对突发事件的应对合力。在我国，党管干部的原则和党的网络化组织是我们应对各类突发事件的法宝。需要说明的是，加强统一领导并不是否定地方政府和基层部门应有的自主性，应急处置同样要坚持分级负责的原则，即按照突发事件的分级，依据各级各类应急预案要求，由相应级别的应急指挥机构做出果断决策，进行具体处置。

（二）以人为本

以人为本是指坚持以人民为中心的发展思想，始终做到发展为了人民、发展依靠人民、发展成果由人民共享，始终把保护人民群众生命财产安全和身体健康放在第一位，全面提升国民安全素质和应急意识，促进人与自然和谐共生（国务院，2022）。应急响应工作需要坚持"先救人，后救物"的原则，把挽救生命与保障人们的基本生存条件放在首要位置，而不是舍本逐末。由于突发事件救援现场通常存在诸多安全隐患，因此"以人为本"原则还应体现为对救援人员身心安全的关注与保障，尽力避免和消除各类突发事件及次生、衍生灾害对救援人员产生的伤害。

（三）预防为主

预防为主是指健全风险防范化解机制，做到关口前移、重心下移，加强源头管控，夯实安全基础，强化灾害事故风险评估、隐患排查、监测预警，综合运用人防、物防、技防等手段，真正把问题解决在萌芽之时、成灾之前。

（四）依法治理

依法治理是指运用法治思维和法治方式，加快构建适应应急管理体制的法律法规和标准体系，坚持权责法定、依法应急，增强全社会法治意识，实现应急管理的制度化、法治化、规范化。

突发事件的发展与演化瞬息万变、不确定性极强，客观上要求应急管理部门根据实际需要，打破常规，大胆创新，在紧急状态下特事特办，简化应急处置程序，以迅速控制事态发展，最大限度地减少危机造成的损失，挽救更多人的生命和财产。当然，在应急处置的过程中，我们必须既维护公众秩序、保证公共安全，又维护公民权利、保障基本人权，防止行政紧急权滥用。

（五）精准治理

精准治理是指科学认识和系统把握灾害事故致灾规律，统筹事前、事中、事后各环节，差异化管理、精细化施策，做到预警发布精准、抢险救援精准、恢复重建精准、监管执法精准（国务院，2022）。

突发事件的应急处置需要综合利用多种手段，但必须尊重科学，体现专业处置的原则。否则，突发事件的危害就有可能进一步扩大，甚至会引发二次灾害，造成不必要的损失。加强突发事件的精准治理一方面需要充分利用专业人员、专业装备、专业知识、专业能力，实现对突发事件的专业处置，另一方面需要充分利用和借鉴各种高科技成果，发挥专家决策智力支撑作用，避免不顾科学、一味蛮干。

（六）社会共治

社会共治是指把群众观点和群众路线贯穿在工作始终，加强和创新社会治理，发挥市场机制作用，强化联防联控、群防群治，普及安全知识，培育安全文化，不断提高全社会安全意识，筑牢防灾减灾救灾的人民防线。

第二节 突发事件应急处置的特殊措施

一、应急响应的主要任务与一般程序

应急响应的核心功能主要包括应急评估、影响处置、安全防护和资源调度。这四项功能体现在多个具体的工作环节和程序中。按照一般程序，应急响应的主要任务包括接警与通报、应急评估、先期处置、启动应急预案、指挥与控制、抢险救援、安置救助、事态监测与评估、应急救援行动结束九个环节。这些环节虽然并非完全按照突发事件应急处置的时间顺序排列，但大体上反映了突发事件应急处置所需要重点关注的问题和步骤。

（一）接警与通报

接警是应急响应的第一步，准确了解突发事件的相关初始信息，是决定启动应急响应的关键，因此应急管理部门及110、119、120、122等单位的值班人员在接到事发地有关部门或社会公众的报警后，应详细询问、记录有关突发事件的情况，包括事件发生的时间、地点、性质、规模及人员伤亡或财产损失等情况。按照突发事件的类型、基本信息等，接警人员在接到报警后应按照预先确定的通报程序，迅速向有关应急机构或主管部门、政府及上级机关发出突发事件通知，并采取相应的行动。

（二）应急评估

应急评估是指响应要建立在发现威胁的基础上，预测其潜在的影响，决定如何进行

响应。应急评估的内容主要包括灾情评估和需求评估两大类（王宏伟，2016）。灾情评估内容包括突发事件的类型与级别，受影响区域的范围，人员伤亡、设施损毁，以及各类由突发事件及其次生灾害所造成的损失。

需求评估的目的在于明确应急响应工作当前的需求情况，主要内容包括应急救援工作所需要的人、财、物资源情况，以及受影响区域群众的生活生产及物质需求情况。

通过灾情评估和需求评估，应急救援决策者可以对突发事件的情势和发展方向有正确的把握，从而做出合理的判断和突发事件决策。对于突发事件的决策者而言，正确响应比快速响应更加重要。在应急管理工作中，管理者应根据应急评估的结果，全局思考，不断优化决策方案、矫正行动方向。

（三）先期处置

先期处置是指在突发事件即将发生或刚刚发生后的初期，有关部门针对事件所进行的一系列早期执行行动，主要目的在于最大限度地控制事件，防止其扩大和升级（容志和王晓楠，2019）。不同类别的突发事件的先期处置措施不同，一般而言，先期处置的主要任务包括封闭现场、疏导交通、疏散群众、救治伤员、排除险情、上报信息、设计现场处置预案、成立现场应急处置指挥机构等。对于原因不明的突发事件，可以采取先隔离事态、后控制处置的措施。

我国突发事件的应对工作一般遵循属地为主、分级负责的原则，这意味着先期处置的主体主要是基层政府和组织。在实际工作中，先期处置的主体具有一定的相对性。对于把握不准的问题，基层政府应及时向上级汇报。在情况紧急、来不及请示的情况下，应采取边处置、边汇报的方式。

（四）启动应急预案

当突发事件的级别被确定后，按照分级响应的原则，拥有相应管辖权的人民政府应启动应急预案，调集应急救援队伍、应急救援物资，派出应急协调人员和专家赶赴现场，并成立应急救援现场指挥部。另外，交通部门应全力保障救援队伍和救援物资到达事发现场。在突发事件继续扩大和升级的情况下，应急预案的响应级别也应相应地做出调整。

在应急响应阶段，响应者要制订现场响应计划，全面考虑应急响应的需求，表 7-1 列举了现场响应计划的主要内容。

表 7-1　现场响应计划

情势	危机区域，受难者，应急资源与分布
任务	需要去做什么
执行	响应行动的目的与战略；任务优先次序及响应力量的任务分配；任务完成的时间；如果出现风险，采取何种行动；完成任务后所采取的行动
管理与后勤	交通，燃料供应，食宿安排，装备补充
控制、协调与沟通	谁向谁报告，谁负责具体的工作，团队之间如何合作，报告时间与位置，倒班时间，如何进行沟通

资料来源：王宏伟. 2016. 公共危机管理概论[M]. 北京：中国人民大学出版社

（五）指挥与控制

现场指挥部应由有关领导、军地领导、专家学者联合组成，履行对突发事件处置进行协调的职责。指挥部选址应遵循安全、就近的原则。现场指挥部应根据突发事件的现状和趋势，科学、合理、果断地确定应急救援方案。

现场指挥部一经确定，就必须被赋予现场救援的完全管辖权。各级领导可对现场指挥提出建议，但是，突发事件管理的实践要求我们必须是"谁拍板，谁负责"。对于性质特殊的突发事件，专家应发挥辅助决策的作用，向现场指挥部提出自己的建议。需要注意的是，领导干部在应急响应过程中应正确站位，不要独揽指挥权，而要相信具有专业知识的属地官员。另外，在响应的过程中，高层领导不应靠前指挥，而应总揽全局。有时，靠前指挥会给一线响应人员带来麻烦。

（六）抢险救援

在应急救援的过程中，相关部门应各司其职、密切协作，有关队伍应服从指挥、相互配合。公安干警应封锁现场，设立警戒区域，进行交通管制，维护现场秩序，确保道路交通的畅通，并防止刑事案件发生；医疗卫生部门应派出医护人员赶赴现场，救治、转运伤员；环保部门应对事故现场进行环境监测；专业救援队伍应携带专业救援装备赶赴现场救援。必要时，人民解放军、武警部队和民兵预备役部队也可投入应急救援。需要强调的是，抢险救援必须对现场的危险源进行监测，保护受困人员的安全，防止次生、衍生灾害的发生。

在应急救援的过程中，抢险救援人员应该遵循先救人、后救物的原则。这是因为：其一，人的生命是不可复制的，而物质财富是可以再创造的；其二，被抢救出来的人可能会成为应急救援的补充力量。如果可以判别，救援人员应先救医务工作者和青壮年，他们获救后可成为应急救援的有生力量，救助更多的人（王宏伟，2019b）。

（七）安置救助

人群疏散是减少人员伤亡扩大的关键，也是最彻底的应急响应。对已实施临时疏散的人群等脱险人员，要做好临时生活安置和医疗救护等保障工作，保障必要的水、电、卫生等基本条件。

（八）事态监测与评估

事态监测与评估在应急救援和应急恢复决策中具有关键的支持作用。在应急救援过程中必须对突发事件的发展态势及影响及时进行动态监测，建立对救援现场及场外进行监测和评估的程序。可能的监测活动包括：突发事件的影响边界，气象条件，人员、设施与环境损失，危险性等。

（九）应急救援行动结束

现场指挥部撤销，应急预案关闭，应急救援行动结束。当突发事件的威胁和危害得到控制或消除后，履行统一领导职责及组织处置工作的突发事件管理部门应当即刻停止已采取的应急处置措施。

二、突发事件的特殊处置措施

突发事件的特殊处置措施一般包括四种：疏散隔离措施、控制保护措施、管制封锁措施、重点保卫措施。

（一）疏散隔离措施

当突发事件发生时，突发事件管理部门应协调公安机关根据事件的性质和危害程度，依法果断采取行动，对人员进行疏散或隔离，有效地控制现场事态，维持正常的社会秩序。

（二）控制保护措施

突发事件发生后，特定区域内的建筑物、交通工具、设备、设施等可能会成为破坏对象，需要进行控制保护。燃料、燃气、电力、水等供应关系着千家万户，涉及国计民生，突发事件管理部门应协调公安部门，采取必要的控制性措施，避免突发事件影响的扩散。

（三）管制封锁措施

突发事件发生后，公安部门要对现场实施管制封锁，对出入封锁区域人员的证件、车辆、物品进行检查，限制有关公共场所内的活动。这有助于维持处置现场秩序，抓获犯罪嫌疑人，避免新的突发事件发生。

（四）重点保卫措施

国家机关、军事机关、国家通讯社、广播电台、电视台、外国驻华使领馆等是易受突发事件冲击的关键部门。在现实中，这些部门经常是群体性危机中公众表达利益诉求、发泄不满情绪的对象。不仅如此，它们还因具有较高的象征性价值，是敏感地点，容易成为恐怖袭击等暴力活动的对象。为此，在处置突发事件的过程中，要重点加强对以上机关的保卫工作。但由于突发事件千差万别，因此在必要的情况下，我们可以依照法律、行政法规和国务院的规定，灵活采取以上四个措施之外的其他合法措施。表 7-2 对四类突发事件所采取的相应特殊处置措施进行了汇总。

表 7-2　突发事件的种类、内容及对应的特殊处置措施

种类	内容	特殊处置措施
自然灾害	气象灾害、海洋灾害、洪涝灾害、地质灾害、地震灾害、森林灾害等	控制保护措施
社会安全	国家安全、校园安全、实验室安全、人身安全、公共安全、企业安全、生产安全、建筑工程安全等	管制封锁措施、重点保卫措施
公共卫生	传染病疫情、群体性不明原因疾病、食品安全和职业危害、动物疫情，以及其他严重影响公众健康和生命安全的事件	疏散隔离措施
事故灾难	矿山、危险品、交通、建筑施工、工商贸、火灾等	控制保护措施、管制封锁措施

阅读材料 7-1：泸定地震应急响应

　　2022 年 9 月 5 日 12 时 52 分，四川省甘孜藏族自治州泸定县发生 6.8 级地震，造成重大人员伤亡。截至 2022 年 9 月 11 日 17 时，地震已经造成 93 人遇难，其中甘孜州遇难 55 人，雅安市遇难 38 人。另有 25 人失联，其中泸定县 9 人，石棉县 16 人。地震发生后，中共中央总书记、国家主席、中央军委主席习近平高度重视并作出重要指示，要把抢救生命作为首要任务，全力救援受灾群众，最大限度减少人员伤亡。要加强震情监测，防范发生次生灾害，妥善做好受灾群众避险安置等工作[①]。国务院抗震救灾指挥部和有关部门、地方立即启动应急响应，迅速派出工作组和应急救援力量赶赴灾区。解放军和武警部队、公安特警、消防救援和医护人员等各类救援力量紧急驰援，各界人士、组织纷纷伸出援手，与时间赛跑的救援行动迅速展开。国务院抗震救灾指挥部副指挥长、应急管理部部长王祥喜率工作组抵达现场指导救灾工作。四川省委书记王晓晖对抢险救援等工作进行部署安排。四川省委副书记、省长黄强奔赴灾区，成立省市（州）县前线联合指挥部，开展抢险救灾各项工作。四川省抗震救灾指挥部启动省级地震二级应急响应（后根据灾害情况提升为一级），救援力量火速赶赴震区开展救援抢险。地震后 10 分钟，武警四川总队甘孜支队完成集结，30 余名官兵携带铁锹、药品直奔震中。地震后 10 分钟，四川省消防救援总队调集成都、德阳两地消防队伍，携带生命探测仪、破拆工具组等专业设备登车出发，赶赴震区；甘孜、雅安等地消防救援力量也紧急向震区驰援。四川省森林消防总队第一时间派出特勤大队等力量奔赴震区。一辆辆救护车呼啸而过，国家和省级紧急医学救援队伍争分夺秒，以最快速度到达震中，开展转运救治，确保伤员第一时间得到科学救治，最大限度减少人员伤亡。

　　一方有难，八方支援。中国共产党中央委员会组织部从代中央管理的党费中向四川省下拨 2000 万元，用于支持抗震救灾和灾后恢复重建工作。中共中央宣传部、中

[①]《快速响应　全力救灾——四川甘孜泸定县 6.8 级地震救援进行时》，https://www.gov.cn/xinwen/2022-09/06/content_5708460.htm。

央文明办和四川省委宣传部、四川省文明办紧急划拨专项资金，用于支持组织开展抗震救灾志愿服务工作。财政部、应急管理部紧急预拨抗震救灾资金2亿元。中央财政、四川省财政累计下拨救灾资金3亿元。共青团中央紧急筹措价值4164万元物资支援灾区。四川省财政紧急向甘孜藏族自治州、雅安市各专调资金5000万元。社会各界纷纷行动起来，通过四川省市（州）慈善（总）会、基金会等捐赠善款、奉献爱心。在泸定县的16所学校，10 118名学生线上上课；"青青儿童乐园"开到了安置点，安置点的少年儿童得到了关心和陪伴。四川省公安干警对灾区社会面和集中安置点、物资发放点等重点部位加强巡逻，确保受灾群众安全。地震部门组织专家在灾区开展科普宣讲，普及地震常识和防震避险知识。心理疏导工作队伍来到安置点一线，安抚受灾群众情绪，保障受灾群众心理健康。

资料来源：
1. 林治波，宋豪新.2022-09-12.争分夺秒 全力以赴[N].人民日报
2. 中国政府网.2022-09-06.快速响应 全力救灾——四川甘孜泸定县6.8级地震救援进行时[EB/OL].https://www.gov.cn/xinwen/2022-09/06/content_5708460.htm

第三节 应急响应的组织体系

一、常规应急管理组织体系

以下就四类突发事件（自然灾害、事故灾难、公共卫生、社会安全）相对应的应急管理组织体系分别加以叙述。

（一）自然灾害应急管理组织体系

国家自然灾害应急管理组织体系由国家减灾委员会和专家委员会组成。其中，隶属应急管理部的国家减灾委员会为国家自然灾害救助应急综合协调机构，负责组织、领导全国的自然灾害救助工作，协调开展特别重大和重大自然灾害救助活动。国家减灾委员会成员单位按照各自职责做好自然灾害救助相关工作。国家减灾委员会办公室负责与相关部门、地方的沟通联络，组织开展灾情会商评估、灾害救助等工作，协调落实相关支持措施。由国务院统一组织开展的抗灾救灾，按有关规定执行。此外，国家减灾委员会设立专家委员会，对国家减灾救灾工作重大决策和重要规划提供政策咨询与建议，为国家重大自然灾害的灾情评估、应急救助和灾后救助提出咨询意见。

（二）事故灾难应急管理组织体系

2018年，我国组建应急管理部，对分散在各部门的应急力量和资源进行整合，明确

了应急管理部门对自然灾害和事故灾难这两大类突发事件的统筹管理职责以及对公共卫生事件、社会安全事件等其他突发事件的协同配合职责。

依据《突发事件应对法》及国务院"三定"方案相关规定等政策文件，我国事故灾难应急管理的最高领导机构为国务院安全生产委员会（简称国务院安委会），综合协调指挥机构为国务院安委会办公室，由应急管理部承担具体工作。另外，应急管理部下设火灾防治管理司、危险化学品安全监督管理一司、安全生产执法和工贸安全监督管理局等司局，重点负责事故灾难的防治管理。如图 7-1 所示，我国事故灾难应急响应的组织体系整体架构如下（刘铁忠，2020）。

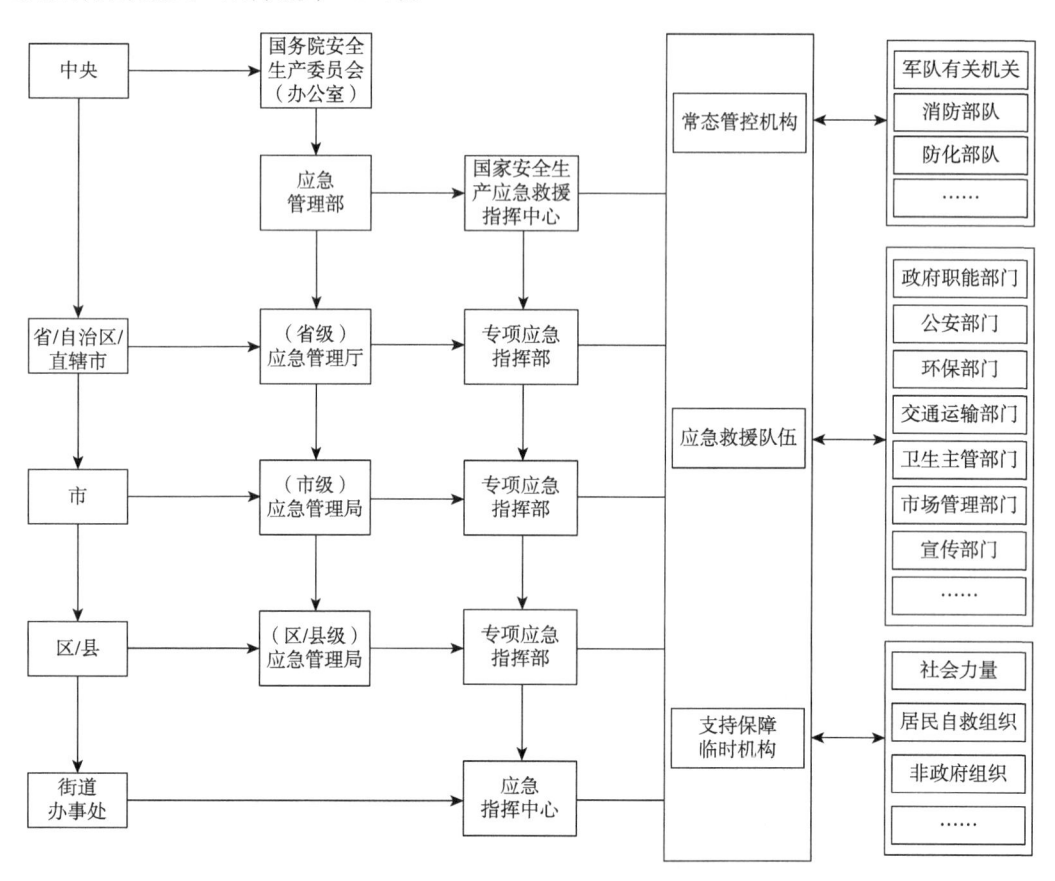

图7-1 事故灾难应急响应的组织体系

首先，当国家面临事故灾难应急需求时，国务院安委会将应急任务下达至应急管理部，由应急管理部负责总体协调任务，应急管理部下设国家安全生产应急救援指挥中心，负责执行具体应急工作。

其次，按照属地管理的原则，上级政府部门需要对下级政府部门进行业务指导。下级应急管理部门按照上级应急管理部门的业务要求执行应急任务，下级专项应急指挥部接受上级专项应急指挥部的业务指导。

再次，专项应急指挥部除执行应急任务外要兼顾常态管控，即专项应急指挥部工作可分为常态管控机构和应急处置机构，应急处置机构又可分为应急救援队伍和支持保障临时机构。各机构应根据不同的任务需求，协调政府各职能部门组建专项应急机构，共同完成事故灾难的应急救援任务。

最后，事故灾难应急不仅仅依靠政府职能部门，还要协调军队力量和非政府组织力量。在应急处置过程中，注意"军地协调"，发挥消防部队、防化部队等军队力量的重要作用。注意吸纳志愿者组织、非政府组织等社会力量广泛参与，并为社会力量开展事故灾难的应急处置提供技术指导。

（三）公共卫生应急管理组织体系

公共卫生应急管理组织体系是由应急指挥机构、日常管理机构、专家咨询委员会和应急处理专业技术机构组成的。

1）应急指挥机构

国家卫健委依照职责和预案规定，在国务院统一领导下，负责组织、协调全国突发公共卫生事件应急处理工作，并根据突发公共卫生事件应急处理工作的实际需要，提出成立全国突发公共卫生事件应急指挥部。地方各级人民政府卫健委在本级人民政府统一领导下，负责组织、协调本行政区域内突发公共卫生事件应急处理工作，并根据突发公共卫生事件应急处理工作的实际需要，向本级人民政府提出成立地方突发公共卫生事件应急指挥部的建议。

2）日常管理机构

国家卫健委设立卫生应急办公室（突发公共卫生事件应急指挥中心），负责全国突发公共卫生事件应急处理的日常管理工作。各省、自治区、直辖市人民政府卫健委及军队、武警系统要参照国家卫健委突发公共卫生事件日常管理机构的设置及职责，结合各自实际情况，指定突发公共卫生事件的日常管理机构，负责本行政区域或本系统内突发公共卫生事件应急的协调、管理工作。各市（地）级、县级卫健委要指定机构负责本行政区域内突发公共卫生事件应急的日常管理工作。

3）专家咨询委员会

专家咨询委员会由国家卫健委和省级卫健委负责组建。与此同时，市（地）级和县级卫健委可根据本行政区域内突发公共卫生事件应急工作需要，组建突发公共卫生事件应急处理专家咨询委员会。

4）应急处理专业技术机构

应急处理专业技术机构包括医疗机构、疾病预防控制机构、卫生监督机构、出入境检验检疫机构。应急处理专业技术机构要结合本单位职责开展专业技术人员处理突发公共卫生事件能力培训，提高快速应对能力和技术水平，在发生突发公共卫生事件时，要服从卫健委的统一指挥和安排，开展应急处理工作。

（四）社会安全应急管理组织体系

社会安全事件主要包括恐怖袭击事件、重大刑事案件、群体性暴力事件、政治性骚乱、金融突发事件、涉外突发事件等。社会安全事件应急管理的组织指挥体系主要包括以下内容。

在处置各类社会安全事件的过程中，各级政府是本行政区域社会安全事件应急管理工作的行政领导机构，在中央由国务院负责。对于一般性的社会安全事件，通过常规的法律、行政或经济手段即可以解除其对公共安全的危害。当较大、重大或者特别重大的社会安全事件发生后，可由事发地人民政府、地级以上市人民政府、省政府根据工作需要设立事件应急指挥部，统一组织、指挥、协调事件的应急处置工作。各级政府通常在相关职能部门设立指挥中心，作为处置社会安全事件的办事机构，以及作为联系其他职能部门的协调机构。

其中，金融突发事件的应急处置以金融行业主管（监管）部门为主，涉外突发事件由外事部门协调其他部门负责。除此以外，多数社会安全事件如群体性事件、恐怖袭击、骚乱等一般由政法委系统特别是政法委领导下的公安部门主管。根据《突发事件应对法》《中华人民共和国治安管理处罚法》《公安机关处置群体性治安事件规定》等法律法规，公安机关及其人民警察负责本行政区域的治安管理工作，保障公共安全，依法管理社会治安事务，处置群体性事件等社会安全事件。

二、非常规应急管理组织体系

非常规突发事件特指事件发生前兆不充分，并表现出事件稀有性、时间紧迫性、后果严重性等明显的复杂性特征，采用常规管理方式难以应对处置的突发事件（龚维斌，2020）。在应急响应的过程中，根据不同类型的非常规突发事件，不同层级的政府按照平战转换的原则在应急管理责任单位的基础上设立不同类型的应急指挥部及其办事机构。同时，各级政府将参与应急响应工作的本级政府应急管理责任单位的组成部门编为不同的工作组，实现本级政府应急资源的有效整合，从而适应应急响应工作的需要。此外，突发事件发生后，后方应急响应组织抽调不同层级的政府及其职能部门的人员，组成现场应急响应组织，即建立临时指挥部、临时工作组，在多个事件现场开展应急响应工作（唐攀和周坚，2013）。以下以汶川地震为例，对非常规突发事件的组织指挥过程加以简介。

2008年5月12日14时28分四川省汶川县发生8.0级大地震。地震发生后，胡锦涛同志连续主持中央政治局常委会会议和中央政治局会议，全面部署抗震救灾工作，并亲赴灾区指导抗震救灾工作。国务院成立抗震救灾总指挥部和四川前方指挥部，周密组织、科学调度，形成上下贯通、军地协调、全民动员、区域协作的工作机制。温家宝同志在地震发生后当即赶赴四川灾区一线指导抗震救灾工作。四川省委、省政府召开碰头会紧急研究部署抗震救灾工作，立即把抗震救灾确定为全省最重要最紧迫的任务，省政府迅速启动应急Ⅰ级响应，及时召开新闻发布会向社会通报震情灾情，省领导随即分别带队赶赴一线组织指挥。省委、省政府立即成立四川省"5·12"抗震救灾指挥部，统一领导、统一指挥。震后不到3小时，四川全省的省、市、县、乡抗震救灾组织指挥体系基本形成。四川省指挥部迅速组织协调各方救援力量赶赴灾区，紧急组织地方部队、公安民警、公安消防近 4 万人就地就近投入救灾；迅速组织四川全省多支地震救援队、矿山救援队、医疗救援队急驰灾区。四川省委、省人大、省政府、省政协班子的领导全部参加指挥部相关工作，四川省指挥部建立每天两次的会商制度，组织协调和安排部署各项具体工作；四川省指挥部实行应急体制下的厅局工作机制，授权指挥部领导按照分工直接发布指令、调度职能部门；四川省指挥部与市（州）指挥部建立点对点快速处置机制，直接协调解决紧急救援事项和特殊困难，确保指挥体系高效运转。四川省指挥部先后邀请了上百位在川各方专家召开各方面的救灾分析会、咨询会，咨询研讨抢险救灾良策；支持人大代表和政协委员履职尽责，积极为抗震救灾献计献策；紧急组织开展涉灾法律问题调研，开展应急地方立法，出台有关政策文件。随着各方救援力量和资源进入四川，统筹整合各方力量、高效利用救灾资源极为重要，四川省指挥部积极协助国务院抗震救灾总指挥部和四川前方指挥部，合理部署救援部队和专业力量，接应国外和港澳台地区的救援队参与抢险救人。采取军地协调、以地方为主，军种协调、以驻军为主的办法，形成军地协同救灾合力，最大限度地发挥各方救援力量作用。积极协调四川省内省外、前方后方物资支援，做好物资筹集、管理和调拨，保障应急通信联络，筹措安排救灾运力，为各方救援队伍提供有力后勤保障。灾区各市（州）、县（市、区）、乡（镇）党委政府也依法全面履行属地应急责任，依托内外救援力量和资源，实施各项决策，开展工作，确保抢险救灾工作最短时间达到有序状态。

第四节 应急响应的社会参与

应急响应的社会参与，是指社会公众全过程参与减灾救灾治理的总称。具体地讲，就是除政府力量之外的包括广大企业、非政府组织、社会团体及个人在内的所有社会群体力量，在政府的指导下，以合法有效的形式，通过制度化、组织化和规范化的途径自觉、有序地参与减灾救灾的过程（刘雨辰和武红霞，2011）。本节介绍社会捐助和应急志愿者的概念与特点，并指出其管理注意事项。

一、社会捐助管理

（一）社会捐助的概念和特点

社会捐助是指为了有效地应对灾害或促进灾后恢复重建而志愿、无偿地贡献款物、服务的行为。社会捐助可分为三种形式：捐款、捐物和捐赠服务。社会捐助属于社会公益事业的范畴，具有慈善性、社会公益性和人道主义的性质（王宏伟，2016）。

成功的社会捐助要实现两个目标：效率和公平。高效率要求社会捐助管理规范、有序；公平性追求的是受灾公众收益的均衡性、平等性，其保障的是社会捐助工作的公开、透明。这决定了社会捐助管理不同于一般的慈善、公益捐助管理，对捐助管理者要求更高。其特点表现在以下几个方面（王宏伟，2016）。

第一，及时性。在重大灾害发生后，公民角色会出现急剧扩张的现象。人们表现出非常明显的合作性及参与灾害救援的意愿，主动开展各种救援行动，如搜救被困邻居、转运伤员、捐款捐物等。这时，自发型志愿者大量涌现，并且不受性别、民族、收入等社会身份组成要素的影响；社会捐赠物资短时间内迅速增加，急需拨付、转送至灾民手中。因此，社会捐助管理面临巨大的时间和心理压力。

第二，公平与公正性。在组织、调配和分发社会捐助资源时，需要针对不同的灾情，有区别地对待遭受不同损失的公众，以体现公平、公正的原则。由于重大灾害往往导致通信、道路等基础设施损毁，灾情的精确统计在短时间内往往难以做到。加之媒体有可能进行片面的报道，可能会导致某些定向捐助过分集中于某一地区的某一项目。在紧急情况下，社会捐助管理人员不得不花费宝贵的时间，与捐赠人进行协调。

第三，科学与有序性。在短时间内，接受政府动员的企业及社会力量可能会向指定机构捐赠大量的资金和物资，也可能自发地赶往灾区捐赠，这会导致道路拥堵，造成现场混乱，甚至干扰正常救灾活动。如何在紧急情况下进行科学调度，保证捐赠活动的有条不紊，这是社会捐助管理者必须面对的一个严峻挑战。

第四，有效性。在社会捐助管理中，相关人员经常会面对诈捐或虚捐行为，捐助物资良莠不齐。例如，有的捐赠物资即将或已经过期，这令捐助管理人员处置起来十分棘手。不仅如此，如何将适当的物资分发到适当的人群手中，需要将灾区的人口构成、历史、风俗、习惯等因素综合起来进行考量，从而满足多种个性化需求。

第五，协调性。社会捐助管理涉及党委、政府多个部门，要调动企业、社会组织、公民个人多种力量，要综合考虑、平衡方方面面的利益、要求，错综复杂，难度极高。

第六，政治性与责任性。应对灾害是一项有着深刻政治内涵的管理活动。能否有效地进行捐助管理，关系着社会公众的冷暖安危，也关系着党和政府的形象。如果捐助管理工作出现严重失误，社会公众就可能对政府失去信任，进而影响政权的稳定。所以，捐助管理者的政治责任重大，必须具备较高的政治素养和责任心。

（二）社会捐助管理的注意事项

社会捐助的管理需注意以下事项（王宏伟，2016）。

1. 救灾的速度要求与公众的公平要求

在重大灾害发生后，争分夺秒地分发捐助资金和物资，快速救治伤员、转运遇险群众、满足灾民基本生活需求成为第一要务。但是，如果捐助管理者不能全盘考虑、妥善处理公平公正问题，社会公众有可能滋生不满情绪，出现过激举动，甚至引发群体性事件。

2. 公民角色扩张与紧张一致性消失

当重大灾害发生后，公民角色扩张，社会表现出较为明显的紧急一致性。灾区内外的公众慷慨激昂，表现出不计个人利益得失、只求快速救援的高尚觉悟。但是随着灾区情况的日趋稳定，公民角色会出现回落，社会紧急一致性也会消退，有些公众会对捐助物资的去向等问题表示关注。捐助管理者必须掌握这个规律，一方面，在灾后推动救灾资金和物资的快速发放，以提高救灾效率；另一方面，在有限的时间内，尽可能详细地记录捐助的来龙去脉，争取给公众交一笔明白账。

3. 社会捐助管理的效率性与安全性

为了保障救灾捐助问题上的规范，纪检、监察、审计等部门会及时介入，开展相关工作。但是，捐助管理必须崇尚效率原则。这也就使得捐助的效率性与安全性之间存在着严重的冲突，有的部门和地方为了确保安全性，而牺牲效率，出现大批捐助资金和物资结存现象。

4. 对捐赠人意愿的尊重与对多样性需求的满足

对于定向社会捐助，管理者必须尊重捐赠人的意愿，不能随意处置。但是，灾区社会公众的需求是多样化的，捐赠者的意向可能不能与灾区的公众需求有效契合。不仅如此，捐赠人在选择救助对象时，通常有着特殊的偏好，可能会与救灾捐助工作的公平、公正相悖。在这种情况下，社会捐助管理者不得不花费宝贵的时间，与捐赠者进行耐心的协商。政府既要统筹安排，还要尊重捐赠者个人意愿，难度极高。

5. 政府监管的严格性与社会组织的灵活性

如前所述，捐助管理具有严肃的政治内涵，关系着公众的福祉和政府的形象。因而，政府必须对捐助管理者进行严格的监管，而不能放任自流。政府的捐助管理可以吸纳社会组织的参与。但是，社会组织在统筹安排、总揽全局方面存在短板。例如，每个社会组织都有自己的社会关系网络，它们在发放非定向捐赠的过程中，难免受日常业务的影响。所以，政府的监督、指导是不可或缺的。在此情形下，如何维系社会组织的灵活性，使其能够在救灾捐助中发挥重要作用，避免"一管就死，一放就乱"的怪象，这是捐助管理者必须认真思考的一个难题。

二、应急志愿者管理

（一）应急志愿者的概念和特点

应急志愿者是指出于奉献、友爱、互助、进步的志愿服务精神，不以物质报酬为目的，在志愿者联合会授权的应急志愿者组织登记备案，自愿参与应急志愿服务的人员。

应急志愿者为应急管理工作提供了宝贵的人力资源，与应急管理中的其他参与主体相比，应急志愿者及其志愿服务具有以下特点。

第一，应急志愿者的自主性和自发性。应急志愿者不是机构的正式职工，他们有很高的自主性和自发性。应急志愿者在奉献时间、知识和技能时，更重视自我的收获。也正因如此，应急志愿者管理工作必须考虑到志愿者内心的感受，使其更愿意投入。

第二，应急志愿者希望受到尊重、支持和肯定。应急志愿者应被看成最有价值的工作人员和伙伴，应给予适当的工作，让其了解机构和接受训练，要给予足够的督导，要有适当的场所工作，并逐渐适当加重其责任，使之成为工作团队的一员，他们的努力也应得到充分的肯定。与此同时，突发事件志愿服务机构也必须了解应急志愿者对人力资源管理策略的感受，以及这种感受和他的工作表现的关系。

第三，应急志愿者需要管理。突发事件志愿服务机构的应急志愿者越来越多，应急志愿工作越来越繁重，加上政府或社会赞助者对其产生的期待压力，使得机构对应急志愿者的管理趋于严格，以确保他们不会忽视与机构签订的合约，并期望不断提升机构的效率和效益，因而需要运用管理的知识和技巧加以经营。

（二）应急志愿者管理的注意事项

对应急志愿者的管理需注意以下要点（毛立红，2020）。

1. 准确划分应急志愿者的范围

在突发事件应急救援中，由于种种因素，不少志愿服务参与者虽自愿无偿提供服务，但并没有注册登记，未被纳入志愿者信息管理系统。例如，一线的医护人员被归为应急志愿者，但是一些地方志愿服务协调机构并没有将他们注册为应急志愿者来管理。此外，因社区和乡村干部缺乏志愿管理经验，广大农村地区和一些城市社区自主招募人员无偿参与救援工作，也未被列入应急志愿者来管理。由于没有按注册志愿者来招募和管理，虽从事志愿服务，但这些志愿者本身缺乏应急志愿者身份认同，更谈不上志愿者权益维护问题，也不利于志愿服务理念的传播。

因此，为了强化应急志愿者的身份认同和荣誉感，保障应急志愿者合法权益，弘扬志愿服务精神，健全公共卫生应急志愿服务体系，各级志愿服务协调机构应明确应急志愿者的范围，引导他们自行在志愿服务信息系统注册，或通过志愿服务组织进行注册。

2. 规范应急志愿者管理

由于缺乏应急志愿服务相关预案，一些地方在突发事件应急救援中对志愿者管理缺乏有效的统筹协调，救援志愿者，尤其是大量未注册的社区救援志愿者管理的规范性不强，为志愿者权益保障留下了巨大隐患。具体的表现有：①在事态紧急的情况下，基层社区应急志愿者普遍缺乏充分有效的岗前培训，致使部分志愿者在工作中角色定位不清，甚至有悖志愿者伦理的情形发生。②不少地方志愿服务条例规定应急志愿服务或高风险志愿服务项目在招募志愿者时，志愿服务组织应当与志愿者签订志愿服务协议。③网络调查发现不少救援志愿者属社区自主招募，居委会和村委会往往忽视志愿者的考勤管理，更谈不上志愿服务活动的记录，这就意味着志愿者以后无法享有开具相关志愿服务证明及参与表彰奖励等法定权利。

针对上述志愿者管理不规范问题，在以后的应急志愿者管理工作中，志愿服务协调机构应当在志愿者的招募与注册、岗前培训、签订志愿服务协议及服务记录等志愿者管理环节发挥统筹规划作用，督导志愿服务组织落实好志愿者管理工作。

3. 强化应急志愿者权益保障

通过网络调查和志愿者访谈了解到，不少地方志愿服务协调机构对应急志愿者权益保障没有明确要求，社区在招募应急志愿者时没有购买人身伤害意外保险。有鉴于此，首先，志愿服务组织应为志愿者购买足额意外伤害保险。其次，在安全防护方面，志愿服务运用单位应为志愿者提供安全防护措施。最后，视工作需要，志愿服务组织也可以给予志愿者适当的补贴。

在发展应急志愿服务体系的过程中，唯有充分保障应急志愿者的合法权益，解决其后顾之忧，才能避免志愿者流汗流血又流泪的现象发生，才能激发社会大众投身志愿服务的热情，这也是促进应急志愿服务体系发展的长远之策。

4. 完善应急志愿者服务措施

与普通志愿服务项目不同，应急志愿服务往往需要的志愿者数量多，且提供的岗位风险性高。为了激励社会大众参与应急志愿服务，各级各地志愿服务协调机构除积极督导落实国务院及各省区市《志愿服务条例》规定的志愿服务措施外，还可以根据实际情况考虑推出其他促进措施。

就新冠疫情防控志愿服务而言，首先，疫情过后各省区市应隆重表彰疫情防控中涌现的优秀志愿者，为一线医护人员等优秀应急志愿者颁发特殊纪念奖章和荣誉卡。同时，以此为契机，通过建设志愿者广场或公共雕塑等形式，纪念那些舍生忘死的志愿者英模，讲好优秀志愿者故事，弘扬志愿服务精神。

5. 健全应急志愿服务预案

《志愿服务条例》为完善志愿服务协调体制和组织机制提供了有力的法制保障。各地志愿服务协调机构可依据《志愿服务条例》及国家和地方各级突发事件应急预案，编制应急志愿服务专项预案，具体内容应包括：①强调志愿服务协调机构在应急志愿者招募、培训、督导、权益保障等方面的作用，实现应急志愿者管理有章可循，有序推进应急志愿服务工作；②强化应急志愿者的日常培训与演练，预案应设置标准化的应急知识培训内容和演练方案，并将传染病防控等应急基础知识纳入志愿者培训内容。

▷思考与练习

1. 突发事件应急响应的含义是什么？其主要任务包括哪些？

2. 突发事件应急响应的基本原则是什么？
3. 非常规应急管理组织体系有什么样的特点？
4. 突发事件应急处置的基本程序有哪些？
5. 突发事件的特殊处置措施包括哪几种？这些措施各自有什么特点？
6. 简要说明应急志愿者的概念和特点。
7. 应急志愿者管理的注意事项是什么？

第八章

突发事件善后与恢复重建

导言

通过本章的学习,你将理解突发事件善后和恢复重建的相关概念;了解突发事件善后处理的原则和程序;掌握恢复重建的维度分类,并对恢复重建的过程和主要措施产生基本的认知。

本章分为两节,第一节介绍突发事件善后处理的相关内容,包括善后处理应该遵循的原则,以及善后处理的主要任务和步骤。本章第二节系统地介绍恢复重建的相关内容,首先阐述恢复重建的内涵,其次从时间和内容维度叙述恢复重建的主要工作,最后从一般性流程出发给出了恢复重建的五个步骤。

第一节 突发事件善后处理

一、善后处理的基本原则

突发事件善后处理的目标是恢复人民正常的生产生活,降低突发事件造成的损失。总的来说,突发事件善后处理的原则包含以下几点(曾音支,2013)。

第一,坚持政府主导、协调统一的原则。在善后处理阶段,政府要发挥主导作用,反应灵敏,组织各部门调动各种资源对灾区进行救助;要打破条块分割现象,使各部门实现协调联动,保证应急管理的功能齐全和高效运作。在实践中,应注重统一领导、实行行政领导责任制,采取属地为主的原则,进行分类管理、分级负责,充分发挥应急指挥机构的作用,落实分级分量的工作,提高应急工作效率。

第二,坚持以人为本、减轻危害的原则。在救援工作开展时,政府应坚持以人为本的原则,体现人文关怀,重视人民的生命安全,最大限度地减少灾害造成的人员伤亡。

医疗人员和紧急救援人员要把保障公众的生命健康作为首要的工作任务，同时也应加强对应急救援人员的安全保护。另外，在灾后灾民安置和资金救助等环节，相关部门既要秉持公正公开的态度，合理分配应急物资；也要关注弱势群体，给予他们更多的物资救助和精神安慰。

第三，坚持多样补偿、公众参与的原则。补偿灾民损失，消除突发事件带来的重大经济影响是善后处理工作的重点。灾后经济补偿能够保障灾民的基本生活秩序，能够增强灾区的稳定性。其中，补偿不仅包括政府补偿，也包括诸如捐助等社会化的补偿形式，这有助于恢复灾区环境，促进灾区的长期恢复发展。同时，政府应致力于推动社会参与机制的建设，提高公众的参与度和决策度，积极开展社会动员，鼓励群众进行募捐，塑造公民精神，召集更多的志愿者依靠公众的力量进行灾后救助。

第四，坚持依法规范、监督管理的原则。突发事件善后处理的相关工作要严格按照法律规定的权限和正常程序进行，以往突发事件的经验总结和实际工作中暴露的问题有助于促进法律条例的制订和细化。工作人员要把握好职权的运用范围和力度，以保障灾民安全生活的权益。同时，强调善后处理的监督管理和责任追究也有效地保障了善后处理工作的规范化和法治化。

二、善后处理的主要任务及步骤

突发事件的主要威胁和危害得到控制或者消除后，政府应尽快帮助灾区恢复正常秩序，在突发事件处理方案和对策的指导下，及时有力、有序、有效地做好善后处理工作。

突发事件善后处理的任务众多，主要包括以下六点（王宝明等，2013）。

第一，妥善安置灾民，圆满处理救助物资供给等后续问题。突发事件发生后，灾区人民流离失所，生活无法得到保障，政府需要采取必要措施，防止发生次生、衍生灾害或者引发社会安全事件，并安置好灾民，根据实际情况为灾民提供合适的住所，并做好疾病防治和环境消杀工作。同时，政府要组织灾民开展自产自救，鼓励合作互救，给予灾民必要的生活补助，并向地方企事业单位等寻求帮助，努力做好物资调配和基础建设工作。

第二，进行应急调查评估。突发事件应急处置工作结束后，履行统一领导职责的人民政府应当立即组织对突发事件的应急抢救过程及灾害造成的损失的评估。为此，需要对灾区的人员伤亡、经济损失及事故责任主体等进行实地调查，取得真实可靠的数据资料，作为之后应对自然灾害的科学依据。与此同时，还要尽可能保证受影响地区生产、生活、工作和社会秩序的恢复，制订恢复重建计划，并向上一级人民政府报告。

第三，恢复社会秩序。政府应当根据调查评估所得到的数据资料对灾区进行有组织、有纪律的恢复工作，包括对居民生活和社会治安秩序的恢复。例如，尽快恢复通信、供水、排水、供电、供气、供热等公共设施的功能，组织和协调相关部门恢复公安、交通、铁路、民航、邮电、设施建设等。

第四，做好安抚工作。突发事件发生后，政府应当对受突发事件影响的灾民进行救助、补偿、抚慰、抚恤和安置。除了物资援助及资金补贴之外,还要安排专业人员对灾民出现的心理创伤进行排解和舒缓。

第五,积极争取支持。受突发事件影响地区的人民政府开展恢复重建工作需要上一级人民政府支持的,可以向上一级人民政府提出请求。上一级人民政府应当根据受影响地区遭受的损失和实际情况,提供资金、物资支持和技术指导,并酌情从其他地区调拨资金、物资和人力支援。

第六,总结经验教训。危机处理从来都是机遇与挑战并存,善后处理的最后环节就是要对灾后响应经验进行总结,吸取教训。应急处置工作结束后,履行统一领导职责的人民政府,应深刻总结经验教训,并提出在技术、管理、组织机构和运作程序上的改进意见,完善"一案三制"建设,并向人民群众普及公共安全意识,这既能为应对类似危机事件奠定基础,也有助于促进制度和管理革新,化危机为转机。

第二节 灾后恢复与重建

一、恢复重建的内涵与原则

(一)恢复重建的内涵

突发事件干扰了正常的社会生产生活秩序,严重损害了社会公众的健康、财产乃至生命安全。一般而言,在突发事件得到及时有效管控后,公共危机管理即从响应阶段向恢复重建阶段过渡。美国联邦反应计划(Federal Response Plan)认为:"'恢复行动'是指灾民所从事的一些活动,这些活动使他们得以开始重建家园、重置财产、恢复就业、恢复营业、永久性地修复、原地或异地重建公共基础设施,减轻未来灾害损失的过程。它也指联邦政府为帮助灾民的恢复行动而实施的援助、支持、技术服务计划,如提供修复或重建房屋、企业、财产、基础设施的救济金或低息贷款,提供技术援助,提供教育和信息,等等。"(中国地震局监测预报司,2003)。NIMS把"恢复"定义为:"制定、协调和实施服务与现场复原预案,重建政府运转和服务功能,实施对个人、私人部门、非政府和公共的援助项目以提供住房和促进复原,对受影响的人们提供长期的关爱和治疗,以及实施社会、政治、环境和经济恢复的其他措施,评估突发事件以吸取教训,完成事件报告,主动采取措施减轻未来突发事件的后果。"(张小明,2013)

由此可见,恢复重建是指在突发事件发生后,为保障正常的社会和经济活动,对各类受损的公共基础设施和生命线工程进行修复,恢复人民群众正常生活和生产秩序而采取的相关措施;以及当突发事件应急处置工作基本结束后,促进受影响区域经济社会可持续发展所做的规划工作。恢复重建主要包括两类活动:一是恢复,即使社会生产活动恢复正常状态,它包括人员管理及物和系统的恢复两方面;二是重建,即对受突发事件影响而不能恢复的设施等进行重新建设,使之达到或超过突发事件发生之前的标准。

恢复重建是一项十分艰巨的工作。面对自然条件复杂、基础设施损毁严重的困难局面，灾后恢复重建任务往往十分繁重且充满挑战。通常，恢复重建工作主要包括：损毁公共设施（道路、桥梁、城市建筑、学校、医院等）的维修与重建，废墟的清理与运输，受灾群众临时住房及其他生活保障和公共服务（电力、供水、饮食、通信等）的提供，个人和企业的金融支持政策的制定，危机心理咨询和精神健康咨询，失业和再就业问题的妥善解决，长期的经济稳定、社会恢复与风险缓解的规划工作。恢复重建的意义和目标在于：第一，最大限度地限制灾害结果的升级；第二，弥合或弥补社会、情感、经济和身体上的创伤与损失；第三，抓住机会，进行调整，满足人们对社会、经济、自然和环境的需要；第四，减少社会面临的风险。综上所述，恢复重建旨在尽量降低突发事件带来的影响，使社会、生产、生活系统复原，推动社会进一步发展。

（二）恢复重建的原则

国外学者对世界各地地震灾后恢复重建进行了研究，总结出以下八条经验（王宏伟，2019b）：①要特别关注社会、经济和健康问题，相关部门要开展社会调查，找出利益相关者和潜在损失；②让利益相关者参与共同决策过程，公开所有灾害信息；③实施基于市场经济的适当补偿政策；④补偿政策应明确所有损失，包括土地、住房、商业、收入来源、迁居费用等；⑤补偿应提供多种选择，如现金补偿、土地安置、小企业补助金、临时或永久的项目就业；⑥特别注意社会上的弱势群体，如单亲家庭、残疾人和少数民族；⑦建立一个强大的组织，争取社区团体和社会组织的援助；⑧建立有效的补偿安置监测评估制度。结合中国国情，可以总结恢复重建的原则如下。

第一，要做好灾民安置工作。对于原居住地区受灾后存在较大风险或已不再适宜居住的情况，政府必须耐心地向公众做思想工作，进行搬迁。同时，我们必须对可能引起的群体认同性冲突给予高度重视，做好协调工作，预防受灾居民与迁入地当地居民之间的矛盾和冲突。此外，在灾民安置问题方面，政府应听取社会公众的意见，动员社会公众积极参与，做到群智、群策、群力，不应只考虑未来实际生活中的风险因素，也要照顾公众对生活环境的归属感，做到既合情又合理。其中，恢复重建工作需要特别考虑少数民族的历史、风俗、文化、宗教，避免民族矛盾和民族冲突，保护历史文化遗产。灾区政府也应鼓励社会公众积极开展自救，合作互助，自力更生。同时，启动和完善社会化补偿机制，通过商业保险、社会保险等多种形式的补偿，使灾区尽快恢复生产、生活秩序，并分散和转移未来可能发生巨灾的风险。最后，在灾区恢复重建的过程中，还要实现补偿和安置的公开透明。对于政府划拨的资金、物资和社会各界的捐赠，要加强政府的内部监督和外部公众监督，并对资金、物资的使用情况进行绩效考核，做到账目清、情况明，有据可查，有条有理。

第二，实现心理干预的长效化。灾后心理干预是一项长期而细致的工作，不可能一蹴而就。许多灾后心理障碍患者有较长的间歇期，需要长期观察和关注。汶川地震、雅安芦山地震等重大危机造成社会公众伤亡，许多老人、孤儿、残疾人等弱势群体可能因易地搬迁而出现心理问题。因此，公共危机管理部门不仅要防止社会公众因灾致病、因灾致贫，还要防范心理问题带来的公众生活质量下降，甚至是因此而引发的反社会行为。灾区政府可通过共青团中央、中国红十字会等部门，与心理救助志愿者建立长期的联系，有计划、有组织地接纳心理救助志愿者，建立心理干预的定向帮扶制度。

第三，加强未来的风险防范。在恢复重建的过程中，灾区在城市基础设施建设方面要统筹规划、合理安排，提高基础设施的建筑质量和抗风险能力，实现以公共安全为核心，即不符合公共安全标准的规划，不能实施建设，返回重新规划；不符合公共安全标准的建筑设施，不投入运行，返回重建。由于城市关键性基础设施相互依赖性强，在重新规划和建设过程中要体现"依靠高技术，又不依赖高技术"的思想，增强其间的可解列性，避免灾时一损俱损。在农村，灾区可结合社会主义新农村建设，增强农居的抗震性、抗毁性与实用性，避免"形象工程""面子工程"。同时，我们要构建农村公共危机管理体系，注重应急避难场所的建设，彻底改变农村"基本不设防"的局面，提高农村的防灾减灾能力。例如，汶川地震灾区在恢复重建的阶段要认真查找校舍倒塌的原因，吸取教训，在新建校舍中严格推行安全标准，从源头上消除隐患，提高学校建筑抵御各种风险的能力。

第四，恢复重建促进区域的发展。在恢复重建工作中，政府要因势利导，不仅要努力消除灾害的负面影响，更要除旧布新，吐故纳新，促进灾区社会经济发展。例如，在汶川地震后，灾区得到了国内外大量的技术支持和经济支持，可以此为契机，实现产业发展的转型、升级、换代，进而推动经济进步，实现"发展导向型的恢复重建"。

第五，加强公共危机管理建设。由于公共危机的发生具有常态化趋势，灾区应进一步加强公共危机管理，避免各类突发事件干扰恢复重建进程。例如，雅安芦山地震后灾区应防范暴雨、滑坡、泥石流等次生灾害的发生。在恢复重建中，灾区应及时、深刻、全面地总结经验和教训，完善公共危机管理体系建设，如结合当地情况，开展《突发事件应对法》的地方配套法规建设。特别是，灾区要加强基层社会单元的应急能力建设，为基层救援力量配置一定的应急装备和物资，提升社会公众自救、互救的能力。此外，应适当保留地震遗址、遗物和照片资料，建设若干个公共安全教育基地，以警示后人并普及公共安全知识。

阅读材料8-1：日本阪神大地震灾后重建案例

阪神大地震，又称神户大地震、阪神·淡路地震，是指1995年1月17日发生在日本关西地方的一场规模为里氏7.3级的上下震动型地震，因受灾范围以兵库县的神户市、淡路岛，以及神户至大阪间的都市为主而得名。此次地震对神户及周边地区造成了严重伤害，超过6500人丧生，近4.4万人受伤，约65万座建筑物受损，逾30万人无家可归。

阪神大地震发生大约一个月之后，日本中央和地方政府正式开启了灾后恢复重建的规划工作。1995年2月15日，日本成立了"阪神·淡路复兴委员会"，该委员会致力于为灾后重建工作提出方针和思路，是灾后重建工作的最高决策咨询机构。1995年5月，日本成立了由各界专家学者组成的"阪神·淡路震灾复兴规划制定调查委员会"，并在兵库县政府的主导下,开始负责制定震灾复兴规划,并于同年7月正式完成并公布了阪神·淡路震灾复兴十年规划。这一规划以"构建人与自然、人与人、人与社会和谐的'共生社会'"为基本理念,涵盖了城市建设、环境创造、社会共建、国内外支援、行政与财政改革、央地支援等主要课题。其中,前面五年规划中所涉及的特别紧急与必需事项被视作"复兴特别事业",由中央政府给予特殊政策支持。除此以外,兵库县政府还针对在短期内亟须恢复重建的住宅、产业和基础设施三个领域分别制定了"紧急复兴3年规划"。在十年规划的后续推进过程中,兵库县先后制定了"推进方略"等阶段性规划,作为复兴规划的补充和细化。

从结果来看,这一跨度长达十年之久的灾后恢复重建规划可以分为四个阶段:①灾害救援和灾后重建准备阶段,时间从地震发生后至震后一年左右;②全面灾后重建和援助时期,时间跨度从1996年至1998年初;③自立支援时期,时间跨度自1998年至2000年;④全面复兴期,时间跨度从2001年至2005年。日本政府在这十年灾后恢复重建中的重点工作举措可主要概括总结为以下几个方面。

一是设立了国家和地方两级灾后复兴领导机构,为灾后恢复重建提供了有力的行政支持。地震发生一个月后,日本中央政府设立了"阪神·淡路复兴对策总部"和"阪神·淡路复兴委员会"。前者由日本内阁总理大臣、内阁官房长官、国土厅长官以及日本内阁各省厅大臣组成,旨在实行综合行政对策。后者主要由专家学者和地方政府官员组成,职责是为总理大臣提供咨询,承担恢复重建相关政策的审议。县级政府方面,兵库县在1995年3月设立了"阪神·淡路大震灾复兴本部",直至10年后废止,并于2005年4月设立"阪神·淡路大震灾复兴推进会议"。

二是在原有框架基础上对新制度机制进行探索和创新。在《灾害救助法》《灾害对策基本法》《大规模地震对策特别措置法》等既有相关法律的基础上,日本政府针对阪神大地震的灾后重建问题进行了16项特别立法,涉及财政援助、税制特别措施、地方财政债券发行、建筑规定、就业政策等内容。

三是财政、金融、税收等多举措并行,为灾后重建和复兴提供多元资金支持。在中央层面,日本政府通过财政援助与提高地方转移支付等措施加大对灾区的支援。自1995年至1999年,日本中央政府总共向灾区投入了5.02亿元预算支出,约占地震损失的50%。1995年,日本中央财政向兵库县的转移支付高于灾前常年水平的6倍,随后逐年减少,截至2002年仍为灾前的2.4倍。作为各种行政政策的补充,日本还设立了大震灾复兴基金,支援灾民开展住宅重建等生活复兴工作。同时,各类相关金融机构也积极为灾区提供了面向国民生活、农业复兴、企业融资等方面的贷款支援。

四是提供多方位的公共事业项目支持。在灾后重建过程中,日本政府设立了"阪神·淡路震灾复兴基金",用于基础设施和公共设施建设、商业项目复兴、住宅项目修缮等公共事业项目。在日常生活援助方面,政府创立了生活再建支援金制度,为低收入者、生活困难家庭提供现金补贴。同时,政府还推出了公共就业职业培训、心理治疗等生活援助措施,为低收入、生活困难家庭提供现金补贴,为灾民生活、就业提供广泛的支持。

资料来源：
1. 国家发展改革委外事司. 2008. 日本阪神地震灾后重建的启示与借鉴[J]. 中国经贸导刊，（16）：19, 25
2. 林家彬. 2008. 阪神大地震的灾后重建工作及其启示[J]. 城市发展研究，（4）：14-17, 29
3. 张松. 2008. 日本阪神·淡路震灾复兴规划的特征及启示[J]. 城市规划学刊，（4）：34-39

二、恢复重建的内容

恢复重建的主要目的是消除突发事件所造成的影响。其中，突发事件的影响可以分为社会、环境、经济、心理等不同维度。消除不同的影响需要不同的时间，基于此可以分为短期恢复与长期恢复两类。相对而言，环境、心理恢复是长期的任务。

（一）长期恢复与短期恢复

一般来说，短期恢复重建可以在突发事件处置活动结束后立刻实施，并且可以获得立竿见影的效果。例如，开展搜救，进行损失评估，为灾民提供临时住房、清理废墟等。长期恢复重建活动一般着眼于长远，需要较长时间的努力，如改善交通设施、改变土地用途、提高建筑标准等。

长期恢复重建活动往往需要人们从经济社会整体发展的角度，进行全面的规划，以促进灾区经济发展，增强防灾、减灾能力。从这个角度讲，需要辩证地看待突发事件的影响。要积极预防、处置突发事件，尽量减轻突发事件的影响，一旦突发事件发生并造成严重后果，在长期恢复重建活动中要因势利导，努力消除负面影响，同时放眼未来，促进灾区经济建设发展。这是完全有可能的，其原因如下。

第一，政府决策者及社会公众通过突发事件的教训对防灾、减灾问题更加重视。由于突发事件具有偶发性，社会公众容易忽视公共安全问题，政府决策者也没有将防灾、减灾问题置于各项议程的首要位置。因此，突发事件具有一定的警示作用。例如，美国在"9·11"事件发生后专门成立了国土安全部；我国在2003年非典后也加强了应急机构建设和队伍建设。

第二，突发事件摧毁了不安全的建筑和设施。通常，人们发现一些建筑和设施存在安全隐患，但是由于拆除它们会损失部分价值及产生一定的成本，在麻痹思想和侥幸心理的作用下，人们往往犹豫不决。突发事件以极端的形式摧毁了这些不安全的建筑和设施，为未来实施统一的安全建筑标准提供了"一张白纸"。

第三，如果突发事件造成了巨大的财产损失，导致工农业生产停顿，政府将会对灾区提供技术支持、资金支持，或者财政税收等政策方面的支持，并且鼓励灾区发展新项目。灾区借此机会，实现产业发展的转型升级，推动地方经济的进步。

第四，突发事件发生后，政府及社会公众将对灾害的起因、预防和处置进行深刻的反思，并且制订更加详细的防灾、减灾计划，增强经济社会发展的可持续性，提升社会、经济及环境对于各种风险的恢复力。

（二）恢复的维度

从总体上来看，突发事件的影响主要可分为社会影响、经济影响、环境影响和心理影响四类。由于恢复重建的目的主要在于消除突发事件的负面影响，因此也可以从这四个维度进行讨论分析。

1. 社会影响与恢复

突发事件的发生可能会导致严重的生命损失和巨大的社会财富损失。因此，恢复重建工作必须消除突发事件所造成的这些社会影响，恢复社会生活秩序，为公众提供基本安全保障，使整个社会恢复正常运行状态，可采取的措施如修复卫生设施、为受害者提供临时住房和必要的生活必需品等。在这一过程中，恢复重建需要注意三个方面的问题：一是严格防止次生灾害、衍生灾害的发生，避免灾区公众受到二次伤害；二是确保灾后重要物资的供应；三是特别关注老年人、儿童、残疾人等特殊群体，满足他们的特殊需求。

2. 经济影响与恢复

突发事件会对经济造成巨大的直接影响，其间接影响甚至难以估量。例如，新冠疫情暴发在短期内对中国经济造成了十分严重的影响，而中国作为全球生产体系中的主要生产基地之一，其产能损失也通过全球生产网络对上下游经济体造成了严重冲击。测算结果显示：截至2020年3月10日，由于新冠疫情产生的中国产能损失，世界经济因此损失了4036亿美元，其中32%为中国以外经济体所承担的损失。此外，疫情的暴发严重影响了企业的投资信心和生产能力。

突发事件的经济影响可以从个人、企业、政府三个层面加以审视。

从个人层面看，一方面，灾民需要在恢复重建中得到支持和帮助以维持生计，如保障就业等；另一方面，他们也可以通过购买行为，拉动地区消费，为灾区地方经济的增长做出贡献。

从企业层面看，在恢复重建中，有关部门要帮助企业尽快恢复或重建生产设施，最大限度地保护企业的财产安全，也要为企业提供有关决策与规划的信息，还可以通过刺激消费者信心增长的方式帮扶企业，达到灾区经济的快速恢复和增长。

从政府层面看，政府在恢复重建过程中要发挥对宏观经济的调控作用，对灾区企业实施税收减免政策，为个体经营者提供小额贷款。同时，中央政府还可以为灾区企业积极拓展海外市场创造条件。

3. 环境影响与恢复

突发事件的环境影响可以分为两类：人工环境影响和自然环境影响。其中，对人工环境的影响主要包括：城乡居民住房损毁，部分地区甚至会被夷为平地；基础设施损毁，交通、电力、通信、供水、供气等系统可能出现瘫痪；学校、医院等公共服务设施损毁；产业发展受到影响，耕地损毁，主要产业、众多企业遭受打击。要做的恢复任务即修复或重建居民住房；修复或重建商业设施或工业生产设施；恢复和重建农村基础设施及一些关键性的公共设施；恢复或重建"生命线"设施，使水、电、气、热、通信和交通等基础设施及服务支撑系统的问题得以优先解决。

从自然环境的角度来看，突发事件的影响主要体现为以下方面。一是生物多样性和自然系统可能受到影响。旱涝灾害、森林火灾等自然灾害直接对野生动物的正常生息繁衍造成了严重威胁，因突发事件冲击而被释放出来的有害物质更会使环境遭受严重污染，导致生态系统功能遭到破坏。此时除了依靠大自然自身的修复功能进行防御和恢复以外，还必须同时采取相应的人为拯救措施，以防止生物多样性和生态系统遭受严重破坏。二是突发事件爆发过程中以及事后应对过程中可能出现的污染事故。例如，在地震等自然灾害中，巨大的能量冲击往往导致地层和建筑物会被严重破坏，在短期内导致数量巨大的废墟及废物产生，对环境、生态和人体健康造成严重威胁。此时需要设置垃圾（临时）消纳场所或处置点，以满足灾后废墟清理和生活废物处理需要。这一工作需要加强过程监督，对不同废弃物的处置场地、流程和措施开展科学评估与规划，以免对环境和人体健康造成威胁，更要提防给未来留下新的隐患。

4. 心理影响与恢复

突发事件往往会给社会公众造成负面的心理影响，甚至造成严重的心理创伤。此时，如果缺少必要的心理干预，一些受危机影响的公众可能患上"后危机综合征"，在生理、认知、情感等方面出现问题，产生人际交往困难，与他人产生冲突，甚至产生反社会的非理性行为，影响社会的和谐。因此，有关部门在恢复重建的过程中，要为社会公众提供心理咨询服务，开展心理危机干预，进行心理辅导。在突发事件的恢复过程中，我们不仅要关注受灾群众的心理健康，也要关注参与救灾的工作人员的心理健康。

三、恢复重建的过程与管理

恢复重建一般包括以下五个步骤。

（一）建立恢复重建机构

突发事件事态得到控制之后，政府部门应该立刻着手突发事件的恢复重建工作。首先要建立恢复重建工作机构来指导恢复工作。并且，恢复重建机构与突发事件的应急机构是不可替代的。

首先，两者的目的不同。恢复重建机构的目的是要使组织从突发事件的不良影响中恢复过来，使组织得以生存，并且保持可持续发展。应急机构的目的是控制和平息突发事件，减少突发事件对组织造成的损失和影响。

其次，它们的组成成员不同。应急机构通常是由专业应对人员组成，很少使用非专业人员。这些专业人员除了来自组织内部，必要时还包括组织外部的人员，如医疗、消防人员等。恢复重建机构成员可以包括部分应急机构成员，但是更多的是组织内部的负责人和技术人员，很少使用组织外部人员。

最后，突发公共事件的应急机构不但要进行应急决策，还要执行决策任务；而恢复重建机构主要是策划恢复工作流程，很少参与直接的恢复工作，具体决策都是由组织的个体成员共同执行。当然当组织内部工作人员能力不足时也可以借助组织外部的社会力量。

（二）确定恢复重建目标

在恢复重建机构成立后，要马上调查危害程度和收集相关信息，以确定恢复重建目标。信息的来源不限于应急机构提供的与灾情相关的详细信息，还要尽可能组织专人进行灾害现场评估受灾程度，综合多方面的结果，对突发事件所造成的损失进行估计。

总的来说，恢复工作一般有两个目的：一是恢复突发事件造成的损失以维持组织的生存和持续发展。二是抓住危机中的机会进行重组，使组织获得新的发展。重点指的是使组织的业务、活动包括形象都恢复到突发事件发生之前的状态。

一般的突发事件都会打断组织的正常运作。人员伤亡、设备损坏都会影响组织的功能，同时也影响组织的形象。所以，组织需要对其机构进行重组，以维持组织的完整性；恢复受损功能，使组织能够正常运作；重新塑造组织形象，恢复公信力。

在实际救灾中，政府部门可将恢复重建的工作进行拆解，在恢复重建的不同阶段设定不同的目标，区分恢复重建的轻重缓急，确保恢复重建工作在目标框架下井然有序地展开。例如，景谷地震（《云南减灾年鉴》编辑委员会，2016）发生后，当地政府初步提出的重建目标任务是：首先，在 2015 年 4 月底前，完成民房加固修缮和部分基础设施修复工作；其次，在 2016 年春节前，完成民房拆除重建和教育、卫生等项目恢复重建任务；最后，至 2016 年 12 月 31 日，全面完成公共服务和基础设施等各项恢复重建任务。在重建任务方面，首先要落实的是实施民房恢复重建、民生改善、基础设施、防灾减灾、特色增收产业等五大工程。

（三）制订恢复重建计划

政府在对损失情况、重建能力及可利用资源进行评估后，应该根据损失评估报告与受影响地区的实际情况，尽快制订并实施恢复重建计划。在制订恢复重建计划时，要综合考虑突发事件受损地区的经济、社会、地理环境、文化等方面的特点，在内容上要涵盖突发事件应对情况、突发事件造成的影响与损失、已经开展的工作和今后的工作流程等。在面对较为严重的突发事件，尤其是一些破坏力大的自然灾害时，要突出善后处理、调查处理、基础设施恢复重建、住房重建、征用补偿、人员安置、巨灾保险理赔、灾后防疫、心理危机干预、法律援助等方面的内容。事实表明，适时制订危机恢复重建计划，有助于区分短期（短期的紧急处理）和长期（长期的恢复管理）的应急管理行动，有助于把握工作重点，明确任务，以便指导具体的危机恢复行动。

危机恢复重建计划包括常规项目和具体内容。其中，危机恢复重建计划的常规项目中的要素主要包括：封面（涉及发行号、日期、组织名称、计划书名称、制订单位等）、联系方式（指与危机恢复重建计划有关的部门和人员的联系电话、电子信箱等通信联系方式）、危机恢复重建目标（详细说明危机恢复重建所要达到的目标、确立危机恢复重建目标的缘由、目标实现的可能性等）、计划书的阅读者（指哪些人有权阅读计划书，阅读后要在计划书上签字）、政策部分等（指计划和信息的保密政策、危机恢复重建中的权责划分、危机恢复重建的激励政策、计划运用的条件等）。危机恢复重建计划的具体内容主要用于指导危机恢复重建具体工作的开展，并规定如何对各个危机恢复重建对象采取行动，包括：①危机恢复重建对象总论。说明危机恢复重建对象有哪些及选择理由，危机恢复重建对象的重要性排序及排序的理由。②每种危机恢复重建对象所配置的物质资源。每种危机恢复重建对象可以得到哪些资源，这些资源如何储备、如何提供给危机管理人员，这些资源供应的时间表等。③每种危机恢复重建对象的人员配置。每种危机恢复重建对象由哪些人负责，这些人中谁是主要负责人，负责人有什么样的权力和责任等。④补偿与激励。这是对参与危机恢复重建的人员的补偿和激励，规定危机恢复重建人员因额外付出和努力可以得到什么样的补偿、进行怎样的激励等。⑤危机恢复重建的预算。各种危机恢复重建对象有什么样的预算约束，对整个危机恢复重建的预算，危机恢复重建分阶段的预算。⑥危机恢复重建个人与团队之间的协调和沟通政策。

（四）实施恢复重建工作

我国在突发事件灾后恢复重建计划的实践中，创造性地提出并实行了危机恢复重建的对口支援机制，具体包括三种方式：一省支援一县；部门系统内对口支援，即非受灾地区政府各部门对口支援受灾地区的相应部门；行业对口支援。危机恢复重建的对口支援机制是一项系统工程，既要发挥政府的主导作用，又要发挥市场机制的作用，包括完善产业帮扶市场机制，打破对口支援行政区域的划分，整合所有对口支援产业帮扶的资源，为有效配置产业资源创造条件。可以看出，危机恢复重建的对口支援机制本质是坚持"造血"与"输血"并重，有利于帮助灾区群众走上持续、健康发展的轨道。因此，要不断创新对口支援方式，建立健全党委领导、政府负责、社会协同、公众参与的对口支援管理格局，建立健全政府主导、社会参与、社会捐赠、志愿服务等社会动员机制，建立健全符合国情的巨灾保险和再保险体系，建立健全提升灾区自我发展能力的长效机制。

（五）评价恢复重建效果

一般用来评价恢复重建效果的指标有以下两种。①损失评估（loss evaluation），损失的含义是指非故意的、非预期的、非计划的经济价值的减少，即经济损失，一般以丧失所有权或预期利益、支出费用及承担责任等形式表现。②绩效评估（performance evaluation），指运用科学的标准、方法和程序，对使用财政性资金投资的灾后恢复重建项目建设的必要性、合理性、合规性及产出绩效进行科学分析和比较，以综合评价财政支出建设项目的经济性、效率性和效果性的系统性过程，其实质是把政府专项灾后恢复重建资金支出同灾后恢复重建项目的价值挂钩。

▶思考与练习

1. 展开叙述善后处理应秉承的原则。
2. 善后处理具体如何展开？
3. 灾后恢复重建的主要措施包括哪些？
4. 分别从时间维度和内容维度两方面来看，恢复重建的内容可以分为哪几类？
5. 展开叙述恢复重建的具体过程。
6. 恢复重建机构和突发事件的应急机构有哪些区别？

第九章

四类突发事件的应急管理

导言

在我国全面建成社会主义现代化强国、实现中华民族伟大复兴的历史进程中，不可避免地会遇到各种突发公共事件。如何有效提高政府保障公共安全和处置突发公共事件的能力，最大限度地预防和减少突发公共事件及其造成的损害，对于保障公众的生命财产安全，维护国家安全和社会稳定，促进经济社会全面、协调、可持续发展，有着十分重要的现实意义。按照《国家突发公共事件总体应急预案》的分类，突发公共事件主要分为：自然灾害、事故灾难、公共卫生事件和社会安全事件。

本章介绍四类突发公共事件的概念、类型与特征，阐述了各类突发事件应急管理的基本理论来源于实践，又用来指导实践，并在这个过程中不断演化精进，为此本章还精选了近年来较为典型的突发公共事件作为案例，从应急管理角度，对这些事件作了分析与点评，以期从中汲取经验和教训。

第一节 自然灾害应急管理

一、自然灾害的概念、类型及特征

（一）自然灾害的概念

人们通常将可能对人类和其他生物及环境产生负面影响的自然现象称为自然灾害，如地震、洪水等。自然灾害可能会造成生命或财产损失，也会造成一定的经济损失，其严重程度取决于受影响人口的抗灾能力和现有的基础设施。我国是全球自然灾害受灾最严重的国家之一。近年来，伴随全球气候变暖，重特大自然灾害的发生频次变高，造成了重大的经济损失,并给人民群众的生活造成了巨大的困难。

自然灾害是人与自然矛盾的一种表现形式,具有自然和社会两重属性,是人类过去、现在、将来所面对的最严峻的挑战之一。

(二)自然灾害的类型

自然灾害的分类主要是基于事件发生的诱因,在为预防和监测对应类型的自然灾害提供客观线索的同时,也为政府及其相关部门采取应急措施提供了依据。

1998 年,由国家科学技术委员会、国家计划委员会、国家经济贸易委员会和自然灾害综合研究组共同编著的《中国自然灾害区划研究进展》将自然灾害分为七大类:气象自然灾害、海洋自然灾害、洪水自然灾害、地质自然灾害、地震自然灾害、农作物生物自然灾害和森林生物自然灾害及森林火灾。根据《国家自然灾害救助应急预案》中对自然灾害的分类,自然灾害"主要包括干旱、洪涝灾害,台风、冰雹、雪、沙尘暴等气象灾害,火山、地震灾害,山体崩塌、滑坡、泥石流等地质灾害,风暴潮、海啸等海洋灾害,森林草原火灾和重大生物灾害等"。民政部编写的《中国民政统计年鉴》中统计的自然灾害类型是洪涝、地质自然灾害、风雹自然灾害、台风自然灾害,地震自然灾害,低温冷冻和雪灾,海洋自然灾害和森林火灾。《中国民政统计年鉴》中统计紧急转移安置人口指标的自然灾害类型有洪涝、地质、风雹、台风、地震、低温冷冻和雪灾七种。我国自然灾害研究和分类更侧重于部门管理的便利性。我国自然灾害的分类原则和方法并不完全统一。

同时,我国自然灾害分类与国际上的自然灾害分类也存在差异。国际分类主要从自然灾害的发生机理入手。例如,联合国防灾减灾署和自然灾害流行病学研究中心将自然灾害划分为六大类、15 种类型(表 9-1)。

表 9-1 自然灾害类型

自然灾害分组	主要类型
地球物理灾害	地震;火山活动;板块移动
水文灾害	洪水;泥石流
气象灾害	风暴;极端温度;雾
气候学灾害	干旱;冰川湖暴发
生物灾害	动物事故;流行病;虫害
地外灾害	碰撞;空间天气

(三)自然灾害的特征

在不断运动和变化的地球上,自然灾害几乎每天都会发生,这类自然现象不仅在空间上日趋普遍,在时间上也日渐频繁。空间上的普遍性造成了自然灾害的范围和规模有逐渐扩大的趋势;时间上的频繁化造成了近年来极端自然现象频发,给人类的生存、生活和社会的稳定发展带来了极大损害。

虽然自然灾害的发生具有普遍性，但灾害的规模、类型和时空分布及重复发生的时间具有极大的不确定性。可以说，自然灾害是从属于地球复杂系统中的同时具有必然性和偶然性的一类事件。同时，自然灾害在地球上并不是均匀分布的，单一类型的自然灾害可能会集中发生在某些特定地区或区域，这种现象应该与地球的能量转换过程有着密切关系。以地震为例，世界上80%的地震发生在长达4万公里的马蹄形的环太平洋地震带（张金凤等，2021）。根据地震多发生在特定的区域这一事实，我们可以说地震的发生是具有一定规律的。与地震空间分布的特点相似，其他类型的自然灾害的发生也都具有规律性。规律性和随机性并存，是自然灾害发生时的普遍现象。

自然灾害具有自然和社会两重属性（张乃平和夏东海，2009），其发生的必然性、随机性和规律性等特点被称为自然灾害的自然属性。同时，由于人类活动也会对地球系统产生作用进而影响自然灾害的发生，所以自然灾害也具有社会属性，人类可以采取积极、正确的态度和措施进行预防与控制。历史实践和经验表明，虽然自然灾害发生的频次和规模并没有降低，但通过人们不断深化对自然的认识，综合减灾能力和应急管理水平的提升，自然灾害对人类社会的危害已得到相对遏制。

二、自然灾害应急管理的基本内容

自然灾害应急管理是指政府等社会组织在应对突发自然灾害的整个过程中，通过建立必要的应急体系及管理体制和机制，采取一系列必要措施，防范和降低自然灾害所带来的人民生命财产损失，恢复社会运行秩序，促进社会和谐、健康发展的有关活动。

根据自然灾害的发生发展特征和自然灾害应急管理的目的，从全过程角度，我们将自然灾害应急管理划分为预防与应急准备，监测、预报和预警，应急响应、处置与救援及灾后恢复与重建四个阶段的工作。

（一）自然灾害的预防与应急准备

自然灾害应急管理所强调的预防与应急准备，主要是指为灾害应急响应与处置工作提供先行预防或保障措施，以尽可能降低灾害损失，在自然灾害未发生时和灾害发生前所做的一切防范和准备工作。主要包括：应急管理组织与相关制度（管理体制、机制和法律制度及预案等），应急队伍、物资装备、资金、工程和技术等保障，以及应急演练和应急知识的宣传、教育和普及等工作。

（二）自然灾害的监测、预报和预警

监测就是由专业和群众性的自然灾害监测台网和监测体系监视成灾预兆，测量变异参数及灾害发生后对灾情进行监视和评估等。预报分为长期、中期和短期预报及临灾预报，通过对自然灾害的监测提供数据和信息，进行示警和预报，是自然灾害管理工作的

前期准备和灾害发生后进行再应对和管理的科学依据。自然灾害的预警是指由指定部门或机构根据监测和预报信息等作出的自然灾害即将发生并要求开展应急准备的警示通告。科学的监测、预报和预警机制是开展应急管理、最大限度地减轻自然灾害所带来危害的重要前提。

自然灾害的监测应急管理不仅要求保持实时数据信息监测，还应当建立或者确定区域统一的特定类别自然灾害信息系统，汇集、储存、分析、传输有关自然灾害的信息，并与上下级政府及其有关部门、专业机构、监测网点和毗邻地区的突发事件信息系统实现互联互通，加强跨部门、跨地区的信息交流与情报合作。

自然灾害发生前大多可以进行预警。我国有关法规规定了自然灾害的预警级别。按照其发生的紧急程度、发展势态和可能造成的危害程度可分为一级、二级、三级和四级，分别用红色、橙色、黄色和蓝色标示，一级为最高级别。预警是对即将可能发生的自然灾害情况的一种警示通告，同时也蕴含着对预警区域政府、社会单位和民众采取相应自然灾害防范措施的提示和要求。宣布进入预警期后，政府应当根据即将发生的突发事件的特点和可能造成的危害，采取相应措施，如预案的启动、应急物资的调拨和人员临战的准备等。

（三）自然灾害的应急响应、处置与救援

应急响应、处置与救援是指各种应急资源在灾害发生、预警发布或预案启动后，迅速进入各自应急工作状态，并按应急管理指挥机构的部署和指令安排迅速开展应急处置和救援活动，消除、减少事故危害，防止事故扩大或恶化，最大限度地降低事故造成的损失或危害，直至应急响应结束。按过程可分为接警与响应级别确定、应急启动、开展救援行动、应急恢复和应急结束等过程。

应急响应、处置与救援是自然灾害应急管理最核心的环节，是一系列极为复杂的、社会性的、半军事化的紧急行为。应急响应、处置与救援同时又是一个高速运转的复杂动态系统。在这个系统中，各子系统和要素均围绕着搜寻和抢救人民生命财产及应对次生灾情而开展工作。

（四）自然灾害的灾后恢复与重建

灾后恢复与重建的主要工作是迅速恢复社会生活秩序、恢复经济生产，破旧立新、重建家园，实现由"战时"向"平时"的转化。一次大灾过后，各种建筑设施的破坏、工矿企业的停产、金融贸易的停滞、家庭结构的破坏等均会引起巨大的衍生损失，因此为了尽快安置灾民、恢复生产，必须强调灾后重建工作的重要性。在灾后恢复与重建的过程中，资金和政策支持极为重要。

在自然灾害应急处置结束或者恢复重建工作基本结束之后，还需要对本次自然灾害的发生发展和应急管理的情况做认真总结，包括对经验教训的总结，更重要的是健全应急管理体系，提高应急管理能力，对防范未来可能发生自然灾害起支撑作用。

加强自然灾害应急管理，是关系经济社会发展全局和人民群众生命财产安全的大事；

是构建和谐社会的重要内容。通过加强自然灾害应急管理，可以最大限度地预防和减少自然灾害的发生所造成的损害，保障公众的生命财产安全，维护国家安全和社会稳定，促进经济社会全面、协调、可持续地发展。

三、自然灾害应急管理案例分析——以"8·14"海地地震为例

（一）案例简介

"8·14"海地地震，是指2021年8月14日发生于海地的一场地震。海地当地时间2021年8月14日上午7：29：09，这个加勒比海国家的提布龙半岛发生了7.2级地震，震源位于首都太子港以西约125公里处，震源深度为10公里。地震造成至少2200人死亡，超过12 200人受伤（IMC，2021）。联合国儿童基金会表示，地震导致约120万人受到严重影响，其中包括54万名儿童（UNICEF，2021）。这次地震的经济损失估计超过15亿美元，超过该国当年国内生产总值的10%（OCHA，2021）。

（二）灾害救援与处置

地震发生后，海地新任总理阿里埃尔·亨利于当天上午宣布进入为期一个月的国家紧急状态，并要求全国各级政府部门采取一切必要措施救灾，将此作为当前各项任务的重中之重（刘曦，2021）。同时，世界上多个国家和地区的个人、企业、非营利组织及政府部门立即展开对海地受灾地区的人道救援。

2021年8月17日上午热带风暴"格雷丝"经过海地南部并造成大雨，给救援工作增加了难度。

在受影响最严重的地区，一些医疗设施已经很稀缺，但却被摧毁。由于黑帮控制了连接太子港和该国其他地区的道路，援助物资必须通过空运，这就减缓了分发速度。为提高救援物资的分发和配送速度，联合国有关官员与当地黑帮达成协议，进而可以通过陆路安全通行，尽管就人道主义走廊进行了谈判并达成了协议，但准入限制和不安全性仍然是所有人道主义合作伙伴面临的主要挑战。

2021年8月25日，联合国机构和合作伙伴发起了1.873亿美元的紧急呼吁，以帮助50万名受8月14日地震影响的最脆弱人群。

截至2021年9月3日，近46%的受影响家庭已获得人道主义援助。

2021年9月23日，通过由国家和部门当局牵头的协调努力，与当地和国际人道主义伙伴合作，近一半的受地震影响的需要帮助的人获得了人道主义援助。

根据部门合作伙伴的初步评估，在地震发生后的三个月里，海地政府和人道主义合作伙伴在南部省、尼普斯省和大湾省向大约457 800人提供了食品、水和非食品物品包等救援帮助。2021年10月中旬至11月中旬期间，燃料分配的中断和帮派暴力阻碍了向受地震影响的南部省份的人口提供人道主义援助。自10月15日以来，由后勤部门组织

的太子港和南方之间的公路运输队已经暂停，海上运输队也已放缓。灾后的恢复与重建工作仍在进行且困难重重。

（三）教训与总结

海地地震应急救援的案例给了我们以下主要启示。

一是加强基础设施建设，大力发展本国经济。受所处地理位置和自然环境的影响，海地自然灾害频发。另外，该国自1804年获得完全独立以来一直处于政局动荡的困境。种种因素导致海地的基础设施建设十分薄弱，房屋等建筑缺乏规划且抗震能力极差，一旦遭遇大规模的自然灾害，灾区的水电、通信、交通很快就会陷入瘫痪的状态。和平、稳定的国内环境是应对自然灾害的基础，而应对地震等重大自然灾害的前提之一是大力建设和发展本国的经济及应急管理体系，提升应急救援能力。

二是在呼吁国际人道主义援助的同时，必须重视经济社会全面协调发展，加强贫弱地区自身能力建设。作为世界上最贫穷的国家之一，海地将不得不再次依赖国际援助。国际人道主义援助通常专注于提供灾后紧急救援，但往往缺乏对恢复重建和灾区长期发展可持续性的关注与支持。此外，在一些偏远地区，国际援助可能需要借助私人网络才能得以流动，这使得国际援助往往并不纯粹，甚至会给救援工作的协调带来一定的挑战，包括削弱当地政府应对突发事件的能力。如果国际救援组织不能适当地支持当地社区和政府，以帮助他们建立自主应对突发事件和完善区域可持续发展的能力，可能会导致受灾地区长期依赖外部援助。

第二节 事故灾难应急管理

一、事故灾难的概念、类型及特征

事故灾难是指人类在为实现某种意图而进行的活动过程中，突然发生的、违反人的意志的、迫使活动暂时或永久停止的意外事件或事故，主要包括工矿商贸等企业的各类安全事故、交通运输事故、公共设施和设备事故、环境污染和生态破坏事件等。

与自然灾害、公共卫生事件和社会安全事件相比，安全生产应急管理更显示其复杂性、长期性和艰巨性等特点，是一项长期而艰巨的工作。

其一，安全生产应急管理本身是一个复杂的系统工程。从时间序列来看，安全生产应急管理在事前、事发、事中及事后四个过程中都有明确的目标和内涵，贯穿于预防、准备、响应和恢复的各个过程；从涉及的部门来看，安全生产应急管理涉及安全生产监督管理、消防、卫生、交通、物资、市政、财政等政府的各个部门，以及诸多社会团体或机构，如新闻媒体、志愿者组织、生产经营单位等；从应急管理涉及的领域来看，则更为广泛，如工业、交通、通信、信息、管理、心理、行为、法律等；从应急对象来看，种类繁多，涉及各种类型的事故灾难；从管理体系构成来看，涉及应急法制、体制、机制到保障系统；从层次上来看，则可划分为国家、省、市、县及生产经营单位应急管理。由此可见，安全生产应急管理涉及的内容十分广泛，在时间、空间和领域等方面构成了一个复杂的系统工程。

其二，重大安全生产事故发生所表现出的偶然性和不确定性，往往给安全生产应急管理工作带来了消极的心理影响：一是侥幸心理，主观认为或寄希望于这样的安全生产事故不会发生，对应急管理工作淡漠，而应急管理工作在事故灾难发生前又不能带来看得见、摸得着的实际效益，这也使得安全生产应急管理工作难以得到应有的重视；二是麻痹心理，经过长时间的应急准备，重大事故一直没有发生，易滋生麻痹心理而放松应急工作要求和警惕性，若此时突然发生重大事故，则往往导致应急管理工作前功尽弃。

一般而言，事故的发生都是从事故隐患开始，从潜在的危险性发展到危害与损失。重大安全生产事故的偶然性和不确定性，要求安全生产应急管理常备不懈，时刻保持警惕。因此，有必要加强对安全事故的管理，即通过对事故的抢救、调查、分析、报告、处理和统计，采取相应防范措施，从而提高安全管理水平，防止事故灾害发生。事故灾难类型，如表9-2所示。

表9-2 事故灾难类型

事故灾难分组	定义	主要类型
生产安全事故	企业在生产经营活动中突然发生的，伤害人身安全和健康，或者造成经济损失的，导致原生产经营活动暂时中止或永远终止的意外事件	化学品泄漏、设备事故、质量事故、爆炸、火灾、坍塌等
交通运输事故	在交通运输过程中发生的造成车辆损坏、人员伤亡或财产损失的事故	道路交通事故、铁路和地铁等轨道交通事故、航空事故、水上交通事故等
环境污染和生态破坏事件	由于违反环境保护法规的活动与行为，以及自然灾害或其他意外因素造成环境污染或生态破坏的突发事件	水污染、大气污染、固体废物污染及国家重点保护的野生动植物与自然保护区破坏事故等
其他	不属于生产安全事故、交通运输事故和环境污染及生态破坏事件的突发事故灾难	公共设施和设备事故等

二、事故灾难应急管理的基本内容

事故灾难应急管理的客体是事故灾难，是在事故灾难整个寿命周期内，对事故灾难的预防预警、应急响应、后期处理和保障措施等一系列管理活动的总称。

事故灾难主要是安全生产领域内的突发事件，由于这些事件所处的领域不同，不同突发事件的发生发展规律迥异，给事故灾难的应急管理带来了困难。这就需要首先对容易发生重大危害事件的领域进行专业性、针对性的研究和分析，再制订比较完善的应对方案。同时，必须研究各类安全事故发生和发展的规律。事故灾难的应急管理，主要包括如下内容。

（一）事故灾难的预防预警

国务院有关部门和省（自治区、直辖市）人民政府应当加强对重大危险源的监控，对可能引发特别重大事故的险情，或者其他灾害、灾难可能引发安全生产事故灾难的重要信息及时上报。各级、各部门安全生产事故灾难应急机构接到可能导致安全生产事故灾难的信息后，按照应急预案及时研究确定应对方案，并通知有关部门、单位采取相应行动预防事故发生。特别重大安全生产事故灾难发生后，事故现场有关人员应当立即报告单位负责人，单位负责人接到报告后，应当立即报告当地人民政府和上级主管部门。

自然灾害、公共卫生和社会安全方面的突发事件可能引发安全生产事故灾难的信息，有关各级、各类应急指挥机构均应及时通报同级安全生产事故灾难应急救援指挥机构，安全生产事故灾难应急救援指挥机构应当及时分析处理，并按照分级管理的程序逐级上报，紧急情况下，可越级上报。

发生安全生产事故灾难的有关部门、单位要及时、主动向国务院安委会办公室、国务院有关部门提供与事故应急救援有关的资料。事故灾难发生地安全监管部门提供事故发生前监督检查的有关资料，为国务院安委会办公室、国务院有关部门研究制订救援方案提供参考。

（二）事故灾难的应急响应

应急响应是事故灾难应急管理的核心，它表现为在预案规定的各种应急处置方案间进行选择决策，利用各种应急手段对各种应急资源的组织和利用。当安全事故出现以后，事故的各种表现形式及特征都将逐步显露出来，这就要求对事故的发展状态进行分析，并进行分级响应。Ⅰ级应急响应行动由国务院安委会办公室或国务院有关部门组织实施。当国务院安委会办公室或国务院有关部门进行Ⅰ级应急响应行动时，事发地各级人民政府应当按照相应的预案全力以赴组织救援，并及时向国务院及国务院安委会办公室、国务院有关部门报告救援工作进展情况。Ⅱ级及以下应急响应行动的组织实施由省级人民政府决定。地方各级人民政府根据事故灾难或险情的严重程度启动相应的应急预案，超出其应急救援处置能力时，及时报请上一级应急救援指挥机构启动上一级应急预案实施救援。

进入应急响应行动后，需要对事故未来的发展趋势进行预测，根据分析的结果，有关应急队伍在现场应急救援指挥部统一指挥下，密切配合，共同实施医疗卫生救助、抢险救援和相关人员防护及紧急处置行动。其间还会涉及对各级政府的法律法规、政策条例的遵守和应急物资的调拨及相关人力资源的调动等一系列行动。当遇险人员全部得救，事故现场得以控制，环境符合有关标准，次生、衍生事故隐患消除后，经现场应急救援指挥部确认和批准，现场应急处置工作结束，应急救援队伍撤离现场。由事故发生地省级人民政府宣布应急结束。

（三）事故灾难的后期处置

事故灾难的后期处置是在安全事故的影响减弱或结束之后，进行的善后工作、保险活动和调查报告。省级人民政府会同相关部门（单位）负责组织特别重大安全生产事故灾难的善后处置工作，包括人员安置、补偿，征用物资补偿，灾后重建，污染物收集、清理与处理等事项。尽快消除事故影响，妥善安置和慰问受害及受影响人员，保证社会稳定，尽快恢复正常秩序。同时，安全生产事故灾难发生后，保险机构应及时开展应急救援人员保险受理和受灾人员保险理赔工作。

特别重大安全生产事故灾难由国务院安全生产监督管理部门负责组成调查组进行调查；必要时，国务院直接组成调查组或者授权有关部门组成调查组。安全生产事故灾难善后处置工作结束后，现场应急救援指挥部分析总结应急救援经验教训，提出改进应急救援工作的建议，完成应急救援总结报告并及时上报。

（四）事故灾难的保障措施

事故灾难的保障措施主要由应急资源管理和应急预案两部分组成。事故灾难的应急资源包括专业应急救援人员、应急处置工具、应急救援物资和各种应急辅助工具（如通信、交通工具等）。应急资源管理不仅要求合理储备一定品种和数量的实物应急资源，同时还涉及应急资源储备在地理位置上的合理布局，市场储备、生产能力储备与实物储备的构成，以及储备资源的日常管理等一系列问题。

事故灾难应急预案是指政府或企业为降低事故发生时造成的严重危害，对当前危险源、突发性灾难事件的评价，以及以事故预测结果为依据而预先制订的事故控制和抢险救灾的方案，是事故灾难应急救援活动的行动指南。

事故灾难应急管理的根本任务就是预防和减少事故灾难的发生，并通过科学的应急处置对事故灾难做出快速、有效的应对，从而最大限度地减少事故发生可能造成的损失。安全事故在不同领域的发生具有不同的表现形式和特征，发生的原因、发展的规律各种各样，同时，安全事故也具有一些普遍性的特征。事故灾难应急管理可以通过对安全事故共性特征的研究，总结出事故灾难应急管理开展应遵循的一般程序、制度和方法，并结合相关领域的专业知识，形成一套可以有效预防与应对事故灾难的理论和方法体系。因此，加强事故灾难应急管理具有十分重要的社会意义。

三、事故灾难应急管理案例分析——以韩国"世越号"沉船事件为例

（一）案例简介

2014年4月16日，载有476人的从韩国仁川港出发前往济州岛的"世越号"客轮在全罗南道珍岛郡附近海域进水翻沉[①]，事故造成包括4名中国籍游客在内的共304人死

[①] 《证据涉嫌造假?韩国"世越号"沉船事件调查仍在进行中》，https://baijiahao.baidu.com/s?id=1702669029894692994&wfr=spider&for=pc。

亡，仅172人获救，其中大多数遇难者为韩国安山檀园中学的学生[1]。韩国"世越号"沉船事故是韩国自建国以来最严重的海难，也是世界海难和应急救援的重大事件。事故发生时船长和乘务员们的应急指挥以及有关职能部门的应急救援不力引发韩国国内民众不满和持续的街头抗议活动。虽然韩国政府组织了多轮事件真相调查，但事故发生多年后，关于事故发生原因的争议始终未平息，许多问题仍旧有待进一步查明[2]。

（二）事故应急救援处置情况

2014年4月15日20时，"世越号"客轮离开了仁川港，驶往济州岛。

2014年4月16日7时55分，事发船体发生倾斜，船上广播通知危险，告诫乘客不要走动，船体发生侧翻。

2014年4月16日7时58分，客轮发出求救信息，韩国海警赶往救援。在客轮刚开始发生侧翻危险到完全沉没，接电海警对客轮情况掌握较少，导致救援失利。

2014年4月16日9时40分，韩国出动60名海警、7艘海军舰艇、2架直升机奔赴救援现场，但却未携带专业救援设备，无法对客舱被困人员进行救援。携带专业设备的专业人员于14时赶到救援现场，15时23分美国军舰参与救援。

2014年4月16日19时，因天气情况不佳，韩国海警暂停搜救工作。韩国救援指挥也出现失误，导致应急预案未能及时响应，直到17日才形成统一指挥救援的国家机构——中央灾害对策本部。

2017年4月9日，韩国"世越号"沉船最终被打捞上岸。

（三）教训与启示

韩国"世越号"沉船事故暴露了当时韩国的应急救援体系混乱、政府对于相关信息发布不够严谨、应急信息共享程度低、难以协同国际救援力量等多个问题，凸显了加强应急管理的重要性。

1. 建立高效的应急指挥体系，统一指挥，权责分明

随着社会发展，建立高效的应急指挥体系是应急管理工作中的重中之重。建立统一的应急指挥体系，可以充分发挥风险预测、应急响应、应急处置和应急善后等功能与作用。此外，由于应急工作的复杂性，事故灾难的多样性，必须加强各种类型应急队伍的建设和完善应急物资的储备。韩国"世越号"沉船事故中出现的救援不力现象，在很大程度上是因为专业救援人员和设备的缺乏。因此，还需要建立起统一指挥的应急队伍，权责分明。

---

[1] 《韩国公布最新调查报告——"世越"号沉船原因难定》，http://world.people.com.cn/n1/2018/0809/c1002-30217737.html。
[2] 《"世越"号沉船事故8周年 文在寅要求彻查事故真相》，https://world.huanqiu.com/article/47cxoGHOa62。

2. 加强信息治理，提高信息发布透明度

在事故灾难中，准确、有效的信息发布既是政府应急工作扎实的表现，也是人民群众安心、放心的信心来源。"世越号"沉船事故中救灾信息发布混乱，极大削弱了政府公信力，影响了救援工作的开展。同时，传媒机构也发布了一些未经确认的信息。所以，必须要加强信息治理，提高应急信息发布透明度，在抵制虚假信息的同时，也要着力提升人民群众辨别虚假信息的能力，让应急工作在社会的监督和参与下有序开展。

3. 打造国际合作平台，提升应急救援力量

随着全球化深入发展，应急工作逐渐从各国独自开展逐步扩展到国际合作，尤其是在全球性气候灾害、区域性事故灾难和恐怖主义等问题方面，都需要各国加强应急信息的共享，共同面对相关问题。同时，也需要建立起一个国际合作平台协调各国的应急救援力量，增强彼此间的合作，实现跨区域的应急救援。

第三节 公共卫生事件应急管理

一、公共卫生事件的概念、类型及特征

（一）公共卫生事件的概念和类型

突发公共卫生事件是指突然发生，造成或者可能造成社会公众健康严重损害的重大传染病疫情、群体性不明原因疾病、重大食物和职业中毒以及其他严重影响公众健康的事件（法律出版社，2020）。突发公共卫生事件必须是现实的或者肯定要发生的，威胁人民生命财产安全的，并且需要采取必要的特殊措施进行应对的一类公共卫生事件。

突发公共卫生事件可以根据发生原因和损害程度进行分类分级。根据事件的发生原因，常见突发公共卫生事件主要包括以下几类：传染病疫情，食物中毒和职业中毒，环境污染事故，自然灾害引发的卫生事件，群体性不明原因疾病，以及其他影响公众健康的事件（王陇德，2008）。

（二）公共卫生事件的特征

突发公共卫生事件的特征主要表现在以下几方面。

（1）突发性。突发公共卫生事件的发生比较突然，没有特定的发生方式，突如其来，带有很大的偶然性，不易预测，使人们难以及时预防。

（2）分布的差异性。以传染病为例，在时间分布上，传染病在不同季节的发病率是不尽相同的；在空间分布上，在不同的地理区域，所发生的传染病的类型往往不完全一

致；在人群分布上，也有类似情形。

（3）危害的严重性。突发公共卫生事件常在短时间内造成人群大量发病和死亡，使公共卫生和医疗体系面临巨大压力，造成医疗力量的相对短缺、抢救物资相对不足等，甚至冲击医疗卫生体系本身，威胁医务人员自身健康，破坏医疗基础设施，更加大了应对和处置突发事件的难度。突发公共卫生事件对经济、贸易、金融及社会等会产生严重的影响，甚至会引起一定程度的经济衰退。

（4）复杂性和紧迫性。突发公共卫生事件种类繁多，发生的原因复杂多样，可能直接造成人群伤亡，也可能长期潜伏并威胁人类生命安全。同时，突发公共卫生事件事发突然、情况紧急，若不能采取及时有效的救援措施，危害会进一步加剧，造成更大范围或更加严重的损害。

正是因为突发公共卫生事件的这些特征，所以，当这类事件发生时，需要我们在尽可能短的时间内做出决策，采取针对性的措施，尽最大努力将突发公共卫生事件的危害控制在较小的损害程度内。

同时，在突发公共卫生事件发生的初期，相关工作人员往往难以确定事故发生的全部原因和细则，这就使得处理工作的开展变得更为艰难和棘手。根据对突发公共卫生事件的认识，建立和完善相关管理体制，培养和锻炼相关的专业人员队伍，建立有效的管理工作机制，使各类突发公共卫生事件都能得到及时有效的处理。常见公共卫生事件类型，如表9-3所示。

表9-3 常见公共卫生事件类型

公共卫生事件类型	定义
传染病疫情	在短时间内发生某种传染病，波及范围广泛，出现大量的病人或死亡病例，包括急性传染病和新发传染病
食物中毒和职业中毒	由食品污染和职业危害因素造成的人数众多或伤亡较重的事件
环境污染事故	由于各种原因，化学品泄漏，污染空气、水源和土壤等周围环境，严重危害或影响公众健康的事件
自然灾害引发的卫生事件	由自然灾害引起的人员伤亡、公众健康状况及社会卫生服务条件恶化，超过灾害发生地区所能承受能力的事件
群体性不明原因疾病	在短时间、某个相对集中的区域内，同时或者相继出现具有共同临床表现的病人，且病例不断增加、范围不断扩大，但疾病尚未能明确诊断

二、公共卫生事件应急管理的基本内容

任何突发公共卫生事件都有发生、发展和减缓的过程，需要采取不同的应急措施。应按照其发生、发展过程，将不同级别的突发公共卫生事件进行阶段性分期，作为政府采取应急措施的重要依据（若有必要，可再将每一个阶段划分为若干等级）。根据突发事件可能造成危害和威胁的不同阶段（已发生实际危害、危害逐步减弱和恢复），可将突发公共卫生事件总体上分为预警期、暴发期、缓解期和善后期四个阶段。根据突发公共卫生事件发展过程的特征（潜伏、暴发、蔓延、稳定、下降、恢复），突发公共卫生事件的管理可相应地分为预防准备、监测预警与报告、应急响应、善后处理等功能体系。

（一）公共卫生事件的预防准备

预防准备是突发公共卫生事件管理最重要的功能要求，也是各个国家突发公共卫生事件处理中最为关注的焦点。就总体而言，预防准备阶段的工作主要包括根据应急预案和防控方案，落实应急防范的组织措施和技术措施，从组织队伍、人员培训、应急演练、通信装备、器材物资、检测仪器、交通工具等方面加以落实，做到有备不乱。一旦发生各类有可能危及公众，造成社会影响的突发公共卫生事件就能迅速地组织力量，有效地处置，最大限度地快速处理、控制和减少危害面。预防准备包括三个层次，即平时准备、"战时"转换、"战时"准备。特别需要注意的是"平""战"结合与"平""战"转换的问题。能否迅速实现"平""战"转换，并尽快形成"战时"积累能力，是应对突发公共卫生事件的关键所在。在突发公共卫生事件应急管理过程中，贯彻"预防为主"主要从宣传教育、编制预案和普及推广先进科技三个方面着手。

（二）公共卫生事件的监测预警与报告

国家建立统一的突发公共卫生事件监测、预警与报告网络体系。各级医疗、疾病预防控制、卫生监督和出入境检疫机构负责开展突发公共卫生事件的日常监测工作。省级人民政府卫生行政部门要按照国家统一规定和要求，结合实际，组织开展重点传染病和突发公共卫生事件的主动监测。国务院卫生行政部门和地方各级人民政府卫生行政部门要加强对监测工作的管理和监督，保证监测质量。

各级人民政府卫生行政部门根据医疗机构、疾病预防控制机构、卫生监督机构提供的监测信息，按照公共卫生事件的发生、发展规律和特点，及时分析其对公众身心健康的危害程度、可能的发展趋势，及时做出预警。

任何单位和个人都有权向国务院卫生行政部门和地方各级人民政府及其有关部门报告突发公共卫生事件及其隐患，也有权向上级政府部门举报不履行或者不按照规定履行突发公共卫生事件应急处理职责的部门、单位及个人。突发公共卫生事件责任报告单位要按照有关规定及时、准确地报告突发公共卫生事件及其处置情况。突发公共卫生事件报告分为首次报告、进程报告和结案报告，要根据事件的严重程度、事态发展和控制情况及时报告事件进程。

（三）公共卫生事件的应急响应

应急响应的要旨是在认清级别的基础上，实施快速反应。对于突发公共卫生事件而言，能够实现快速反应是降低危害程度的最重要方面。坚持快速反应，就必须把握"快、准、齐、实"四个要点。

（1）"快"就是信息完整、准确和快捷，在此基础上，迅速召集突发公共卫生事件处理队伍进行快速反应，赶赴现场处理。

（2）"准"就是接到报告后，特别是到达现场后，对突发公共卫生事件发生、发展和事态的现状进行综合分析，作出准确判断，拟订强有力的针对性措施。

（3）"齐"就是对突发公共卫生事件的调查处理要做到统一领导、统一方案、统一发布信息。

（4）"实"就是调查处理方案确定之后，分工负责、狠抓落实，并且进行督促检查，督办到位。

（四）公共卫生事件的善后处理

突发公共卫生事件结束后，各级卫生行政部门应在本级人民政府的领导下，开展后期评估、奖励、责任追究、抚恤和补助等善后处理工作，防止因突发公共卫生事件而发生次生灾害或衍生灾害。

（1）后期评估。突发公共卫生事件结束后，各级卫生行政部门应在本级人民政府的领导下，组织有关人员对突发公共卫生事件的处理情况进行评估。评估内容主要包括事件概况、现场调查处理概况、病人救治情况、所采取措施的效果评价、应急处理过程中存在的问题和取得的经验及改进建议。评估报告上报本级人民政府和上一级人民政府卫生行政部门。

（2）奖励。县级以上人民政府人事部门和卫生行政部门对参加突发公共卫生事件应急处理作出贡献的先进集体和个人进行联合表彰；民政部门对在突发公共卫生事件应急处理工作中英勇献身的人员，按有关规定追认为烈士。

（3）责任追究。对在突发公共卫生事件的预防、报告、调查、控制和处理过程中，有玩忽职守、失职、渎职等行为的，依据《突发公共卫生事件应急条例》及有关法律法规追究当事人的责任。

（4）抚恤和补助。地方各级人民政府要组织有关部门对因参与应急处理工作致病、致残、死亡的人员，按照国家有关规定，给予相应的补助和抚恤；对参加应急处理一线工作的专业技术人员应根据工作需要制订合理的补助标准，给予补助。

（5）征用物资、劳务的补偿。突发公共卫生事件应急工作结束后，地方各级人民政府应组织有关部门对应急处理期间紧急调集、征用有关单位、企业、个人的物资和劳务进行合理评估，给予补偿。

三、公共卫生事件应急管理案例分析——以德国肠出血性大肠杆菌为例

（一）案例简介

疫情给全球造成巨大冲击，对世界各国的经济、政治和文化产生了极大影响。2011年5月初，德国罗伯特·科赫研究所公布第一例肠出血性大肠埃希氏菌（enterohemor-rhagic

Escherichia coli，EHEC)所致的溶血性尿毒综合征病例，随后疫情继续扩散，截至当年 6 月，EHEC 造成至少 30 人死亡，涉及德国、瑞典、丹麦、英国和荷兰等 12 个国家 2000 多人。

疫情给欧洲多个国家造成巨大冲击，给民众带来健康风险的同时，也引起了人们的恐慌与不安，还给地区菜农造成巨大经济损失（张洋，2011）。

（二）事故应急救援处置情况

2011 年 5 月 15 日，德国一位 83 岁妇女，因血样便腹泻就诊。后于当月 21 日死亡，实验室检查确诊为 EHEC 感染。

世界卫生组织发出警告，表示 EHEC 复制能力强、造成危害大、感染速度快，可通过人际、食物、水和接触动物等渠道传播，建议民众注意个人和饮食卫生，及时就医，以防病情加重。

2011 年 5 月 31 日，德国汉堡卫生研究部门表示，在西班牙进口的黄瓜上发现 EHEC，并宣布拓宽 EHEC 污染源警示。同时德国卫生部门建议民众将黄瓜、西红柿等蔬菜煮熟后食用。

2011 年 6 月 2 日，中国卫生部发布关于做好输入性 EHEC 感染防控工作的通知[1]。

2011 年 6 月 7 日，中国疾病预防控制中心召开会议，向各省(自治区、直辖市)和重点口岸城市疾控中心通报疫情进展，布置监测、实验室检测和防控工作[2]。

2011 年 6 月 10 日，德国国家疾病控制中心、罗伯特·科赫研究所等多家机构表示，他们已确认下萨克森州的一家农场生产的芽苗菜是造成此次 EHEC 疫情的源头[3]。

（三）教训与启示

有关德国 EHEC 疫情的案例给了我们以下主要启示。

一是要注重应急信息的收集与分析，并快速响应。疫情发生后，德国明斯特大学医院卫生研究所迅速开展研究，通过对疫情应急信息的获取、整合、分析，指出此次疫情是一种名为 Husec41 的 EHEC 变种引起的，为临床救助提供了决策依据。同时，在欧洲疾病预防控制中心表示西班牙黄瓜有可能是疫情传染源之后，德国卫生部门马上追踪进口黄瓜的两家西班牙企业。在确认西班牙黄瓜非疫情传染源后，积极对其他传染源进行调查，最终确定芽苗菜是造成此次 EHEC 疫情的源头。

二是要统一应急信息的传播渠道，注重权威信息的及时发布。本案例中，各方面专

---

[1] 《卫生部应急办关于做好输入性肠出血性大肠杆菌感染防控工作的通知》，https://www.chinacdc.cn/jdydc/201106/t20110603_46557.htm。
[2] 《德国肠出血性大肠杆菌疫情进展及应对建议》，https://www.chinacdc.cn/jkzt/crb/qt/spaq/yqxx/201106/P020110608416451154801.pdf。
[3] 《德国确认芽苗菜是肠出血性大肠杆菌疫情"元凶"》，https://epaper.gmw.cn/gmrb/html/2011-06/11/nw.D110000gmrb_20110611_6-08.htm?div=-1。

家和官员在疫情初期纷纷发布各种关于疫情相关的信息和见解，特别是在传染源问题上，众多机构各抒己见。众说纷纭的信息导致民众恐慌，不安、迷惑的心理不减反增，不利于疫情处置，同时也不利于社会稳定。一直到2011年5月31日，德国卫生部门才召开发布会发布相对权威的信息，明确传染源尚未确定，提醒民众食用煮熟的蔬菜。

三是要形成统一的协调指挥体系，并形成完善的上报体系。此次疫情具有与以往疫情不一样的特点，在救治患者方面无经验可循。为救治患者，各大医院虽然自发组织网上交流平台，共享救治患者的临床知识，分享治疗经验等隐性知识，协调病床、血浆供应等物资设备，但缺乏统一机构指挥和协调，导致效率低下。此外，在此次疫情中，德国各地卫生局的病例汇总不及时，并采用分级上报方式，因此最终汇总的确诊或疑似病例总数严重滞后，不利于疫情应急决策的制定。

第四节　社会安全事件应急管理

一、社会安全事件的概念、类型及特征

突发社会安全事件是指突然发生的危害公共安全或公共秩序，造成严重危害后果和重大社会影响，需要立即采取措施予以处置的重大事件；在社会冲突不可调和的情况下，由暂时的矛盾激化所导致的突然发生的部分社会成员所做出的包含不可预料性因素的，在主观上违背一般社会认同感并且在客观上违背国家安全政策的行为。主要包括恐怖袭击事件、经济安全事件和涉外突发事件等。

恐怖袭击事件是指国际或国内的个人或组织出于政治、社会等目的，有组织、有预谋地对政府、公众和个人使用暴力制造恐怖氛围，危害群众的生命、健康和财产安全的突发事件。经济安全事件是指因非法集资和金融风波严重危害到部分群众或国家利益的突发事件，主要包括非法集资事件、金融性安全事件和导致市场失灵的突发事件。涉外突发事件是指含有涉外因素的突发事件，按事件对象可分为两类：①涉及外国机构、人员在境内的突发事件；②涉及本国人员在境外发生的突发事件。

社会安全事件与其他三类突发事件相比，区别在于：社会安全事件发生在社会安全领域，都有人为因素，其他三类突发事件往往不具有明显的人为因素。

（1）社会安全事件发生领域的特定性。社会安全事件与其他三类突发事件相比较，发生领域具有明显的特定性。社会安全事件主要发生在公共安全领域，冲击的是人与人之间形成的社会关系，具有极度的扩张性，直接威胁人民群众的人身和财产安全。

（2）社会安全事件具有人为性和复杂的政治因素。社会安全事件的发生是由人为因素造成的，同时具有明显的政治色彩。恐怖袭击事件通过将目标瞄准普通百姓，在普通人群中制造恐怖事件，具有明显的政治宣誓意义，给政府施加压力；群体性事件通常是由于群众不满，并且不满情绪郁积于心长期得不到发泄，最终在一些看似无关的小事情上发泄出来，演变成群体性事件，虽然在性质上属于人民内部矛盾，但同样

具有政治色彩。

（3）社会安全事件处置的特殊性。社会安全事件是由多方面原因造成的，事件性质较为复杂，不能一概而论，必须具体问题具体分析，由此决定了事件处置的特殊性。从当前突发社会安全事件的原因看，有历史的，也有现实的；有客观的，也有主观的；多种问题、矛盾交织。一旦应对不当，极易激化矛盾，使事态扩大。常见社会安全事件类型，如表9-4所示。

表9-4　常见社会安全事件类型

社会安全事件类型	定义
大型活动安全事件	在特定时间、地点进行的，有众多人员参加的，具有一定影响的有益的社会活动，包括大型商贸活动和大型会议及大型庆典活动等
群体性事件	由社会矛盾引发，某些具有共同利益或目的的偶合群体，以合法或非法的规模性聚集的形式，表达利益诉求或政策主张，对社会秩序和稳定造成一定影响的体制外事件
校园安全事件	在校园内突然发生的，造成或者可能造成严重社会危害，影响学生的安全和正常生活、学习，需要采取应急处置措施予以应对的社会安全事件
突发网络舆情事件	受各种事件刺激，人们通过网络对突发事件表达看法并进行网络聚集，给政府及事件当事人施加压力的事件
恐怖袭击事件	国际或国内的个人或组织出于政治、社会等目的，有组织、有预谋地对政府、公众和个人使用暴力制造恐怖氛围，危害群众的生命、健康和财产安全的突发事件
经济安全事件	因非法集资等经济活动或金融风波等金融性突发事件，造成对部分群众或国家利益的严重损害
涉外突发事件	含有涉外因素的突发事件，包括涉及外国机构、人员在境内的突发事件和涉及本国人员在境外的突发事件

二、社会安全事件应急管理的基本内容及注意事项

突发社会安全事件产生原因极其复杂，有着十分深刻的时代背景，是当前我国经济和社会处于变革过程中各种现实矛盾、社会问题和体制政策缺陷的综合反映。社会安全事件应急管理，是对社会安全事件的预防预警、应急处置和后期处理等一系列管理活动的总称。

（一）社会安全事件的预防预警

社会安全事件产生的根源在于社会中存在的各种矛盾。可以说，社会安全事件是我国社会矛盾的一种外在表现形式，而当前我国社会的主要矛盾是人民日益增长的美好生活需要与不平衡不充分的发展之间的矛盾。因此，及时发现并采取有效措施化解矛盾纠纷、防止"小问题"演变为"大事件"，就成为预防社会安全事件工作的主要内容（姚兵，2013）。

首先，要加大政策调整力度。促进制度化的社会保障体系建立，切实减轻群众负担，保障群众权益。加强法律制度建设，根据经济社会的发展变化，及时出台相应法律法规，使社会矛盾的处理和解决有法可依，促进经济社会有序发展。

其次，畅通公众参与渠道。调节社会不同利益群体之间的利益冲突，最根本的途径是加强社会主义民主政治建设，建立健全能够充分反映不同利益群体的利益诉求机制，拓宽公众参与途径。

最后，要提高各级领导干部处理社会矛盾的能力，建设快速反应的常态机制和专业队伍。加强防范突发社会安全事件的常态机制建设，切实提高处置突发社会安全事件的能力。

社会安全事件应急预警是在已经发现可能引发社会安全事件的某些征兆但社会安全事件仍未爆发的期间内所采取的危机管理措施（袁振龙，2012）；相关责任主体列出一定范围内一切可能导致社会安全事件发生的风险因素，确立社会安全事件在何种条件下可能发生的指标体系，对可能导致社会安全事件发生的各类风险因素实施重点监控，根据各类因素变化情况做出不同等级的社会安全警示，从而实现对社会安全事件的提前防范与妥善处置。

（二）社会安全事件的应急处置

突发社会安全事件一旦发生，首先要做的就是迅速控制事态发展，防止其蔓延扩大。如果处置行为迟缓、处理不当，就会激化矛盾，使事态扩大和升级，甚至形成难以控制的局面。控制事态、防止升级只是处理突发社会安全事件的开端。只有拿出切实可行的整体方案和对策，才能使事件尽快平息下来。

组织实施方案、统一各方行动是处理突发社会安全事件的关键阶段。平息较大规模的突发事件，需要精心组织部署，明确责任分工，各方联合行动，才能形成合力和战斗力，也才可能全面解决问题。突发社会安全事件在性质上属于人民内部矛盾，不存在根本利害上的冲突，如果能够及时与群众进行直接对话，是妥善处理人民内部矛盾、平息突发事件的最有效的方法。

突发社会安全事件往往是合理要求伴随着违法行为，必须依照法律规定和法制原则处理。应当依法采取果断措施，防止事态和损失的进一步扩大。在执法过程中，应当严格依法办事，处理好依法打击违法犯罪与保护公民合法权益的关系，做到既要依法处理和惩罚一切违法犯罪行为，维护法制权威，又要准确运用法律，依法保护公民的合法权益。同时，要充分重视舆论导向的作用，利用各种主流宣传媒体，对事件进行积极正面的宣传报道，及时公布信息，控制舆论导向，减少和消除谣言与不实传闻的负面影响。

（三）社会安全事件的后期处理

社会安全事件的后期处理是在社会安全事件的影响减弱或结束之后，进行的一系列修复工作。主要包括：一是以事件暴露问题的解决为契机，配套地解决和控制一些与突发社会安全事件相关的、可能导致事件再度发生的问题，巩固事件处置的成果；二是调查事件发生的原因，评估事件造成的损失，形成改进意见，进行必要的改革和完善；三是重建突发社会安全事件的辅助机制，尽快使组织系统从危机状态进入正常状态。

面对突发社会安全事件，尤其是那些产生重大社会影响或造成重大利益损失的突发社会安全事件，必须进行必要的评估总结。事件发生之后，首先，要组建一个相对独立、精干、负责、高效的事件调查小组。其次，要对事件造成的损失进行恰当评估，这既是改进公共政策的基础和前提，也是分清有关人员责任大小的依据，同时也是救济和赔偿所必需的工作。最后，要总结经验和教训，在评估结果基础上对自身管理环节提出修改意见，决不能敷衍了事。

突发社会安全事件的产生有时与法律不健全、失效及社会秩序混乱有关。为了更好地保护人民生命财产安全，维护法律尊严和社会秩序，必须从事件中查找漏洞和教训，修补机制、法律和政策。同时，在突发性事件的善后重建工作中，不仅要关注受损物质与环境的修复，更应持续关注人们的社会心理健康，以及人们的心理恢复重建。

首先，要在人民群众中加强政治思想教育，发起和组织突发社会安全事件之后的心理干预和救助，引导群众认清心理失衡产生的根源与危害，安抚公众的心理情绪，理性确定救治目标，避免造成更大的心理伤害等；其次，要充分发挥新闻媒体在突发社会安全事件管理中的心理引导作用；再次，发挥非政府组织在心理救助和干预中的积极作用；最后，民众自身也应积极进行心理调试，储备和学习一些心理干预的知识，自觉树立起维护社会稳定大局、遵纪守法的意识，在全社会逐步形成一个互助心理干预的氛围，最终构建一个全面、完善的社会心理干预机制。

事态平息后，各级领导应当见微知著，做好方方面面的善后工作，化消极因素为积极因素，从根源上防止事件再次发生。

三、社会安全事件应急管理案例分析——以3·15新西兰清真寺枪击案为例

（一）案例简介

2019年3月15日，29岁的澳大利亚籍男子布伦特·塔伦特在新西兰克赖斯特彻奇市两座清真寺开枪扫射，最终造成51人死亡、多人受伤[①]。此次恐怖袭击案件对新西兰社会造成了严重损伤，引发国际社会关注。

（二）事故应急救援处置情况

2019年3月15日，枪击事件发生，51人死亡。犯罪嫌疑人在Facebook发布了关于枪击案的长达17分钟的直播视频，并在当天被成功逮捕。

枪击案发生后，新西兰总理阿德恩颁布了控枪法案，军用式半自动步枪和突击步枪

---

① 《新西兰致51死枪击案枪手被判终身监禁，不得假释》，https://baijiahao.baidu.com/s?id=1676143971993320366&wfr=spider&for=pc。

被禁止在新西兰国内使用。

2019年3月17日，悉尼歌剧院亮起银蕨叶悼念新西兰清真寺枪击事件遇难者。

2019年3月24日，新西兰总理宣布，新西兰将于2019年3月29日为克赖斯特彻奇恐怖袭击案件的受害者举行国家纪念活动。

2019年4月4日，犯罪嫌疑人的国籍所在国澳大利亚立法严惩网络直播暴行，规定社交媒体平台放任用户直播暴力画面构成犯罪。

2019年4月5日，新西兰枪击案犯罪嫌疑人以视频连线方式出庭听证会，受到50项谋杀罪名和39项谋杀未遂罪名指控。

2020年8月27日，枪击案罪犯被判终身监禁且不得假释，这是新西兰历史上最严厉的判决。

（三）教训与启示

反恐怖斗争事关国家安全，事关人民群众切身利益，事关改革发展稳定全局，是一场维护祖国统一、社会安定、人民幸福的斗争，必须采取坚决果断措施。全国各地各部门，要高度警惕并防范此类极端暴力恐怖袭击事件。同时，还需高度重视防范和控制因社会矛盾加剧导致个人或组织的极端暴力事件的发生风险。

1. 加强应急管理机构建设，高度重视暴力恐怖袭击事件的应急管理

由于多种原因，国际恐怖主义正在向全世界扩散开来。各类恐怖组织的极端恐怖行径引起了世界共愤，但要在短期彻底根除恐怖主义仍任重道远。因此，需要加强应急管理机构建设，建立健全由政府领导、各级政府负责、相关部门和社会组织以及人民群众共同参与的应急管理体制；同时，还要切实加强基层应急处置水平和能力的提升；此外，更要重视对人民群众进行暴力恐怖袭击防范知识和技能的教授与普及，降低因暴恐事件发生造成的危害。

2. 强化并完善应急管理联动机制，进一步增强应急预防预警和反应能力

当前，应急主管部门在应对处置突发事件时，仍然受到沟通不畅、无法调动、联动效率低下等问题的困扰和限制。为解决这类问题，需要各部门、机构和地区间建立良好的协调机制与沟通机制，还要加强同国际社会组织的合作交流，实现国内外应急管理信息资源的共享和研判，尽早采取有效手段预防和遏止暴力恐怖事件的发生。同时，要完善应急日常管理机制，积极开展应急演练，提高突发事件的应急反应能力。

3. 完善互联网平台信息监管体系，强化信息监测预警技术手段

很多极端分子在行使犯罪时都会有一定的犯罪预示，往往为了展示自我成就感，在社交媒体上发布部分袭击计划。这为预防社会安全事件的发生，并提前做好准备提供了应急预警信息。同时，凶手对犯案过程进行的现场直播视频给新西兰当地及其他国家的人民造成严重心理创伤。因此，国家应急机构应与各大社交媒体建立合作，一旦发现相关危险言论，及时上报并深入调查判断消息真伪，制定预警策略，并在可能发生暴力恐怖案件的区域加强安保工作，必要时采取应急措施及时制止相关视频的传播。

▶思考与练习

1. 自然灾害如何分类？请举例并作简要分析。
2. 自然灾害应急管理的基本内涵和基本内容是什么？
3. 结合海地地震后国际救援所产生的各种后果，浅析如何在自然灾害发生后有效利用国际救援？
4. 以自己熟悉的行业为背景，说明我国安全生产应急管理的现状与趋势。
5. 自然灾害应急管理常常伴随着公共卫生事件应急管理，两者有何区别与联系？
6. 社会安全事件应急管理有哪些阶段？每个阶段的含义是什么？

第十章

应急物资需求预测与测算

导言

物资供应保障是应急响应的重要组成部分,提升物资保障能力是应急管理工作的重点之一。应急事件的突发性、受灾损失程度的不可预测性、物资种类和保障方式的多样性等因素使得物资需求常具有较大的不确定性和复杂性。因此借助合理的管理理论和高效的科学方法保障应急物资需求预测和测算工作顺利进行至关重要。

本章中应急物资需求预测指的是在突发事件发生前根据历史资料预测某地区在未来一段时间内的应急物资储备量;应急物资需求测算则是在突发事件发生后根据即时反馈的应急信息计算为应对此次突发事件所需的物资数量。通过本章学习你将了解到应急物资需求、灾前应急物资需求预测和灾后应急物资需求测算的相关知识。

第一节 应急物资需求概述

一、应急物资需求的内容

应急管理部等部门联合发布的《"十四五"应急物资保障规划》提出,应急物资是指为有效应对自然灾害和事故灾难等突发事件,所必需的抢险救援保障物资、应急救援力量保障物资和受灾人员基本生活保障物资。应急物资需求是指国家有效应对突发公共事件时的最低物资要求,即在给定突发事件类型、强度等条件下,成功应对突发事件的最少物资需求量,在物资需求的确定中包含着优化的思想(左小德,2011)。应急物资需求包括四个方面:种类需求、数量需求、质量需求和结构需求。

（一）应急物资种类需求

应急物资包含多种类别。按照应急物资的用途和管理主体的不同，应急物资可以分为国家战略物资、生活必需品、救灾物资、专用应急物资与装备等。国家战略物资是指与国计民生和国防安全有重大关系的生活资料、生产资料和武器装备，包括重要原材料、燃料、设备、粮食、军械物资等。生活必需品是维持生命和保障基本生理需求的日常生活用品，主要包括粮油、蔬菜、肉类、蛋品、奶制品、食糖、食盐、饮用水和卫生清洁用品等，一般通过商品市场供应，特殊情况下政府通过监测、调节等手段保障其供应和价格的基本稳定。救灾物资是指用于救助受灾紧急转移安置人口，满足其基本生存需要的物资，一般要求在灾害发生 24 小时内提供基本救助。专用应急物资与装备是指由各级相关部门和机构根据各自职能储备的专用应急物资和装备，主要包括地震、洪涝干旱、地质灾害、火灾、矿山事故、危化品事故、溢油事故、环境污染、公共卫生、社会安全等突发事件应急救援与处置的物资与装备，这类物资与装备的专业性很强，一般都是由专业部门储备与管理。

根据突发事件的类型应急物资可分为自然灾害类应急物资、事故灾难类应急物资、公共卫生事件类应急物资和社会安全事件类应急物资（刘利军，2015）。自然灾害类应急物资主要包括干旱、洪涝、地震、泥石流、雪灾等自然灾害所需的应急物资，如帐篷、棉被等。事故灾难类应急物资主要包括各类企业安全事故、交通事故等突发事件所需的应急物资，如防辐射的防护设备等。公共卫生事件类应急物资主要包括传染病等严重影响公众健康的突发事件所需的应急物资，如防止疫情传播的口罩和防护服等。社会安全事件类应急物资主要包括恐怖袭击事件、重特大火灾等突发事件所需的应急物资，如防爆使用的盾牌等。

应急物资的种类需求是指在不同的突发事件造成的差异性灾后环境下，受灾群众和救援部门所需应急物资的不同种类（刘利军，2015）。突发事件的类型不同会造成所需的应急物资有所差异。例如，洪水洪涝多发地要多储备舟船和编织袋等防洪物资；旱灾多发地区对发电机组、水泵等灌溉类物资的需求上升；而在雪灾、低温冷冻灾害环境中，对防寒物资的需求增加。

虽然突发事件类型的不同导致所需的应急物资品类有所差异，但是对于多数造成大量人员伤亡的重大突发事件，以生命救援为主要目标的四类应急物资是必不可少的，包括救生器械、急救必需品、医疗药品和生活必需品（刘嘉，2017）。救生器械包括生命探测仪、挖掘设备和起重设备等。这类应急物资主要用于直接帮助受灾者脱离致命的环境。急救必需品，包括移动手术台、手术照明设备、输氧设备、手术器具、急救药品和医用血液等，用于重伤灾民的应急抢救。医疗药品包括一般常见病的口服药、注射药，一般外伤的外敷药，以及一些常见防疫药品等。不同于急救必需品，这些医疗药品往往被提供给那些伤情轻微或者未受伤的灾民，让他们自行处理伤情，以使有限的医疗人员全部投入到重伤灾民的抢救工作中，虽然这些药品的需求紧急程度不太高，但仍需尽早供应完成，否则可能导致轻伤员变成重伤员。生活必需品包括食物、饮用水、餐具、帐篷，以及衣服、被褥等御寒衣物，此类物资主要提供给能独立生存的灾民，以保证其基本的生活需求。

突发事件应急救援的不同阶段也会影响应急物资的品类需求（刘嘉，2017）。在突发事件刚刚发生后的应急响应阶段，当务之急是挽救灾民生命和缓解灾民痛苦，应急物资的主要需求品类为救生器械、急救必需品及维持生命的必需生活物资，如食品和饮用水等。灾民搜救工作基本结束和灾区环境渐趋稳定后，应急救援工作逐渐向恢复重建阶段过渡，此时的主要物资需求为医疗药品、御寒衣物、临时帐篷及各类生活物资等，以保证灾民的健康、安全，以及正常活动和休息，并尽力提升灾后灾民的基本生活质量。

在复杂多样的物资种类中，很多物资之间存在可替换性，一些物资具有排他性和特异性。在应急救援过程中，过分详尽的应急物资品类需求影响救援效率，不利于应急物流各个环节工作的落实；相反地，关键种类应急物资的缺乏或不足也会阻碍和延缓救援行动的开展。因此，挑选合适种类的应急物资意义重大。筛选的应急物资应具有在同一需求功能的所有商品类型中最耐存储、通用性更强、性价比最高的特征，这有利于应急物资储备、运输、发放等工作的顺利落实，以提高应急响应速度和救援效率。

（二）应急物资数量需求

应急物资的数量需求是在突发事件发生后，为有效应对突发事件所需的物资数量（左小德，2011）。一般来说，突发事件级别越高、影响范围越大、影响区域人口密度越大，物资需求的数量就越多。不同的突发事件类型有不同的级别划分指标。例如，地震灾害的分级初判指标是人口密集度和震级；洪涝灾害的分级指标是水位、流量等。具体而言，不同类型的物资由于需求主体和用途的差异，也会存在数量需求差异。例如，食品、饮用水等基本生活保障物资的需求量主要取决于安置人员数量和人均物资需求量；抢险救援保障类物资如冲锋艇、防洪沙袋等则主要视突发事件的严重程度和影响范围而定。

从时间维度看，应急物资数量需求在不同阶段有所不同。2005年8月25日"卡特里娜"飓风袭击美国后产生的应急需求量变化情况，如图10-1所示。从图中可以看出，在灾害发生后的前3天物资的总需求量急剧增加，然后逐步降低。在灾害发生初期，处置灾害的应急救援工作引发的需求数量急剧增加，在第3天达到最高值后需求数量开始降低；而灾害产生的灾民需求则呈现一定的滞后性，在第5天达到最高，然后开始下降。

（三）应急物资质量需求

应急物资质量需求考虑的是应急物资到达灾区后的可使用性、可靠性和安全性。各类应急物资的生产制造和存储管理均需符合相关要求和规定，保证其功能完好，可即时使用。例如，民政部行业标准 MZ/T 011.2—2010 救灾帐篷就详细说明了各类救灾帐篷的执行标准，包括要求、试验方法、检验规则及标志、包装、运输和贮存。浙江省地方标准《避灾安置场所内救灾物资储备和管理规范》规定了避灾安置场所内救灾物资术语和定义、管理要求和储备要求等内容。其中应急生活包所包含的物品清单及其质量要求见表10-1[1]。实际工作中也对物资储备的标准年限作了说明，如表10-2所示[2]。

---

[1] 《避灾安置场所内救灾物资储备和管理规范》，http://www.zjcx.gov.cn/hzgov/front/s135/lhjs/cgtgzs/jzsc/zcwj/qtzcwj/20201015/i2807240.html。

[2] 《三门县县级救灾物资储备实施细则》，http://www.sanmen.gov.cn/art/2022/6/2/art_1228995270_59036563.html。

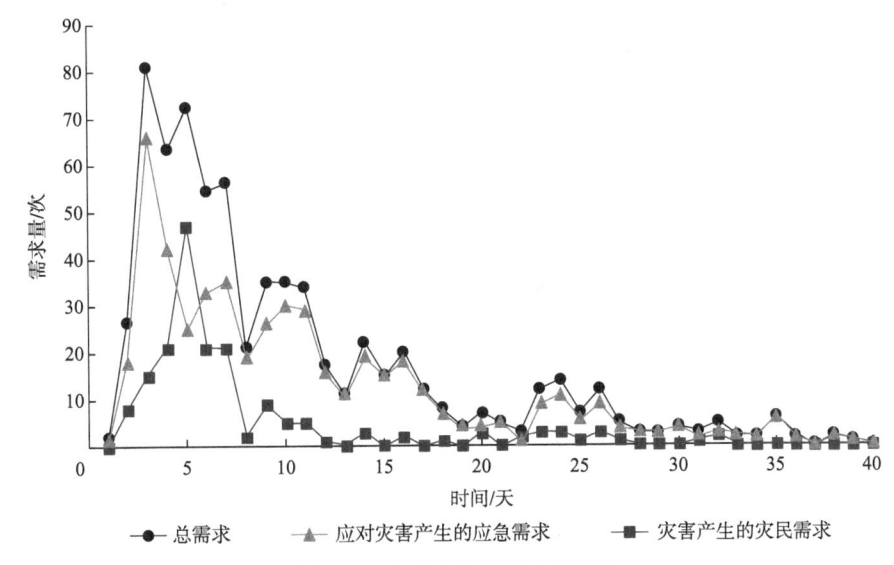

图10-1　灾后应急物资需求数量

资料来源：Holguín-Veras 等（2012）

表10-1　长兴县应急生活包物品质量要求表

序号	项目	数量	质量要求
1	空调被	1条	规格（厘米）：150×200 面料：灰绿色印花水洗磨毛布；100%聚酯纤维；克重：100 克/米^2 填充物：羽丝绒，100%聚酯纤维 重量（克）：整重 950 甲醛（毫克/千克）：W75 pH 值：4.0~8.5 可分解芳香胺：禁用 印字：安装规为 6.6 厘米×33 厘米的彩色 Logo 图案的脚标 包装要求：压缩真空包装
2	枕芯	1个	规格（厘米）：30×50 面料：灰绿色印花水洗磨毛布；100%聚酯纤维；克重：100 克/米^2 填充物：羽丝绒，100%聚酯纤维 重量（克）：整重 250 甲醛（毫克/千克）：W75 pH 值：4.0~8.5 可分解芳香胺：禁用 包装要求：与空调被一起压缩真空包装
3	冰丝席	1条	规格（厘米）：190×80 面层成分：经向，100%聚酯纤维，纬向，100%纤维素材料 底层成分：三明治（100%聚酯纤维） 甲醛（毫克/千克）：W75 pH 值：4.0~8.5 可分解芳香胺：禁用 工艺指标：四面包边 印字：安装规为 6.6 厘米×33 厘米的彩色 Logo 图案的脚标 包装要求：真空包装

续表

序号	项目	数量	质量要求
4	全棉缎档毛巾	1条	规格（厘米）：32×32 纱支：21支赛络纺纯棉 纤维含量（%）：100%全棉 重量（克）：40 外观质量：符合GB/T 22864的规定 耐洗色拉度：33 耐摩擦色牢度：32，33 甲醛（毫克/千克）：W75 pH值：4.0~8.5 可分解芳香胺：禁用 颜色：根据客户要求 绣花：绣直径45毫米的彩色Logo图案，绣规格17毫米×170毫米的文字
5	T恤	1件	规格：XL号（175厘米） 纱支：32支 纤维含量（%）：莱卡面料，65%棉、30%涤、5%氨纶 面料克重（克/米^2）：200 耐洗色拉度：33 耐摩擦色牢度：32，33 甲醛（毫克/千克）：W75 pH值：4.0~8.5 可分解芳香胺：禁用 颜色：根据客户要求 印字：胸口印制彩色直径45毫米的Logo图案；左袖口印100毫米×6毫米的文字；右袖口印60毫米×6毫米的文字
6	塑料拖鞋	1双	优质聚氯乙烯材料
7	牙刷	1个	细丝软毛，单支密封包装
8	双层真空保温杯	1个	450毫升，材质：304不锈钢 印字：印制直径25毫米的Logo图案及文字
9	餐巾纸	1包	原生木浆
10	硅胶折叠脸盆	1个	材质：优质塑料+硅胶 规格：32.5厘米×12厘米×24.5厘米（折叠前） 32.8厘米×4.6厘米（折叠后） 印字：印制直径5厘米的Logo图案
11	一次性内裤	2条	纯棉布料：纱支45支，克重90克/米^2，全棉；加宽橡筋，双层内裆，环氧乙烷气体灭菌单条独立包装
12	成人长款加厚雨衣（非一次性）	1件	材质：乙烯-醋酸乙烯酯共聚物 厚度：0.1毫米 印字：胸口印制直径80毫米的Logo图案
13	洗漱袋	1只	材质：尼龙；产品尺寸：37.5厘米×26厘米；袋口有收口绳，内部分为2个独立空间
14	包装袋	1个	材质：防水牛津布 规格：45厘米×35厘米×10厘米 工艺：安装拉链 颜色：根据客户要求 印字：在正面中间位置印制直径为10厘米的Logo图案和日期，右下印制"浙江省救灾协会监制"

表 10-2　三门县救灾物资储备年限标准

序号	物资名称	仓储时间/年	备注
1	框架式单、棉帐篷	6	
2	60平方米网架式指挥帐篷	10	
3	厕所帐篷	6	充电电池每6个月充电一次
4	帐篷涂层布	6	
5	棉被	5	
6	棉大衣	5	
7	棉衣	5	
8	多功能睡袋	5	
9	行军床（钢管框架、帆布床面）	5	
10	气垫床	4	
11	折叠床	6	
12	折叠桌、凳	6	
13	软体贮水罐、水桶	4	
14	背囊	6	
15	救灾帐篷专用炉	10	
16	灾民安置场地照明设备	10	
17	简易厕所	6	
18	净水器	10	
19	毛巾、毛巾毯	5	
20	应急灯	5	
21	草席	3	
22	雨衣、雨鞋	5	
23	救生衣	5	
24	橡皮艇	5	
25	冲锋舟	10	
26	柴油抽水机（手拉式启动）	8	每3年发动维护一次
27	手电筒（需配干电池）	8	
28	柴油发电机（蓄电瓶启动）	15	每月至少充电一次
29	睡袋	5	
30	防潮垫	5	
31	驱虫剂	2	

（四）应急物资结构需求

应急物资的结构需求包含两个方面：物资间的比例关系和物资需求的层次。应急物资间的比例关系主要指为保障某项工作的正常开展，应急物资应相互匹配、满足比例关系并尽量同时到达。某些物资功能的正常应用需要遵循严格的比例关系，缺一不可，如设备与元件的匹配、药品的浓度及与器械的搭配使用等。有些物资的比例关系则相对动态，如帐篷、棉被、食品等，灾后即刻可能无法实现最佳比例，但可以随着救灾活动的开展逐渐优化物资比例结构。物资需求的层次指的是随着救援活动的开展，灾民对应急物资的需求由最基本的生命救护类逐渐向更高层次的恢复和发展方向发展。救援初期灾民对与生命健康状况密切相关的救援力量、生存必需品（如水、食物、特殊医疗服务等）需求迫切，随着灾后环境逐渐稳定，灾民对安置场所、心理健康、未来发展等方面的需求较高。

二、应急物资需求的特点

（一）强社会性和弱经济性

大多数应急物资属于市场商品，具有一定的经济价格，但在紧急情况下，物资的社会功能比经济收益具有更高的优先级。在需求骤增或供应短缺的情况下，商品的价格会上升，但为了保障应急物资的社会功能发挥作用，有关部门可采取调控手段控制应急物资的经济收益。例如，2020年初新冠疫情发生后，受市场供求关系和企业逐利行为的影响，口罩等应急物资价格巨幅上涨，造成恶劣的社会影响。为此，《市场监管总局关于疫情防控期间严厉打击口罩等防控物资生产领域价格违法行为的紧急通知》发布，要求保障和加强物资的社会功能，控制和减弱物资的经济收益。除此之外，为尽快将应急物资运抵灾区开展救援工作，物资运输方式的选择常遵循时间成本优先、经济成本次之的决策准则。例如，飞机和铁路救灾专列等高成本运输方式在救灾中被经常使用。由此可见，强社会性和弱经济性是应急物资需求的显著特点。

（二）时间敏感性

应急物资需求具有较强的时间紧迫性，物资供应时间越早，越能保障更多灾民的生命安全，消除人民群众的恐慌情绪和紧张心理，维护灾区的和谐稳定。如果不能在限定的时间内发挥作用，应急物资便失去了"应急"的意义。随着时间的推移和救援工作的有效展开，应急物资需求对时间的敏感度会逐渐降低，转为常规化和一般化。因此，在突发事件的早期和初期需要重视应急物资需求的时间敏感性。

（三）不确定性

由于突发事件发生的时间、地点、规模大小和影响范围难以预测，因此应急物资需求具有不确定性。具体表现为需求时间、需求数量、需求种类等的不确定。突发事件发生时间的不确定性决定了应急物资需求时间的不确定；应急物资需求数量的不确定性一般取决于突发事件的规模、影响范围、严重程度和持续时间等；需求种类的不确定性受突发事件所造成的损害类型及继发灾害的类型影响。

（四）多样性与复杂性

突发事件的类型多样导致了应急物资需求种类的多样性，突发事件的发生时间、地点和影响人群的不确定性更造成应急物资需求的复杂性。例如，洪涝灾害会增加对衣物的需求，旱灾会增加对发电器材的需求，雪灾会增加对保暖物资的需求。不同的突发事件引发的物资需求具有差异性，而已经发生的突发事件引发的物资需求也不能一概而论，要视具体人群而定。例如，婴幼儿需要奶粉，妇女需要卫生用品等。突发事件本身的不确定特征及灾民个体的差异性需求都会造成应急物资需求的多样性和复杂性。

根据应急物资需求的测算所处阶段与作用层级的不同，应急物资需求分为宏观灾前的储备需求，中观灾初的响应需求和微观灾后的发放需求。宏观灾前的储备需求是指在宏观决策上，在突发事件发生前预测一个区域内未来一定时期发生的所有突发事件所引发的应急物资需求。中观灾初的响应需求是指在中观控制上，在突发事件发生之初测算本次突发事件产生的在所有影响区域的应急物资需求。微观灾后的发放需求是指在微观操作上，在突发事件发生后计算本次突发事件在一定区域范围内所产生的应急物资需求。本章第二节将详细介绍宏观灾前的储备需求预测，即突发事件发生前根据历史资料预测应急物资储备量的相关知识。本章最后一节介绍灾后根据即时反馈信息测算应急物资需求数量的相关理论方法。

第二节　应急物资需求预测

一、预测的基本知识

（一）预测的含义

关于预测的定义，不同的学者有不同的观点。郎茂祥（2011）认为预测就是人们根据事物以往发展的客观规律和当前出现的各种可能性，运用科学的知识、方法和手段，对未来事物发展趋势和状态预先作出科学的估计和评价。在应急物流领域，王宏伟（2016）认为预测就是"预先检测"，即在公共危机事件发生前对各种致灾因子及其表象进行实时、持续、动态的监视和测量，收集相关的数据和信息，并通过风险分析与风险评估来研判公共危机发生的可能性。刘利军（2015）认为预测是对尚未发生或目前还不明确的事物进行预先的估计和推测。郭子雪（2014）提出预测是根据一定事物的运动和变化规律，用科学的方法和手段对该事物的发展趋势和未来状态进行估量，是现在对事物将来要发生的结果进行探讨和研究，是一门研究未来的科学。综合上述观点，本书认为应急物资需求的预测应包括两个要点：一是预测基于事物的历史信息及发展规律；二是预测借助科学的理论和严谨的方法。

依据分类标准的不同，预测有多种分类方法。按照对象和内容的不同，预测可分为科技预测、经济预测、社会预测、环境预测、灾害与减灾预测、文化预测、政治预测和军事预测等。按照预测范围的不同，预测可分为宏观预测和微观预测。按照预测周期的长短，预测可分为短期预测、中期预测和长期预测。按照对结果的不同要求，预测可分为定性预测、定量预测和定时预测。除以上常用的几种分类方法，预测还可以分为单项预测和复合预测；动态预测和静态预测等。从应急物资需求的角度，根据需求的内容，应急物资需求预测可分为品类需求预测、数量需求预测、质量需求预测和结构需求预测；根据预测的层级，应急物资需求预测可分为宏观灾前的储备需求预测，中观灾初的响应需求预测和微观灾后的发放需求预测。

（二）预测的原理

预测的原理是预测的基础，主要包括以下几个方面（刘利军，2015）。

1. 连续性原理

客观事物的发展具有合乎规律的连续性，未来处在过去和现在的延长线上。通过分析大量历史和现有信息，可以深入了解事物发展变化的规律并以此推断未来。基于连续性原理可以采用时间序列方法进行预测。

2. 相关性原理

事物的发展并不是孤立的，而是相互关联、相互作用的，这种相互影响主要表现为相关关系或因果关系。对事物相关性的把握，可以执果寻因，由因推果，发现事物发展的趋势。基于相关性原理可以采用数理统计的方法进行预测。

3. 类比性原理

许多客观事物之间存在着某些类似的结构和发展模式，人们可以根据已知事物的结构和发展模式，举一反三，预测类似对象的未来结构和发展趋势。基于类比性原理可以采用人工智能技术进行预测。

（三）预测的步骤

预测是基于科学原理的调查、计算和分析的规范化过程，主要包含以下几个步骤（郎茂祥，2011）。

1. 确定预测目标，制订预测计划

首先要明确预测目标，即确定预测的对象、目的和要求是什么。预测对象应视为预

测系统的总体，预测目的指通过预测想要了解或解决什么问题，预测要求是指对预测结果的具体要求和附加条件。其次要制订周详可行的预测计划，确定预测人员、收集信息的途径、预测方法、预测精度、预测工作期限和经费等内容。值得注意的是，预测计划不是一成不变的，可以在实际的预测工作中对原计划作出必要的调整。

2. 调查研究阶段

资料是预测的基础，资料的质量直接关系到预测的精度，对收集的资料要进行系统、细致的整理和检查。根据预测目标收集的资料信息应尽可能全面，既包括预测对象本身的历史发展资料，也包括与预测对象相关的各种资料；既包括系统内部资料，也包括系统外部资料。

3. 处理阶段

处理阶段主要是应用特定的科学方法和恰当的逻辑推理，对事物的未来发展趋势进行估计和推断，这是预测的核心。在这一阶段，要根据预测对象的特点、预测的目的，结合搜集的资料和技术条件，选择恰当的预测方法作出定性或定量分析，判断预测对象的未来发展趋势。

4. 计算分析预测误差、确定预测值

预测误差即预测对象的实际值和预测值之间的偏差。由于预测的对象具有较大的随机性，预测是在这些不确定的对象中寻求确定的量，因此预测误差是不可避免、绝对存在的。预测误差是衡量预测准确性的重要指标，它为选择合适的预测方法和调整预测模型提供了重要的依据，同时也是分析预测结果、判断预测优劣的标准。常见的产生预测误差的原因主要包括偶然突发性因素的影响、调查资料失真、预测方法不当等。通过分析预测误差产生的原因，有利于预测者有目的地控制和调整预测误差的幅度，更科学地评价预测结果。利用预测方法得到的预测值，可以作为初步预测结果。进一步的预测还要根据已经出现的新情况，修正预测过程及邀请相关专家评审等，进行综合对比和判断，最终确定预测值。

5. 反馈与调整

预测的目的是为决策提供依据，预测人员要及时根据预测误差、实践经验和评审意见等，及时调整预测方法和预测结果。

预测方法主要分为定性预测和定量预测两大类。定性预测方法主要包含一般调查预测、集体意见预测、头脑风暴预测、德尔菲预测、情景分析预测、推断预测和交叉影响分析预测等。定量预测方法主要包含时间序列预测方法、因果关系预测方法、组合预测方法等传统预测方法，以及马尔可夫链预测、灰色系统预测、系统动力学预测和人工智能技术预测等现代预测方法。预测是对未来的估计和推测，无论采用何种方式都很难完全消除预测结果和现实之间的偏差。为了提高预测水平和效果，预测反馈、纠偏和管理至关重要。

二、应急物资储备规模预测

应急物资储备规模预测是突发事件发生前的预测行为,此时突发事件的发生类型和致灾能力等均为未知。目前,我国的应急物资储备规模预测有两种方法。一是基于对全国因灾紧急转移人口的历史统计数据预测未来某一规划周期内的紧急转移人口,再依据专家历史经验得到各行政区域内的紧急转移安置人口,从而得到应急物资储备规模。二是以《救灾物资储备库建设标准》(建标 121—2009)三级应急响应启动条件中的紧急转移安置人口数量为依据和指导进行预测。

(一)基于全国因灾转移人口统计数据的储备规模预测

根据 2009~2017 年《中国民政统计年鉴》和应急管理部、国家减灾委员会办公室发布的 2009~2019 年全国因灾紧急转移人口的统计数据(表 10-3),可测算未来一年或未来时期内平均每一年的全国因灾紧急转移人口数量。有物资需求的紧急转移安置人口占全国因灾紧急转移人口的 1/4,中央救灾物资储备库负责储备其物资需求的 1/10,其余物资归各省、市、县、乡等储备单位主体储备。通过估算中央及各级政府在不同灾害等级下可能面临的紧急转移安置人口,预测物资储备量。因此,历史资料的收集、整理和分析对于预测未来的全国因灾紧急转移安置人口数量十分重要,可采用适当的预测方法进行应急物资需求预测。

表 10-3　2009~2019 年全国因灾紧急转移人口数量　　　　单位:万人

年份	全国紧急转移人口
2009	709.9
2010	1858.4
2011	939.4
2012	1109.6
2013	1215.0
2014	601.7
2015	644.4
2016	910.1
2017	525.3
2018	524.5
2019	528.6

(二)基于三级应急响应启动条件的储备规模预测

2009 年,《民政部关于宣传贯彻〈救灾物资储备库建设标准〉的通知》文件下发,《救灾物资储备库建设标准》(建标 121—2009)规定,救灾物资储备库的储备物资规模应根据辐射区域内自然灾害救助应急预案中三级应急响应启动条件规定的紧急转移安置人口数量确定。我国已经建设了中央、省、市、县、乡五级救灾物资储备体系,根据各级政府各地区的应急预案中应急响应三级的紧急转移安置人口,按照人均需求乘以紧急转移安置人口的准则,即可知道受灾人员基本生活保障物资的储备规模数量。下面以《雅安市自然灾害救助物资储备规划(2016—2020年)》为例说明如何依据紧急转移安置人口的数量直接确定救灾物资的储备规模[①]。

紧急转移安置人口的数量直接决定救灾物资的储备规模。根据国家自然灾害灾情报送系统,2010~2014年全雅安市因灾紧急转移安置人口的平均数为6.67万人(扣除"4·20"芦山地震特殊因素),按照民政部印发的《救灾物资储备库建设标准》(建标121—2009)和灾害救助工作实际,以紧急转移安置人口的50%需由政府进行安置并给予临时生活救助测算,需保障对象约3.34万人。参考自然灾害救助资金分担比例和灾害救助工作实际,市级常年储备规模应满足需保障对象人口的20%,即大约0.67万人的应急救助和部分温暖过冬需求。

县(区)的救灾物资储备规模应以各地灾害风险水平和人口数量等为依据,根据本级自然灾害救助应急预案和历年灾情实际,确定救灾物资储备所对应的紧急转移安置人口数量。按照民政部印发的《救灾物资储备库建设标准》(建标121—2009)所确定的测算依据,县(区)应按对应的紧急转移安置人口的70%确定实际需要政府提供救助的人数,进而确定各类救助物资的存储规模。

根据浙江省的《避灾安置场所内救灾物资储备和管理规范》,避灾安置场所内救灾物资储备的数量应根据规划安置人数确定。避灾安置场所内生活类救灾物资(如床铺、毛毯、手电、帐篷、洗漱用品等)储备的数量应符合以下要求:沿海易灾地区的避灾安置场所,应按照规划安置人数的50%储备;交通运输不便、易灾的山区避灾安置场所,应按照规划安置人数的40%储备;其他避灾安置场所,应按照规划安置人数的20%储备,如与大型商超签订协议储备的,可不储备生活类救灾物资。食品类救灾物资储备量按每人每日所需数量计算。避灾安置场所内方便食品和饮用水储备的数量应符合以下要求:沿海易灾地区的避灾安置场所,应按照规划安置人数每日所需数量的30%储备;交通运输不便、易灾的山区避灾安置场所,应按照规划安置人数每日所需数量的40%储备;其他避灾安置场所,应按照规划安置人数每日所需数量的20%储备。深圳市龙岗区人民政府办公室给出的基本物资储备数量计算标准如下。食品类:按应急处置期间维持中等强度劳动,每人每日消耗总热能2800~3200卡路里计算,提供2800卡路里以上热量需500克以上的饼干和200克以上的方便面。饮用水:每人每日需2升以上。

> **阅读材料10-1:深圳市宝安区救灾物资储备规划实施计划(2021—2025年)**
>
> 一、灾害救助分析
> 根据历年灾害救助实践经验,结合国家有关要求,按灾种划分,我区救灾物资以保障台风/洪涝灾害转移安置人员为主,并兼顾地震等灾害转移安置需求。

---

① 《关于印发〈雅安市自然灾害救助物资储备规划(2016—2020年)〉的通知》,https://www.yaan.gov.cn/htm/openview.htm?id=20160908155627-755237-00-000。

按照市救灾物资储备规划实施计划，全市台风/洪涝人口转移基数为 27 万人，其中市级保障 4 万人，各区保障 23 万人。根据第七次全国人口普查结果（根据第七次全国人口普查结果，截至 2020 年 11 月 1 日零时，深圳全市常住人口为 1756.01 万人，宝安区常住人口 447.66 万人，占比 25.49%），按照宝安区常住人口占全市比例分摊区级转移安置人口基数，宝安区台风/洪涝灾害转移安置人口基数（取整）为 58 600 人。全市地震灾害转移安置人口基数为 5.03 万人，其中市级保障 4 万人，各区保障 1.03 万人（含深汕特别合作区 0.03 万人）。根据第七次全国人口普查结果，按照宝安区常住人口占全市比例分摊区级转移安置人口基数，宝安区地震灾害转移安置人口基数（取整）为 2500 人。

二、储备需求

（一）储备规模

基于灾害救助分析，宝安区救灾物资保障转移安置人口基数为 58 600 人，主要以台风、洪涝灾害转移安置需求为主，同时兼顾地震灾害转移安置 2500 人。根据国家《救灾物资储备库建设标准》（建标 121—2009）第九条及其说明，参照市救灾物资储备规划实施计划，宝安区以紧急转移安置人口基数的 70%，测算实际需要政府提供救助的人数及其所需救灾物资，进而确定各品种救灾物资的储备需求数量。

（二）储备品种

救灾物资包括受灾人员基本生活救助物资和救灾防护用品（工具）两大类。选择救灾物资的储备品种应遵循以下原则：一是功能相同或相近的物资，优先考虑用途多、保质期长、占用场地少、物美价廉的品种；二是功能相同或相近的物资，在满足总量要求下，可储备单一品种或多个品种。

（三）储备数量

基于市救灾物资储备规划实施计划，结合宝安区实际，核算确定区级救灾物资储备需求数量（含区本级和街道级储备），见下表。

序号	推荐/备选品种	主要应对灾种	储备需求数量	政府储备数量	商业储备数量	单位
1	12 平方米单帐篷	地震	440	440	—	顶
2	移动桌椅	地震	440	440	—	套
3	折叠床/床垫	地震	1 750	1 750	—	张
4	棉被/睡袋	地震	1 750	1 750	—	床
5	防潮垫/凉席	台风/洪涝/地震	41 000	8 200	32 800	张
6	毛巾被/毛毯	台风/洪涝/地震	41 000	8 200	32 800	床
7	应急灯/手电筒/帐篷灯	地震	440	88	352	个
8	电源插座（含手机充电线）	地震	440	88	352	个
9	发电式移动照明灯塔/发电机	地震	12	12	—	台
10	常服	台风/洪涝/地震	3 040	—	3 040	套
11	防寒服/棉大衣/军大衣/保暖衣裤	台风/洪涝/地震	3 040	608	2 432	套
12	方便面/自热食品/饼干/八宝粥/面包	台风/洪涝/地震	41 000	—	41 000	千克
13	饮用水	台风/洪涝/地震	167 500	—	167 500	升

续表

序号	推荐/备选品种	主要应对灾种	储备需求数量	政府储备数量	商业储备数量	单位
14	婴儿奶粉	台风/洪涝/地震	370	—	370	千克
15	脸盆/水桶	地震	440	—	440	个
16	洗漱包（含毛巾、牙刷、牙膏）	台风/洪涝/地震	3 040	—	3 040	套
17	垃圾袋/环保袋	台风/洪涝/地震	2 550	—	2 550	个
18	纸巾	台风/洪涝/地震	21 600	—	21 600	包
19	肥皂/洗衣液/洗衣粉	台风/洪涝/地震	660	—	660	千克
20	尿不湿	台风/洪涝/地震	9 950	—	9 950	片
21	卫生巾	台风/洪涝/地震	18 250	—	18 250	片
22	移动厕位	地震	18	18	—	个
23	医疗急救包/医疗药箱	台风/洪涝/地震	410	410	—	个
24	36平方米单帐篷	地震	1	1	—	顶

资料来源：《深圳市宝安区人民政府办公室关于印发宝安区救灾物资储备规划实施计划（2021—2025年）的通知》，http://www.baoan.gov.cn/xxgk/ghjh/fzgh/content/post_10218927.html

注：政府储备是指政府实物储备，商业储备是指协议企业实物储备。当采取政府和企业实物储备相结合的混合储备方式时，政府储备比例不低于20%

第三节 应急物资需求测算

应急物资响应需求数量测算的主要工作是在突发事件发生后，预测该突发事件从响应开始至响应结束所需求的应急物资的总数量。相对于储备规模预测研究，由于此时突发事件类型已知，可能引发的后续事故类型可估，一般会尽可能多地搜集和获取突发事件的特征、范围、等级、人员伤亡和各种灾情参数等多种信息以尽可能准确地测算应急物资需求。科学测算应急物资需求能有效防止应急物资出现过多或不足等现象，减少需求延误和经济资源浪费，对于提高指挥部门的反应速度、降低人员伤亡具有重要意义。

目前在灾后应急物资需求测算方面，暂未出现统一的成熟、可靠的预算方法。很多学者对应急物资需求进行了研究，这对于实际的应急物流具有很大的借鉴意义（徐东，2020）。有学者认为，如果突发事件的类型相同、发生环境相似、处理方式相同，那么应急物资的需求是具有相近性的。基于此，应对已发生的突发事件建立案例库，并采用归一化的欧氏算法从案例库中寻求最佳相似源案例，再与国外相同类型数据进行对比，建立对比数据库，以准确地利用成功经验数值。然后确定决定主要物资需求的关键因素，再根据源案例中相关关键因素的数据对目标案例进行相应的物资需求预测，以此构建案例推理-关键因素模型。也有学者提出需要利用多元数据融合方法进行处理，以提高受灾人员数据的准确度。进一步，对与需求点人口数量相关的某些应急物资的需求量进行预测。还有学者提出，可以利用灰色系统预测模型或者反向传播（back propagation，BP）

神经网络预测模型实现应急物资需求量的预测。下文将详细介绍几种应急物资需求测算方法。

一、基于模糊马尔可夫链的应急物资需求测算

马尔可夫预测方法由俄国数学家安德雷·马尔可夫在 1907 年提出，后由蒙特卡罗加以发展而建立的一种预测方法，它将时间序列看作一个随机过程，通过对事物不同状态的初始概率与状态之间转移概率的研究，确定事物未来状态的变化趋势。

（一）马尔可夫预测法的基本概念

具有马尔可夫性的随机过程 $\{X(t),t\in T\}$ 称为马尔可夫过程，其中随机过程 $X(t)$ 是随时间 t 变化的随机变量，而马尔可夫性指的是随机过程在 t_n 时的状态仅与 t_{n-1} 时的状态有关，而与 t_{n-1} 之前的状态无关，这种性质也被称为马尔可夫过程的无后效性或无记忆性。用数学语言表示如下。

设随机过程 $\{X(t),t\in T\}$，时间 $T=\{t_1,t_2,\cdots,t_n\}$，状态空间为 E，$E=\{x_1,x_2,\cdots,x_n\}$，随机变量 $X(t_n)$ 在已知变量 $X(t_i)=x_i(i=1,2,\cdots,n-1)$ 之下的条件分布函数只与 $X(t_{n-1})=x_{n-1}$ 有关，恰好等于在条件 $X(t_{n-1})=x_{n-1}$ 下 $X(t_n)$ 的分布函数，而与 $X(t_1)=x_1,\cdots,X(t_{n-2})=x_{n-2}$ 无关，即条件分布函数满足：

$$F(x_n;t_n|x_{n-1},x_{n-2},\cdots,x_1;t_{n-1},t_{n-2},\cdots,t_1)=F(x_n;t_n|x_{n-1};t_{n-1})$$

根据时间和状态是否连续，可以将马尔可夫过程分为三类：时间离散状态离散的马尔可夫过程、时间连续状态离散的马尔可夫过程和时间连续状态连续的马尔可夫过程。时间和状态都是离散值的马尔可夫过程称为马尔可夫链。

马尔可夫预测方法的基本概念有状态、状态转移概率和状态转移矩阵等。状态是指事物或系统可能出现或存在的一组状况或行为。事物对象可能存在不同的状态，但同一事物不同状态间相互独立，同一事物不会同时存在两种状态。当系统从一种状态转变为另外一种状态则称为状态转移。客观事物从一种状态转移到另一种状态是随机的，这种转移的可能性用概率描述则是状态转移概率。

研究对象有 n 种状态，$E=\{E_1,E_2,\cdots,E_n\}$，每次出现某一种状态 $E_i(i=1,2,\cdots,n)$，每一种状态在下一个时刻都有 n 个转移方向，即 $E_i\to E_1,\cdots,E_i\to E_i,\cdots,E_i\to E_n$。状态 E_s 经过一步转移到状态 E_{s+1} 的概率 $p(E_{s+1}=j|E_s=i)$ 记为 p_{ij}。

设由状态 E_i 经过一个时期转移到状态 E_j 的一步转移概率是 p_{ij}，状态空间是 $\{1,2,\cdots,n\}$，将所有的一步转移概率排成一个矩阵，即

$$P = \begin{bmatrix} p_{11} & p_{12} & \cdots & p_{1n} \\ p_{21} & p_{22} & \cdots & p_{2n} \\ \vdots & \vdots & & \vdots \\ p_{n1} & p_{n2} & \cdots & p_{nn} \end{bmatrix}$$

此矩阵即马尔可夫状态转移矩阵。

（二）马尔可夫预测模型

设事物互不相容的状态有 n 个，事物的初始概率向量 $S^{(0)}$ 为

$$S^{(0)} = \left[S_1^{(0)} S_2^{(0)} \cdots S_n^{(0)} \right]$$

式中，$S_i^{(0)}(i=1,2,\cdots,n)$ 表示处于状态 i 的初始概率，且有

$$\sum_{i=1}^{n} S_i^{(0)} = 1$$

若经过 k 步转移后处在状态 i 的概率为 $S_i^{(k)}$，由切普曼-柯尔莫哥洛夫方程可知

$$S_j^{(k+1)} = \sum_{i=1}^{n} \left(S_i^{(k)} \cdot p_{ij} \right) \quad (j=1,2,\cdots,n)$$

写成矩阵形式，即有

$$\left[S_1^{(k+1)} S_2^{(k+1)} \cdots S_n^{(k+1)} \right] = \left[S_1^{(k)} S_2^{(k)} \cdots S_n^{(k)} \right] \begin{bmatrix} p_{11} & p_{12} & \cdots & p_{1n} \\ p_{21} & p_{22} & \cdots & p_{2n} \\ \vdots & \vdots & & \vdots \\ p_{n1} & p_{n2} & \cdots & p_{nn} \end{bmatrix} \quad (k=0,1,2,\cdots)$$

或 $S^{k+1} = S^k \cdot P$。

由递推关系，则有

$$S^{(1)} = S^{(0)} \cdot P$$
$$S^{(2)} = S^{(1)} \cdot P = S^{(1)} \cdot P^2$$
$$\vdots$$
$$S^{(k+1)} = S^{(k)} \cdot P = S^{(k)} \cdot P^{k+1}$$

以上就是 $k+1$ 期的马尔可夫预测模型。所以，又可写成下列形式

$$S^{(k+1)} = S^{(0)} \begin{bmatrix} p_{11} & p_{12} & \cdots & p_{1n} \\ p_{21} & p_{22} & \cdots & p_{2n} \\ \vdots & \vdots & & \vdots \\ p_{n1} & p_{n2} & \cdots & p_{nn} \end{bmatrix}^{(k+1)}$$

马尔可夫预测模型只适用于具有马尔可夫过程特性的时间序列，并且要求时间序列在预测期间内满足以下条件。

（1）转移概率矩阵逐期不变，即每一时刻向下一时刻的转移概率都是一样的，均为一步转移概率，即马尔可夫链是平稳的。

（2）状态个数保持不变。
（3）状态的转移只受前一期的影响，而与前一期以前的状态无关，即该马尔可夫预测模型只适用于一阶马尔可夫链的情况。

（三）基于模糊马尔可夫链的应急物资需求预测模型

在应急物资需求预测问题中，状态可能不是明确的子集合。例如，可以用需求量很小、需求量小、需求量一般、需求量大和需求量特大等状态描述应急物资需求量。因为它们都是模糊状态，故要用需求量上的模糊子集表示才更接近实际。我们称用模糊集表示的状态为模糊状态。

设应急物资需求事件序列 $X(t): x_1, x_2, \cdots, x_n$，$\tilde{E}_1, \tilde{E}_2, \cdots, \tilde{E}_n$ 是 $X(t)$ 取值域上的一个模糊划分。对任意 $x \in X$，有 $\sum_{i=1}^{k} \mu_{\tilde{E}_i}(x) = 1$，$k$ 远远小于 n。利用马尔可夫链预测思想来预测 $n+1$ 时刻的可能状态，主要是确定各模糊状态的初始概率 $P_i = P(\tilde{E}_i)$，以及一步转移概率 $P_{ij} = P(\tilde{E}_i \to \tilde{E}_j)$ $(i, j = 1, 2, \cdots, k)$。

同样，先不考虑数据 x_n 所处的状态。用 $\tilde{M}_i$ 表示数据 $x_1, x_2, \cdots, x_n$ 落入模糊子集 $\tilde{E}_i$ 中的"个数"，定义

$$\tilde{M}_i = \sum_{i=1}^{n-1} \mu_{\tilde{E}_i}(x_i) \quad (i = 1, 2, \cdots, k) \tag{10-1}$$

显然，当 $\tilde{E}_i$ 为经典集合时，有 $\tilde{M}_i = M_i$。称

$$\tilde{F}_i = \frac{\tilde{M}_i}{n-1} \quad (i = 1, 2, \cdots, k) \tag{10-2}$$

为模糊状态 $\tilde{E}_i$ 发生的模糊频率。取 $\tilde{E}_i$ 的初始概率为

$$P_i = \tilde{F}_i$$

又记

$$\tilde{M}_{ij} = \sum_{i=1}^{n-1} \mu_{\tilde{E}_i}(x_i) \cdot \mu_{\tilde{E}_j}(x_{i+1}) \quad (i = 1, 2, \cdots, k) \tag{10-3}$$

则取模糊状态 $\tilde{E}_i$ 到 $\tilde{E}_j$ 的一步转移概率为

$$P_{ij} = \frac{\tilde{M}_{ij}}{\tilde{M}_i} \quad (i = 1, 2, \cdots, k) \tag{10-4}$$

可以证明：对于 $1 \leq i \leq k$，模糊状态 $\tilde{E}_i$ 到 $\tilde{E}_j$ 的一步转移概率 $P_{ij} = \frac{\tilde{M}_{ij}}{\tilde{M}_i}$ 满足 $\sum_{j=1}^{k} P_{ij} = 1$。

基于模糊马尔可夫链的应急物资需求预测步骤如下。

（1）确定系统状态。应急物资需求量可分成需求量很小、需求量小、需求量一般、需求量大和需求量特大五种状态，分别用 $\tilde{E}_1$、$\tilde{E}_2$、$\tilde{E}_3$、$\tilde{E}_4$、$\tilde{E}_5$ 来表示。

（2）计算初始概率。由式（10-1）和式（10-2）计算模糊状态 $\tilde{E}_i$ 的初始概率

$$\tilde{F}_i = \frac{\tilde{M}_i}{n-1} \quad (i=1,2,\cdots,5)$$

（3）计算一步转移概率矩阵。由式（10-3）和式（10-4）可得马尔可夫链的一步转移概率矩阵

$$P = \begin{bmatrix} p_{11} & p_{12} & \cdots & p_{15} \\ p_{21} & p_{22} & \cdots & p_{25} \\ \vdots & \vdots & & \vdots \\ p_{51} & p_{52} & \cdots & p_{55} \end{bmatrix}$$

（4）利用一步转移矩阵 P 进行预测。由给定的 n 时刻序列观测值 x_n，可以得到各模糊状态的隶属度 $\mu_{\tilde{E}_i}(x_n)(i=1,2,\cdots,5)$。记

$$F(x_n) = \left(\mu_{\tilde{E}_1}(x_n), \mu_{\tilde{E}_2}(x_n), \cdots, \mu_{\tilde{E}_5}(x_n)\right) \triangleq \left(\mu_1(n), \mu_2(n), \cdots, \mu_5(n)\right)$$

则 $n+1$ 时刻序列状态预测值为

$$F(x) \cdot P^{\mathrm{T}} = \left(\mu_1(n), \mu_2(n), \cdots, \mu_5(n)\right) \cdot \begin{bmatrix} p_{11} & p_{12} & \cdots & p_{15} \\ p_{21} & p_{22} & \cdots & p_{25} \\ \vdots & \vdots & & \vdots \\ p_{51} & p_{52} & \cdots & p_{55} \end{bmatrix}$$

$$= \left(\mu_1(n+1), \mu_2(n+1), \cdots, \mu_5(n+1)\right) \triangleq F(x_{n+1})$$

其中

$$\mu_j(n+1) = \sum_{i=1}^{5} \mu_i(n) \cdot P_{ij} \triangleq \mu_{\tilde{E}_i}(x_{i+1})$$

应急物资需求事件序列 $X(t)$ 在时刻 $n+1$ 的预测状态仍是一个模糊向量，$F(x_{n+1})$ 的各分量表示 $n+1$ 时刻应急物资需求序列估计值隶属于各个模糊状态的程度，利用最大隶属度原则，如果存在 $1 \leqslant l \leqslant k$，使得

$$\mu_l(n+1) = \max\left\{\mu_1(n+1), \mu_2(n+1), \cdots, \mu_k(n+1)\right\}$$

则可预测下一时刻应急物资需求序列将转移到状态 $\tilde{E}_l$。

二、灰色预测法

灰色预测法是指通过对原始数据的处理和灰色模型的建立，发现和掌握系统发展规律，并对系统的未来状态作出科学的定量预测的方法。这里的"灰色"指的是"信息不完全、信息不确定"，同时有可能是"数据少"。因此，灰色系统一般含不完全、不确定信息，是一个部分信息明确、部分信息不明确的系统。灰色预测可分为五类，即灰色数列预测、灾变预测、季节灾变预测、波形预测、系统预测（郎茂祥，2011）。

灰色数列预测是用灰色模型对系统行为特征值的发展变化进行预测。数列预测的特点是通过对行为特征量（如产量、销售量、降雨量、人口、案发率及存款等）数据的观

测，推测这些行为特征量在未来时期的水平。

灾变预测是指对行为特征值奇异点的发生时刻进行估计。灾变预测的特点是对异常值出现的时刻进行预测。

季节灾变预测是对在特定时间发生的事件进行未来时间分布计算。这是一种特定时区的灾变预测，其特点是灾变一般仅发生在一年的某一特定时段。

波形预测是指对杂乱波形的未来态势与波形作出整体预测，是对一个变化不规则的行为数据列的整体发展进行预测。

系统预测是对系统各个因子的动态关联进行预测。进行系统预测需要找出系统中各种因素的动态关系，并建立系统动态框图。

突发事件发生后，药品类应急物资（主要是常规医疗药品和急救用品）需求将会随着灾区受伤人员数量的变化而变化，因而受伤人员的数量成为决策药品类救援物资需求的一个重要因素。灰色 Verhulst 模型主要通过对大规模地震发生后受伤人员数量变化进行研究，进而对药品类救援物资的时变需求进行测算（刘利军，2015）。

假设大规模地震发生后受伤人员的数量序列为

$$S^{(1)} = \left(s^{(1)}(1), s^{(1)}(2), \cdots, s^{(1)}(t)\right)$$

式中，$s^{(1)}(t)$ 表示 t 时刻的受伤人员数量。

$S^{(0)}(t)$ 为 $S^{(1)}(t)$ 的 1—IAGO（逆累加生成算子）序列，$Z^{(1)}(t)$ 为 $S^{(0)}(t)$ 的均值生成序列，则称

$$s^{(1)}(k) + a \cdot z^{(1)}(k) = b\left(z^{(1)}(k)\right)^{\alpha}$$

为 GM(1,1) 幂模型。

当 $\alpha = 2$ 时，则称

$$s^{(1)}(k) + a \cdot z^{(1)}(k) = b\left(z^{(1)}(k)\right)^{2}$$

为灰色 Verhulst 模型。

称

$$\frac{\mathrm{d}s^{(0)}}{\mathrm{d}t} + a \cdot s^{(0)} = b\left(s^{(0)}\right)^{2}$$

为灰色 Verhulst 模型的白化方程。

采用最小二乘法来估计参数 a 和 b，设

$$E = \begin{bmatrix} -z^{(1)}(2), & \left(z^{(1)}(2)\right)^{2} \\ \vdots & \vdots \\ -z^{(1)}(n), & \left(z^{(1)}(n)\right)^{2} \end{bmatrix}, Y = \begin{bmatrix} s^{(1)}(2) \\ \vdots \\ s^{(1)}(n) \end{bmatrix}$$

则灰色 Verhulst 模型参数列 $\hat{a} = (a, b)^{\mathrm{T}}$ 的最小二乘估计为

$$\hat{a} = \left(E^{(\mathrm{T})}E\right)^{-1} E^{\mathrm{T}} Y$$

将 $\dfrac{\mathrm{d}s^{(0)}}{\mathrm{d}t}+as^{(0)}=b\left(s^{(0)}\right)^2$ 左右同时乘以 $\left(s^{(0)}\right)^{-2}$，得

$$\left(s^{(0)}\right)^{-2}\dfrac{\mathrm{d}s^{(0)}}{\mathrm{d}t}+a(s^{(0)})^{1-a}=b$$

令 $y^{(1)}=\left(s^{(0)}\right)^{1-a}$，求解该伯努利方程，可得灰色 Verhulst 白化方程的解为

$$\begin{aligned}s^{(1)}(t)&=\dfrac{1}{\mathrm{e}^{at}\left[\dfrac{1}{s^{(1)}(0)}-\dfrac{b}{a}\left(1-\mathrm{e}^{-at}\right)\right]}\\&=\dfrac{as^{(1)}(0)}{\mathrm{e}^{at}\left[a-bs^{(1)}(0)\left(1-\mathrm{e}^{-at}\right)\right]}=\dfrac{as^{(1)}(0)}{bs^{(1)}(0)+\left(a-bs^{(1)}(0)\right)\mathrm{e}^{at}}\end{aligned}$$

灰色 Verhulst 模型的时间响应式为

$$\widehat{s^{(1)}}(k+1)=\dfrac{as^{(1)}(0)}{bs^{(1)}(0)+\left(a-bs^{(1)}(0)\mathrm{e}^{ak}\right)}$$

代入的 k 值不同，即可得到相应的 $\widehat{s^{(1)}}(k)$，从而实现了对大规模地震发生后受伤人员数量的预测，进而实现对药品类救援物资的时变需求的预测。

任何灰色模型预测的结果都要通过精度检验来判断结果是否合理，只有通过了精度检验的灰色预测模型才能确保其预测值的合理性和准确性。在 t 时刻受伤人员数量的实际值与预测值之差称为 t 时刻的残差，残差与实际值之比称为在 t 时刻的相对残差，通过计算每个时刻的残差及相对残差，即可计算平均相对残差，然后查阅精度检验等级参照表（表10-4）判断该灰色 Verhulst 预测模型的精度等级。

表10-4　精度检验等级参照

精度等级	相对误差 α
一级	0.01
二级	0.05
三级	0.10
四级	0.20

▶思考与练习

1. 简述应急物资需求的内容。
2. 请列举我国其他地区应急物资需求储备实例。
3. 应急物资的响应需求预测与储备规模预测有什么不同？预测难度有什么差异性？

第十一章

应急物流与供应链管理

导言

自然灾害频繁、大规模地发生，对经济、环境等都造成了极大的危害，严重威胁着社会和生活的稳定。灾害发生后，救援组织需要及时、高效地将应急物资运往灾区满足灾民需求，减轻灾民痛苦。应急物资的供应需要应急物流的支持。应急物流包含多个运作流程，复杂的结构要求各流程之间各司其职、协作配合。"十四五"国家应急体系规划明确指出，加快建立储备充足、反应迅速、抗冲击能力强的应急物流体系。

应急供应链作为应急物流的高阶阶段，以更加系统的视角分析应急物资的供应和运作过程。应急供应网络设计和结构化水平直接影响应急物资的供应效率（王熹徽等，2017）。因此借助合理的管理理论对其进行科学管理至关重要。通过本章的学习你将了解到应急物流和应急供应链的相关知识；学习如何科学、全面地部署应急物流和供应链工作，实现应急物资高效供应。

第一节 应急物流管理

一、应急物流的基本概念

（一）概念的提出与发展

2004年印度海啸的应对过程中，国际社会暴露出在灾害应急管理方面的严重不足，如预算短缺、物资堆积、运输与调度不畅等，使得学术界开始认识到物流在应对自然灾害等突发事件中起到的关键作用。van Wassenhove（2006）的研究显示救援组织将高达其总收入80%的支出花费在物流活动上，并对人道物流供应链进行了描述，成为国际上人道物流领域相关研究的里程碑之作。

我国应急物流的概念形成和发展均独立于国际人道物流研究。21 世纪初期，国内的学术界开始出现"应急物流"这一概念，但大都将其运用于企业突发性物流和供应链中断等商业物流问题。例如，国家标准《物流术语》（GB/T 18354—2006）中就将应急物流表述为"针对可能出现的突发事件做好预案，并在事件发生时能够迅速付诸实施的物流活动"。在此阶段应急物流并非用于应对突发事件的专有概念。

2008 年，在经历了南方雪灾、汶川大地震之后，开始有部分的专家学者将"应急物流"与"突发事件"相对应，以"应急物流"专门指代应对突发事件所进行的一系列与物流相关的活动。随着这一用法被越来越多的研究学者所接受，应急物流开始逐渐脱离传统商业物流的范畴。2009 年，应急物流首次出现在国家政策指导文件中，国务院在其印发的《物流业调整和振兴规划》中明确提出要建设"应急物流工程"。之后，2014 年国务院印发的《物流业发展中长期规划（2014—2020 年）》更是将应急物流工程列为十二项重点发展工程之一，这标志着应急物流已经开始进入国家宏观战略决策。2017 年国务院办公厅印发的《国家突发事件应急体系建设"十三五"规划》，明确提出"建立健全应急物流体系，充分利用国家储备现有资源及各类社会物流资源，加强应急物流基地和配送中心建设，逐步建立多层级的应急物资中转配送网络；大力推动应急物资储运设备集装单元化发展，加快形成应急物流标准体系，逐步实现应急物流的标准化、模块化和高效化"。自此应急物流脱离了传统物流的范畴，成了我国应急管理体系建设的内容之一。2022 年国务院印发的《"十四五"国家应急体系规划》提出"加快建立储备充足、反应迅速、抗冲击能力强的应急物流体系。优化紧急运输设施空间布局，加快专业设施改造与功能嵌入，健全应急物流基地和配送中心建设标准"。

（二）应急物流与传统物流的区别

2021 年颁布的《物流术语》（GB/T 18354—2021）将物流定义为"根据实际需要，将运输、储存、装卸、搬运、包装、流通加工、配送、信息处理等基本功能实施有机结合，使物品从供应地向接收地进行实体流动的过程"。应急物流虽然脱胎于传统商业物流，但是在目标导向、运作主体、运作情境和社会影响方面与传统商业物流还存在着很大的区别。

1. 目标导向

传统商业物流作为商业的一部分，其根本目的是谋取利益，因此在考虑传统商业物流问题时，其主要目标是最大化利润或最小化成本，对于成本过高或者性价比过低的运输任务可以选择放弃。

应急物流的根本目的是尽可能地减少突发事件带来的损失，减轻受灾群众的痛苦，尽可能地保证受灾群众的生命安全。应急物流是非营利性的，不为追求利润，而更多的是一种责任，因此在考虑应急物流问题时一般致力于提高应急物流的效果或效率，减少应急物流的成本并不是最重要的。例如，不能因为将物资运往某些地方需要花费很高的成本（如由于道路阻塞只能出动直升机）就将这些地方放弃。

2. 运作主体

传统物流的运作主体为整体或部分私营企业，如独立的物流公司，如顺丰快递、联邦快递等，大型公司的下辖事业部，如京东、亚马逊等。作为企业，它们有着各自的资金链条，通过提供物流服务赚取利润，维持企业的生存和发展。由于需要面临残酷的市场竞争，传统商业物流的运作主体往往具有丰富的运作管理经验。

应急物流的运作主体可能是政府或相关下属机构，也有可能是非政府组织如红十字会，它们都是非营利性组织，其资金来源主要依托行政拨款和社会捐助等。鉴于突发事件的偶发性和严重性，应急物流的运作主体难以从日常工作中得到充分的实践和试错机会，加之财政预算和政策法规的约束，其在运作效率和成本控制方面仍有较大的提升空间。

3. 运作情境

传统物流的运作一般没有特定的情境，运作环境通常是稳定的，一般不会出现诸如道路损毁、物资聚集等特殊情况。并且传统物流运作过程中物资的需求是确定性的，运作过程中不会出现较多变化。

应急物流则一般建立在突发事件的情境下，由于突发事件具有不确定性和紧迫性，应急物流的运作需要保持高效率。例如，汶川地震发生后，在"黄金72小时"救援期，为了确保食物、饮用水、医疗物资的供应，我国政府出动了大批量的直升机和军队，付出了高昂的成本。此外，应急物流的需求往往具有不确定性，且可能出现各种突发情况，其运作需具备高度灵活性。

4. 社会影响

传统物流主要为一般或特定消费者服务，如"四通一达"[①]物流公司的服务对象主要是进行网上购物的一般性消费者，而德邦物流及各类冷链物流公司的服务对象则是某一类具有一定特殊需求并愿意支付较高溢价的消费者。无论是一般还是特定顾客，其本质都是消费者，对于物流服务需求的诉求都集中在定价、服务质量和信息安全等方面。物流公司通过其自身的战略定位和目标客户，选择或放弃部分服务对象，从而实现预定经营目标。此类物流在市场中广泛存在，各类物流公司面向不同的客户群提供服务，影响范围有限，一般不会引起广泛的社会关注和影响。

应急物流是为突发事件的受灾群众提供服务，如"5·12"汶川地震的受灾群众，2020年新冠疫情的感染者、医护人员甚至一般民众。考虑到灾害发生往往导致大规模的地区和人民受灾，应急救援工作的开展受到社会各界的高度关注。应急物流需要为受灾群众提供恰当、充足和及时的应急物资，否则会损害部分或整体受灾群众的基本权益，进而导致严重社会问题和群体事件的发生。

---

① 四通一达，是申通快递、圆通快递、中通快递、百世汇通、韵达快递五家民营快递公司的合称。

（三）应急物流的定义

通过总结应急管理相关法律法规和现有学者对于应急物流内涵的探索，本书将应急物流定义为：以应对造成或可能造成严重社会危害的自然灾害、事故灾难、公共卫生和社会安全事件为目的，将应急物资、人员和装备从供应地向接收地的实体流动过程。根据实际需要，将筹集、储存、运输、调度、分配、发放和信息处理等基本功能实施有机结合。

二、应急物流目标与特征

（一）应急物流的目标

突发事件发生时，短时间内需要大量物资，因此救灾的胜负不仅取决于现场救援力量，也依赖于应急物流能力。应急物流主要有以下两个目标：满足突发事件的物资需求和减轻受灾群众的痛苦。

1. 满足突发事件的物资需求

突发事件发生后，需及时、高效地将应急物资运往受灾点以开展生命救助、生活保障、卫生防疫、恢复秩序等救援工作。应急物资需求具有高不确定性、时间敏感性、多样性与复杂性等特征，需要多种参与主体在灾害管理的各个阶段协调配合开展应急物流工作。应急物资短缺不仅会威胁到国家的安全和稳定，也会将灾害演变成灾难，其后果十分严重。此外，在自然灾害发生初期，应急物资往往不能快速运抵灾区，造成灾区应急物资阶段性、短暂性的需求缺口。随着应急救援工作合理的统筹和协调，应急物资陆续被运抵灾区，灾区应急物资的需求缺口将被填补。

2. 减轻受灾群众的痛苦

"救灾为民"是应急物流的首要任务，也是核心使命。突发事件发生后，受灾群众承受着伤亡、居无定所、饥寒交迫的痛苦，迫切需要防护用品、生命救助、临时食宿等应急物资满足自身需求。实践表明，应急物资保障不到位，必将影响政府处置突发事件的效果，甚至造成严重的负面影响，如灾民因缺粮缺水、缺医少药而饱受灾难带来的身体和心理痛苦，甚至有可能出现严重的打砸抢现象。应急物流需根据受灾程度、需求紧迫性等因素向各受灾地区运输应急物资，保证救援工作开展的公平性、快速性和精准性，减轻灾民缺乏物资和服务导致的痛苦。

（二）应急物流的特征

应急物流作为具有独特目标导向、运作主体、运作情境和社会影响的一类特殊物流活动，其本身具有诸多传统物流所不具备的特性。这里主要从强社会性与弱经济性、高不确定性、时间敏感性和多样性与复杂性等角度，对应急物流加以分析。

1. 强社会性与弱经济性

突发事件应急工作的首要目的是保障人民群众的财产和生命安全，这也是应急物流各项活动的核心目标。突发事件发生后，短时间内需要大量的应急物资满足灾民的需求，包括生命保障类物资用于满足灾民的生存所需，医疗防控类物资用于救治伤员、防止疫病传播，机械工程类物资用于灾后恢复和重建。将应急物资及时、充分地送达灾区的最终目的是满足社会利益而非经济利益。在面对重大自然灾害或严重突发事件的情况下，为了尽可能保障更多人的生命安全，甚至可以不计成本。但是，应急物流并不能完全不讲求经济效益。按照建设节约型社会的要求，在为尚未发生的突发事件进行事前准备或突发事件的危害程度已经得到缓解的情况下，仍需寻求更高的成本-效能比，遵循效果好、成本低、效率高的原则设计和实施应急物流活动。

2. 高不确定性

应急物流的不确定性，主要是由于突发事件的不确定性，根据当前的科学技术，人们无法准确地估计突发事件持续的时间、影响的范围、强度等，使得应急物流的情报信息包括物资需求品种、类型和数量等无法准确获取。甚至随着突发事件的发展和应急行动的进展，道路状况、天气气候等客观条件及行动目标、预算资金等人为因素都会进一步发生难以预知的变化，这些都会给应急物流行动的决策带来更多不确定因素。为了尽可能减少这种不确定性带来的损失，我们要尽可能地做好准备工作，并且加强各部门之间的协调合作与信息沟通，这样有利于在突发事件发生后尽快响应并且统筹规划，随机应变。

3. 时间敏感性

应急物流中的"急"并不指突发事件发生的突然和紧急，而是指处理和应对突发事件的时间敏感性。突发事件发生后响应速度越快，就越能减少突发事件造成的损失，阻止事态恶化，同时减轻灾民的痛苦，更好地保障灾民的安全。应急物流的时间敏感性强调时间第一，效率至上，按照急事急办、特事特办的原则，紧急动用全社会物流力量，从而确保整个应急物流服务保障活动能够在第一时间完成。应急物流的时间敏感性随着时间推移会不断降低，此时应急物流就会发生向传统物流方向的转化。

4. 多样性与复杂性

应急物流的多样性存在多个方面，突发事件种类多、规模各异和分布范围广，应急物流行动的参与者包括政府部门、专业机构、军队武警、私营企业、慈善组织、志愿者和当地民众等多元主体，应急物资的种类、运输方式也各不相同。应急物流的多样性导致其结构变得复杂，从而大大增加了统筹和协调的难度。应急物流的高度不确定性也加剧了应急物流的复杂性，综合以上因素，应急物流虽经历十几年的发展，目前仍然没有统一的、标准化的操作规范与流程。

三、应急物流主要运作流程

应急物流运作流程主要包括筹措、储备、运输与调度、分配、发放等环节，各环节对保证应急物资的及时准确传达、提高应急保障效果、降低物流成本起到关键作用。我国现有的应急物流协调指挥是通过应急物流协调指挥中心进行的。如图11-1所示，指挥中心控制和管理各部门的作业，各部门间通过信息传递共同完成应急物资从供应地到需求地的应急物流运作流程（刘利军，2015）。

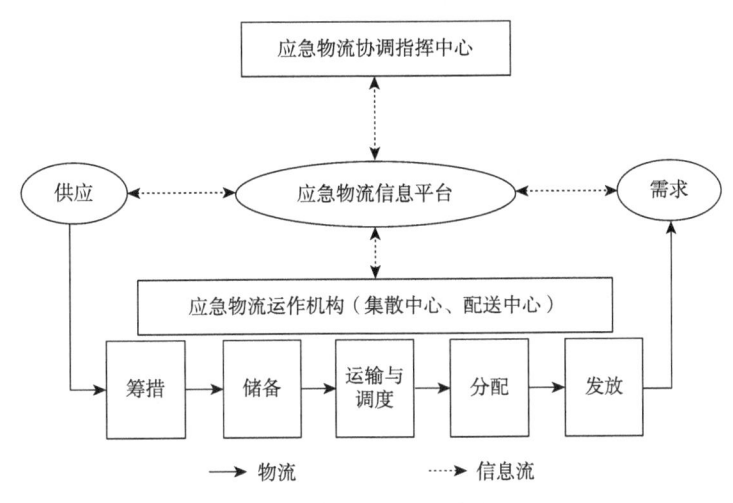

图11-1 应急物流的运作流程

（一）筹措

应急物资筹措是应急管理的物质基础，也是应急物流所有工作环节中最先遇到的基础工作。应急物资筹措方式包括库存调拨、应急采购、临时征用和社会捐助等，与传统物流的物资筹措方式有很大的区别。

库存调拨是我国最主要的应急物资筹措手段，指的是从国家、地方或社会已有的应急物资储备中通过行政命令的方式将物资调拨至受突发事件影响地区。库存调拨的优点在于响应速度快，可操控性强，便于集中管理和统筹优化，它是一种非常高效的应急物资筹集手段。

应急采购作为库存调拨的补充手段，既包括以合同的方式向相关企业购买未纳入应急储备的物资，也包括在市场上临时购买储备数量不足或急需的应急物资。因此，应急采购能够极大地弥补库存调拨后可能出现的物资种类和数量不足的情况，与库存调拨起到相辅相成的作用。

临时征用是应急物资筹措的备用手段之一，征用的物资主要以建筑设施、特种设备和重型机械等为主，在极少情况下可能出现对于药品、食品和消耗品的临时征用。

社会捐助在国际上是一种主要的应急物资筹措手段，但是这种方式极易引发"物资聚集"现象，导致大量实用价值低、质量难以得到保证的物资过多占用道路、仓库和人力等关键物流资源，反而对整个应急物流体系造成影响。在我国，社会捐助主要起到补充作用，而且在政府的引导下，一般不容易出现混乱的情况。

（二）储备

科学合理的应急物资储备能够为各类突发事件救援提供强有力的保障，相比于传统的物资储存，应急物资的储备包含储存和准备两层含义。储存指的是将应急物资分门别类地保存在仓库之中，以备不时之需；准备则是指根据地区自然条件、风险态势和社会经济水平等因素，预先设计合适的储存计划，包括合适的应急物资品种、数量、仓库选址、供应商等。

我国的应急物资储备主要是通过分级分类的方式进行的，以各级政府建设的应急物资储备库的实物储备为主，经过数十年的建设已经基本形成"中央—省—市—县"四级应急物资储备网络。应急物资的储备方式包括政府实物储备、企业协议储备、社会组织储备、家庭社区储备及企业产能储备等，多种储备方式相辅相成，为突发事件的应对提供了物资保障。

（三）运输与调度

应急物流的运输是指将应急物资或人员装备进行较长距离的空间移动，从储存库或基地向突发事件受影响区域邻近的集散点或配送中心的大规模运输活动。不同于传统物流运输所关注的规模经济和距离经济性，在应急物流中考虑更多的是运送的物资数量规模和所需的时间，在应急行动开展的初期常常不考虑成本问题。应急物流的调度是指根据突发事件的变化情况，在短时间内调整或改变原有应急物资运输方案，以更好地满足突发事件应对和处置过程中的实际需求。传统物流中的需求和路况等客观条件较少发生重大变化，故较少涉及调度问题。应急物流由于具有高不确定性，及时有效的调度直接关系到应急物流行动的最终效果，是应急物流中最重要的应急决策问题。

在应急物流管理中调度工作的主要内容就是对已有的运输方案进行调整和优化，由于运输与调度具有极为紧密的联系且难以进行明确区分，故在运作流程划分的过程中将两者进行了合并。

（四）分配

应急物资的分配指的是将应急物资配置给多个需求点或需求对象的活动。应急物资的分配是一个动态的决策过程，其具体流程步骤包括：①应急警报，搜集灾害信息情报；②初步确定应急物资供求关系信息；③根据应急物资供应紧缺情况拟订物资分配方案；④根据制订的决策方案执行相关计划安排；⑤追踪监督实际执行进程，获取反馈信息；⑥对分配方案进行及时修改、调整和完善。

应急物资分配追求的往往是效益和公平，分配方式包括完全公平分配、效益最大化分配、优先性分配等，需要根据分配的物资类型、服务对象和能力限制等因素选取最恰当的分配原则，以获取最大化应急物流行动的效果。

（五）发放

应急物流的发放是指将应急物资交付到最终服务对象——受灾群众手中的活动，解决的是物流的最后一公里问题，是应急物流服务端的最终阶段。应急物资的发放方式可以分为配送、领取和集中发放。目前应急物资的发放手段以领取为主，辅以针对特殊群体的配送。应急物资的发放点的选址宜遵循就近原则，尽可能地靠近受灾群众的居住地和集中安置点。发放的频率需考虑物资的类型、消耗速度和供给能力等因素，一次性、分批或每日进行发放。应急物资的发放作为应急物流的最终环节，要求公平、及时、准确、透明地将应急物资交付到灾民手中。

阅读材料 11-1：我国应急物流管理组织体系简介

中华民族自古就是一个多灾多难的民族。但多难兴邦，灾难总能够把我们的民族精神磨砺得更有锋芒。2018 年以前，我国应急管理工作主要由各级政府应急管理办公室以及各专项机构负责。2018 年 3 月，国务院进行最新一次政府机构改革，组建应急管理部。2018 年 7 月，中共中央办公厅、国务院办公厅下发通知，明确了应急管理部的职能配置、内设机构和人员编制。根据相关规定，应急管理部在应急物流方面的主要职责有：制定应急物资储备和应急救援装备规划并组织实施，会同国家粮食和物资储备局等部门建立健全应急物资信息平台和调拨制度，在救灾时统一调度。应急管理部下设救灾和物资保障司，具体负责应急物流方面的工作，相关职责包括：承担灾情核查、损失评估、救灾捐赠等灾害救助工作，拟订应急物资储备规划和需求计划，组织建立应急物资共用共享和协调机制，组织协调重要应急物资的储备、调拨和紧急配送，承担中央救灾款物的管理、分配和监督使用工作，会同有关方面组织协调紧急转移安置受灾群众、因灾毁损房屋恢复重建补助和受灾群众生活救助。

自应急管理部成立以来，我国各省（自治区、直辖市）有序推进应急管理机构改革，2019 年底，全国 31 个省级应急管理厅已全面组建，随即，市（区）县两级应急管理局也陆续完成了挂牌。

目前，我国应急管理工作主要由应急管理部及其下属应急管理厅和各地应急管理局负责。根据《突发事件应对法》的要求以及《国务院机构改革方案》的相关说明，按照分级负责的原则，一般性灾害由地方各级政府负责，应急管理部代表中央统一响应支援；发生特别重大灾害时，应急管理部作为指挥部，协助中央指定的负责同志组织应急处置工作，保证政令畅通、指挥有效。

除了政府部门，在中国，应急物流的运作主体还包括军队、加盟物流企业、民间组织等。其中，军队作为我国应急物流工作的突击力量和骨干力量，在历次重特大突发实践中起到了中流砥柱的作用。

资料来源：
1. 王勇. 2018. 关于国务院机构改革方案的说明——2018年3月13日在第十三届全国人民代表大会第一次会议上[J]. 中华人民共和国全国人民代表大会常务委员会公报，（2）：270-276
2. 王宏伟. 2019a. 中国应急管理改革:从历史走向未来[M]. 北京：应急管理出版社
3. 本刊综合. 2018. 各地应急管理厅（局）工作动态（上）[J]. 中国应急管理，143（11）：28-31
4. 人民出版社. 2008. 中华人民共和国突发事件应对法[M]. 北京：人民出版社

第二节　应急供应链管理

一、应急供应链理论概述

（一）概念的提出

应急物流关注的是应急物资、人员和装备的实体流动过程，应急供应链作为应急物流的高级阶段，它从系统的视角出发，实现物流、信息流、资金流三个流的协同运作。应急供应链指的是为保障自然灾害、事故灾害、公共卫生事件、社会安全事件等突发状况引起的应急物资生产与供给，以政府为主导组建动态供应链联盟，对灾区紧急提供资金、物资、救援等保障的一种补救性、非常规性的物流活动。狭义的应急供应链指的是以应急物资供应部门为中心，从应急物资的研发、生产、筹措，到运输、储备、包装、维护保养、配送等环节，将应急物资供应部门及相关单位直到应急物资最终保障对象连成一个整体的功能网络的结构模式。广义的应急供应链则是以应急保障部门为中心，从应急物资源头单位出发，经由中间各个应急保障环节，最终将应急物资送至受灾群众的一个整体的功能结构网络模式（龚卫锋，2014）。可以看出，狭义的应急供应链更加强调应急物资的流转过程，广义的应急供应链更加强调应急保障的各个环节。应急供应链涉及多方参与主体、多种救援活动，伴随着整个灾害管理生命周期，为实现供应链的协调，需要对应急供应链进行系统管理。应急供应链管理是广泛应用现代信息技术对整个应急供应链进行系统管理，通过集成信息并优化配置应急资源，从而构建一体化的供应链。

供应链是一个将供应商、制造商、分销商、零售商、最终用户连成整体的功能网链结构模式（沈建国和熊坚，2005），它围绕核心企业，通过对信息流、物流、资金流的控制，从采购原材料开始，到制成中间产品及最终产品，最后由销售网络把产品送到消费者手中。相比于商业供应链管理以利润最大化作为主要目标，应急供应链管理的目标有以下几点：①快速响应。应急供应链管理强调的是时间效益，快速地开展救援行动可挽救更多的生命和财产损失，及时地将物资送往受灾点可有效减轻灾民的生理和心理痛苦。②服务水平最优化。应急供应链管理以保障受灾群众为核心，及时、高效地为受灾群众提供应急物资以满足受灾群众的需求，是应急供应链高质量运行的关键。③成本最小化。

虽然应急供应链高度强调时间响应性，在实际情况中为了追求高响应性，往往不惜以牺牲成本为代价。但是应急供应链管理活动仍需合理配置应急资金从而在保证高时间效益的前提下，实现救援成本最小化的目标。④动态适应。突发事件发生的时间、强度、规模难以预测，导致应急物资的需求数量、运输路径、运输方式等都具有不确定性，应急供应链的管理需要根据实际灾害情况及时调整。

（二）应急供应链的结构与模式

1. 应急供应链的结构

应急供应链与商业供应链具有相同的组成要素：参与主体、资金流、信息流和物流。两类供应链的不同之处主要在于参与主体的差异。商业供应链的参与主体通常由供应商、制造商、经销商、零售商和最终用户组成，而应急供应链的参与主体由应急供应链协调指挥中心、应急物资供应商、应急物资储备中心、应急物资需求点、受灾群众组成。应急供应链结构如图11-2所示。

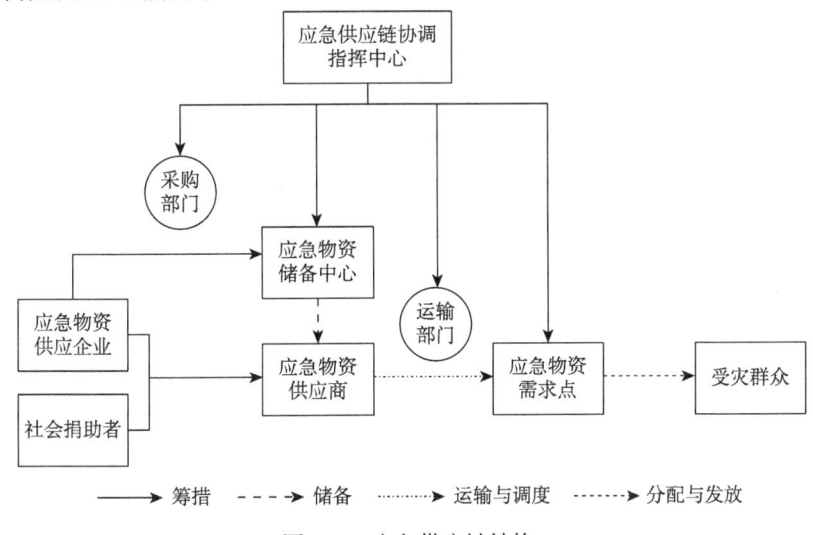

图11-2　应急供应链结构

应急供应链协调指挥中心作为整个应急供应链的核心，负责协调应急物资供应商、应急物资储备中心、应急物资需求点之间的供需关系，指挥采购部门、运输部门对应急物资的采购、运输和存储。应急物资供应商属于"虚拟节点"，主体包括应急物资供应企业、社会捐助者和应急物资储备中心。为应对非常规突发事件，救援组织往往将部分应急物资提前存储至应急物资储备中心，灾害发生后储备物资可第一时间运往受灾点满足灾民需求。应急物资需求点是应急供应链上的"临时节点"，是在受灾地临时搭建的，主要负责应急物资的发放和回收。应急供应链管理实质是应急物资供给管理的过程。该过程包括应急物资的筹措、储备、运输与调度、分配与发放等环节。这些环节的实施由应急供应链的各参与主体决策。

2. 应急供应链的模式

按照应急供应链驱动力的来源，应急供应链的模式可分为"推式"供应链和"拉式"供应链（姜旭，2020）。灾害发生初期，灾情信息处于黑箱阶段，救援组织无法准确获取受灾点所需的各类应急物资的数量。但其仍需借助已知的少量灾情信息预测受灾地区所需的最低限度的应急物资量。此时应急供应链的模式为"推式"应急供应链，该种供应链的驱动力来源于救援组织，由救援组织主动预测物资需求推动应急物资的供给（图11-3）。随着时间的推移，救灾环境不断趋于稳定，受灾地区各类应急物资的需求信息得以确定。此时应急供应链的模式为"拉式"应急供应链，该种供应链的驱动力来源于受灾地区的需求，救援组织根据受灾地区的需求进行应急物资的供应（图11-4）。

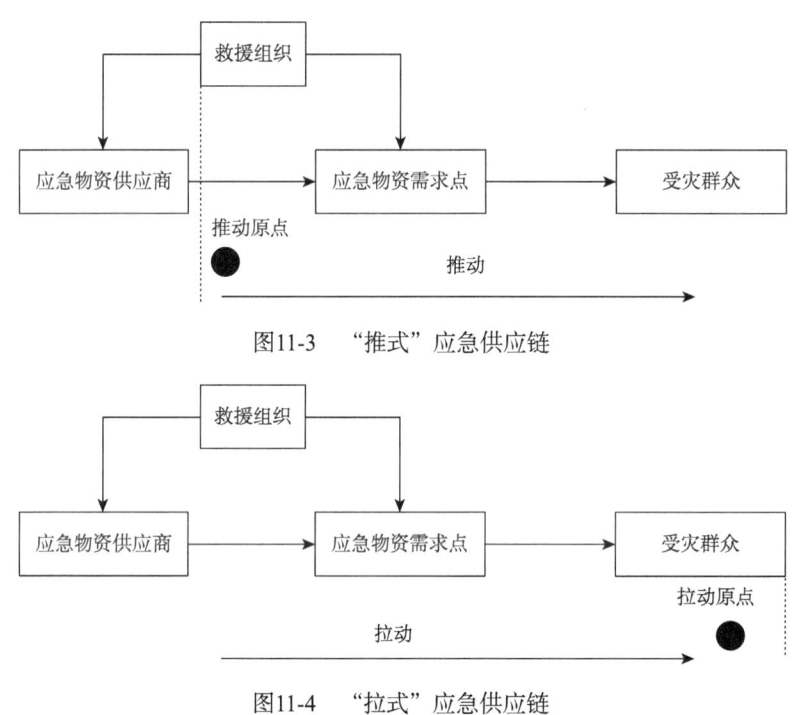

图11-3 "推式"应急供应链

图11-4 "拉式"应急供应链

（三）应急供应链管理的基本内容

应急供应链是以应急保障需求为中心，各级应急保障决策部门相互协调配合形成动态网络联盟，完成突发事件引起的应急物资的生产与供给。应急供应链管理是对应急供应链整体及其各成员单位全要素、全过程的管理模式，其管理范围涉及需求、供应、物流、信息和资金五个领域（黄辉和周继祥，2020）。

1. 需求

应急供应链的形成、存在及重组都是基于应急物资需求而发生的，在其运作过程中，应急物资需求是应急供应链中信息流、物流、资金流运作的驱动源。应急物资品类需求丰富多样，在应急响应行动中，应急物资的品类过于繁杂不利于应急供应链各个环节活动和救援行动的开展，反而影响救援效率；相反，过少或缺少关键品类的应急物资也会阻碍和延缓救援行动的开展。应急物资数量需求与灾害的影响程度和范围等有关，由于突发事件的规模、影响范围、严重程度和持续时间等难以预测，应急物资数量需求具有不确定性，这给应急救援的准备和响应工作增加了难度。

2. 供应

应急物资的供应一部分来源于生产企业。为应对灾害发生的不确定性，在灾害发生前，救援组织从生产企业购置应急物资存储在应急储备库中。储备物资可在灾害发生后的第一时间运往受灾地区用于开展应急救援活动。截至2017年底，我国已建立19个中央救灾物资储备库，60个省级库与省级分库，240个地市级库，2006个县级库。灾害发生后应急物资需求巨大，仅依赖应急储备库的库存物资是远远不够的，救援组织需在市场上临时购买储备数量不足或急需的应急物资。应急物资的供应另一部分来源于社会捐助，此类物资供应方式极易引发物资聚集现象，需要政府对物资进行及时处理，分拣出可利用物资用于满足受灾点的需求。

3. 物流

应急物流在应急供应链中发挥着举足轻重的作用，在应急救援活动中，救援组织将高达其总收入的80%的支出花费在物流活动上。应急物流活动贯穿应急供应链运行的各个环节，保证应急物资从供应点运输到需求点满足灾民需求。由于应急供应链是以应对突发事件为背景产生的，其物流活动所处的环境相对复杂，可能面临道路中断、交通瘫痪等一系列因素的影响。同时，由于存在多个物资供应点、多个物资需求点和多个运输队伍，应急供应链协调指挥中心需合理安排各项物流活动，保证及时、高效地将应急物资运输到受灾点。

4. 信息

信息可反映供应链中各种活动状态、特征，是对供应链活动的运动变化、相互作用、相互联系的真实反映。在应急供应链中，所有的活动均围绕信息展开，在信息的指引下，应急供应链才可实现高效运作。应急供应链的信息管理包含风险分析、监测监控、预测预警、动态决策、综合协调、应急联动与总结评估等多方面活动（卓海静，2009）。目前，我国已建立多种应急数据库存储信息，包括地理信息数据库、救援队伍数据库、应急物资数据库等，各类数据库通过共享信息、及时对接，共同为应急救援活动提供基础支持。

5. 资金

在应急供应链管理中，应急资金是各种行动的基础。充足的资金支持和合理的资金分配是整个应急供应链有效运行的支持。应急资金有三种来源，包括政府财政资金、保险赔付和捐赠资金。我国的应急资金主要依托财政资金，政府作为应急救援的核心力量，灾害发生后迅速拨付财政资金以开展响应工作。随着巨灾保险覆盖面的扩大，保险资金可有效弥补灾害损失，减轻政府财政资金的压力。捐赠资金是由社会各界无偿、自愿、义务捐赠的用于应急救援活动的资金，该类资金会进入政府或非政府组织的捐赠账户，其使用过程受救援组织监督。应急供应链管理的基本内容如表 11-1 所示。

表 11-1 应急供应链管理的基本内容

领域	应急供应链管理的基本内容	应急供应链管理的具体内容
需求	需求预测	受灾点需求预测
供应	采购供应与供应商管理	应急物资的采购、存储、供应商管理
物流	应急供应链物流管理	采购物流、供应物流
信息	应急供应链信息管理	基于现代计算机技术、通信技术和网络技术的应急供应链信息共享
资金	应急供应链资金管理	财政资金、保险赔付、捐赠资金

二、应急供应链的协同运作

（一）应急供应链协同的基本概念

供应链协同是指供应链中各节点企业为了提高供应链的整体竞争力而进行的彼此协调和相互努力（史成东等，2016）。区别于传统的商业供应链协同，应急供应链协同需要考虑独特的救援环境。应急供应链协同指的是面对自然灾害、事故灾害、公共卫生事件、社会安全事件等突发状况，以提高救援效率为目标，各级救援行动参与者相互协作配合，共同完成应急物资的交付过程。

应急供应链的协同方向可以分为横向协同和纵向协同（Balcik et al.，2010）。横向协同是指一个组织与应急供应链中同一级别的其他组织的协调。例如，政府、军队与其他救援组织之间的协同合作。横向协同的目标是基于规模经济效应、范围经济效应的原理追求各参与者双赢的局面。纵向协同是救援组织与上游或下游活动的协调。例如，政府与一家运输公司之间的协同与配合。纵向协同的目标是实现成功救援的前提下追求整个应急供应链的效率与效益最大化。

应急供应链的协同不仅是在救援活动运作层面的基于关系的信息交换，还需要在参与主体的战术层面和战略层面开展实施。根据协同的内容与层次，应急供应链的协同可以分为战略层协同、战术层协同和运作层协同。战略层协同处于应急供应链协同的最高层次。应急供应链战略层协同主要以概念框架模型和协同管理思想为基础，从组织层面对应急供应链协同管理的关键要素、协同机制等进行分析与探讨。战术层协同的内容包括需求预测协同、采购协同、库存协同、物流协同等。战术层面的协同规划受到战略层面明确的约束和限制。运作层协同的目标是在战略和战术层面决策下，优化利用资源，具体包括应急供应链协同运作的具体手段、方法和支撑技术等。

（二）应急供应链协同机制

应急供应链涉及政府、军队及私营部门，各参与主体有不同的利益、任务、能力和专业知识。通常情况下，没有一个参与主体拥有足够的资源来有效应对重大突发事件（Bui et al.，2000）。为了共同的灾害救援目的（向灾区发送救援物资），应急供应链所有的参与主体必须互帮互助、互为补充、互相依靠地共同应对突发事件。相比于应急供应链各参与主体单独完成采购、存储、运输任务，协同这些任务可有效提高应急供应链的运行绩效。

1. 协同采购机制

采购应急物资是应急供应链的主要任务之一。及时、充分地采购应急物资可以挽救灾民的生命并减少灾害损失。灾前储备和灾后采购是两种救援组织应对突发事件常用的物资供应手段。通过有效协调采购过程中涉及的各方（如救援组织和供应商），可以提高供应链的效率。在应急供应链中，政府与企业通过不同的战略联盟实现协同采购。为应对突发事件导致的不确定性的应急物资需求，灾前政府与企业建立合作关系以保证灾后的应急物资供应，政企协同采购契约包括数量柔性契约（Nikkhoo et al.，2018）、期权契约（Wang et al.，2015）等。

（1）数量柔性契约。数量柔性契约中救援组织承诺在发生任何灾害之前至少购买预先指定的数量，并放置在应急储备库中。灾害发生后，应急储备库物资用来满足受灾地区的初始需求。如果库存物资不足以满足受灾地区的需求，该合同允许救援组织进行二次订购，且灾后订购的应急物资数量比灾前订购的应急物资数量大。该契约不仅可以降低灾后救援组织的供应风险，还可以降低库存预定位水平。

（2）期权契约。期权契约赋予购买者（政府等救援组织）特殊的选择权。在灾害发生前购买者向供应商支付期权价格，灾害发生后购买者有权以一定的价格购买应急物资。这项权利使购买者能够获得特定数量的应急物资供应，且无须支付溢价，同时在需求信息确定之后进行应急物资购买决策。该契约的优点在于，购买者可以使用期权合同减少需求不确定性的风险，并确保以合理价格获得应急物资。

由于灾害发生的不确定性、灾难对信息通信等基础设施的破坏及在灾难搜救过程中有限的信息支持，灾后采购过程中供应链参与主体之间的协同面临很大的挑战，常规的快速响应和连续补货任务难以实现。因此，大型救援组织实施灾后协同采购的可能性更高，其有能力与供应商进行救援系统共享，供需双方信息互通可实现快速的应急物资供应。

2. 协同仓储机制

灾前救援组织购买应急物资并将其预置在应急储备库中，灾害发生后将库存物资第一时间运往受灾点满足灾民需求。我国以各级政府建设的应急物资储备库点进行的实物储备为主，经过数十年的建设已经基本形成"中央—省—市—县"四级应急物资储备网络。考虑到突发事件伴随着巨大的应急物资需求，依靠单一储备库往往无法实现及时、快速的响应。因此，灾害准备阶段，各级政府需坚持分工协作、共建共享、科学储备的原则，综合考虑上下级应急物资储备库的分布和存储物资种类、数量等因素，进行应急物资库的建设，实现各级应急物资储备优势互补。

在应急物资储备能力建设方面，我国政府颁布的《国家突发事件应急体系建设"十三五"规划》明确提出了探索利用预签合同、灾害保险、落实税收政策、设立基金等多种经济手段，建设社会化应急物资保障体系，实现社会资源的综合利用。目前企业实物储备及产能储备都已纳入我国的应急物资储备体系中，形成政企协同储备模式。应急救援物资的实物储备和生产能力储备主要是由政府主导，由协议企业进行生产实施的一项应急准备工作，一般是通过政府与企业签订合作协议的方式进行储备。按照应急救援的合作协议，协议企业需要在平时储备一定规模的实物和生产能力，以弥补非常规突发事件下应急救援物资供应的不足，政府则会据此给协议企业提供一定的费用或者补贴以分担协议企业与其签订合约的一部分风险和成本。在整个救援协议中，政府追求的目标是尽可能增加应急救援物资的供应，以保证非常规突发事件引发的灾害造成的损失最小，亦即社会效益最大；而企业的目标则主要是从自身出发，追求自身经济效益的最大化。

突发事件导致应急物资需求剧增，具有不确定性、多样性的特征，为实现灾后快速响应，应急供应链的各参与主体之间的储备应实现协调合作、信息共享，科学地布局储备网络，实现灾难发生后多方协同提供应急物资。

3. 协同运输机制

协同运输通常是将救援工作的运输服务外包给私营企业。在运输方面，私营部门提供实物资源，如飞机和货车。私营部门有时还直接参与向受灾地区运送应急物资和设备。除了实物资源，私营部门还可以分享他们在运输系统管理方面的知识和专业技能，如车队管理（支持车辆维护和外包决策）、装运跟踪和配送路线优化。救援工作的运输服务是否适合外包与救援物资类型有关。对于保质期较长的救援物资，救援组织需在灾前预置部分物资在应急储备库中，灾害发生后由救援组织的运输团队运往受灾点满足需求。对于保质期短的救援物资，不适合长期储备，救援组织需要在灾后从现货市场采购，此时运输服务外包方法可以提高应急供应链的效率（Wang et al., 2016）。

> 思考与练习

1. 简述我国应急物流与国际人道物流之间的异同点。
2. 简述应急物流和应急供应链之间的异同点。
3. 简述应急供应链的模式及适用灾害阶段。
4. 简述应急供应链的主要协同机制。

第十二章

应急决策理论与方法

导言

应急决策不同于常规决策,具有不确定性、非结构化、多目标、高时效和复杂动态等特点,对于挽救人民群众生命和财产安全至关重要,是应急管理的核心研究内容之一。如何依据经典决策理论和科学决策方法迅速作出切实可行、高效公平的救援方案是灾后应急响应工作的重点。本章从经典决策理论出发,介绍应急决策的内涵、内容、模式、流程及方法等内容。

第一节 经典决策理论概述

相较常规决策,应急决策虽有其特殊性,但仍旧离不开经典决策理论和方法的支撑。决策理论是一门有关决策过程、准则、类型及方法的理论体系,它将系统理论、运筹学、计算机科学等知识综合运用至管理决策问题(马仁杰等,2013)中。本节先介绍决策的定义与要素、分类和模式等基本信息,应急决策的理论与方法将在后面详细讨论。

一、决策的基本定义与要素

决策一词最早出现在我国古籍《韩非子》中,意为作出决定。在现代西方决策理论中,美国学者罗宾斯和贾奇(1997)认为决策就是决策者在两种或多种方案中进行选择。国内学者宋劲松(2018)提出决策是人们在改造世界的过程中,寻求并决定某种最优化目标和行动方案。任国友(2020)认为决策是指人们根据对客观规律的认识,为一定的行为确定目标、制订并选择行动方案的过程。胡象明(2016)认为决策的本质含义在于人们对自身行为的选择性,如果没有选择就无决策可言。他提出决策是指人们在正确地认识客观规律的基础上为自己的行动确定目标和选择行动方案的过程，亦即作出决定的过程，它既是人们的一个理性思维的过程，又是一个决断过程，因而也是人们意志活动的过程。上述定义的侧重点虽有不同，但都提及或包含了决策的五个基本要素：决策主体、决策目标、决策备选方案、决策环境和决策准则。

（1）决策主体。作出决策的个体或个体的集合称为决策主体，决策主体可分为：单个决策主体（独立决策结构）、群决策主体（非独立决策结构）、委员会决策主体（有主席或无主席）、某层级组织决策主体（主从递阶决策结构）和社会选择的群决策主体（宋劲松，2018）。决策主体受社会、政治、经济、文化、心理等因素影响，在决策过程中起着至关重要的作用。

（2）决策目标。简而言之，就是在一定外部环境和内部条件下，决策主体希望达到的明确的目标。

（3）决策备选方案，即供决策主体选择的用于解决决策问题、实现决策目标的备选方案，可分为没有选择余地的一个方案（霍布森选择）、有限个明确方案及需要借助运筹学方法选取最优或较优的不明确方案。

（4）决策环境。决策环境是指决策活动及各种备选方案可能面临的自然状态或背景，即不以决策者意志为转移的客观条件，如天气状况、市场需求、政策影响等（任国友，2020）。状态可能是确定的，也可能是不确定的，其中不确定的状态可分为离散的和连续的两种情况。

（5）决策准则。它是评价方案是否达到决策目标的价值标准，也是选择方案的依据。通常，它的确定与决策主体的价值取向或偏好有关。

综合上述观点和决策要素，本书认为决策是决策主体在特定环境中按照一定的准则在备择方案中选出最符合目标的方案的过程。

二、决策的分类

决策现已广泛应用于人类生产生活的方方面面，从不同的分类角度出发，可以得出不同的决策类型。下文简要介绍几种常见的决策类型（郭文强等，2020）。

（一）确定型决策和非确定型决策

按照决策问题所处的自然状态，决策可分为确定型决策和非确定型决策。确定型决策是指存在一种完全确定的自然状态的决策。构成一个确定型决策问题必须具备以下4个条件：①存在一个明确的决策目标；②存在一个明确的自然状态；③存在可供决策主体选择的多个行动方案；④可求得的方案在确定状态下的损益值。由于确定型决策的决策环境完全确定，问题的未来发展只有一种确定的结果，决策者只要通过分析、比较各个方案的结果就能选出最优方案。以"出门是否带伞"问题为例，如果出门时正在下雨，则带伞；如果出门时天气晴朗，则不带伞。在这两种情况下，自然状态是明确的，均属于确定型决策。如果天气变化无常，出门时并不能确定是否下雨，这种情况下的决策就属于非确定型决策。

非确定型决策是指存在两个或两个以上可能的自然状态而最终哪种状态发生又不确定的决策。决策理论学家萨维奇（Sovage）提出的做鸡蛋煎饼的无数据决策例子就是一个经典的非确定型决策问题。一名家庭主妇准备用 6 个鸡蛋和一碗面粉做鸡蛋煎饼。她的做法是先把鸡蛋打到碗里，然后再向碗里搅入面粉。当她已经向碗里打了 5 个鸡蛋（假设这 5 个鸡蛋的质量都是好的）准备打第 6 个鸡蛋时，由于不知道第 6 个鸡蛋的质量是好是坏，她对第 6 个鸡蛋的处理就是一个非确定型决策问题。

非确定型决策又可分为竞争型决策、风险型决策和不确定型决策。当决策问题的自然状态之一是决策者不能控制竞争对手的行动时，这样的决策称为竞争型决策。博弈论就是在决策主体的行为相互作用时，人们应该如何进行决策的一种理论，感兴趣的读者可以研读博弈论相关书籍感受竞争型决策的魅力。

当决策问题各种可能的自然状态出现的概率能预测时，这种决策称为风险型决策，也称随机型决策。风险型决策是决策主体根据几种不同自然状态可能发生的概率所进行的决策，一旦各自然状态的概率经过预测或估算被确定下来，在此基础上的决策分析所得到的最满意方案就具有一定的稳定性。风险型决策一般包含以下条件：①存在着决策者希望达到的目标；②存在着两个或两个以上的方案可供选择；③存在着两个或两个以上不以决策者主观意志为转移的自然状态；④可以计算出不同方案在不同自然状态下的损益值；⑤在可能出现的不同自然状态下，决策者不能肯定未来将出现哪种状态，但能确定每种状态出现的概率。常见的风险型决策方法包括决策树分析方法、贝叶斯决策分析方法。

当决策问题各种可能的自然状态出现的概率不能确定时，称为完全不确定型决策，或不确定型决策，即知道可能出现的各种自然状态，但又无法确定各种自然状态发生概率的情况下作出的决策。不确定型决策满足四个条件：①存在一个明确的决策目标；②存在两个或两个以上随机的自然状态；③存在可供决策者选择的两个或两个以上的行动方案；④可求得各方案在各状态下的决策矩阵。不确定型决策准则包括乐观决策准则、悲观决策准则、折中决策准则、后悔值决策准则或等概率决策准则等。

（二）单目标决策和多目标决策

按照决策要求达到的目标数量，可以将决策划分为单目标决策和多目标决策。单目标决策顾名思义就是想要达成的目标只有一个，多目标决策则需达成多个目标，一般来说，这些目标之间存在相互联系和相互制约的关系。单目标决策问题的关键是在合理的决策准则下，对可行方案进行比较和优选。多目标决策的关键也是合理地选择和构建目标准则体系，从总体上对可行方案进行比较和优选。解决多目标决策问题的常见方法有层次分析法、数据包络分析及目标规划等。

(三)单项决策和序列决策

按照决策过程的连续性可将决策分为单项决策和序列决策。单项决策亦称静态决策,它解决的是某个时点或某段时期的决策,它要求的行动方案只有一个。序列决策亦称动态决策,它是指一系列在时间上有先后顺序的决策,这些决策相互关联,前一项决策直接影响后一项决策,决策主体需要关注这一系列决策的整体合理性。序列决策通常将问题看作一个前后关联的具有链状结构的多阶段过程,有以下特点:①决策者需要做出时间上有先后之别的多次决策;②前一次决策的选择将直接影响后一次决策,后一次决策的状态取决于前一次决策的结果;③决策者关心的是多次决策的总结果,而不是各次决策的即时后果。解决序列决策问题的主要方法是动态规划、决策树和马尔可夫方法等,动态规划是运筹学中一类常见的研究方法,感兴趣的读者可自行查阅运筹学相关书籍文献。马尔可夫方法的应用前文已涉及,读者可前往第十章自行阅读学习。

三、决策模式

现代西方决策理论中存在多种理论模式,这些理论模式都是从不同的角度对人类决策行为规律性的理论概括,试图从理论和实践两个层次描述决策者是如何做出决策的。每一种决策模式都各有其优缺点(胡象明,2016)。

(一)理性决策模式

理性决策模式通常被称为古典决策模式或科学决策模式,主要代表人物有英国学者边沁、美国学者泰勒等。这种理论提出人们在决策时遵循最大化原则,即谋求最大效益。理性决策模式主要由发现问题、提出目标、设计方案、预测后果、分析比较和选择最优方案六个要点组成。在上述步骤中,决策人始终是理性的,不存在非理性的活动。

理性决策模式在应用中必须满足以下几个条件:①能够得到所需要的全部的详细的决策信息;②能够了解所有人的社会价值偏好及其所占的相对比重;③能够寻找到所有的决策方案;④能够准确地预测和正确地估计每一方案所产生的全部后果;⑤能够选择最经济有效的决策方案。从理想的角度而言,这确实是一个非常科学化的模式。但是,在现实的决策活动中,受诸多因素制约,几乎没有一项决策能够同时满足以上五个条件,理性决策模式在现实的决策活动面前陷入了困境。西蒙和林德布洛姆发现了理性决策模式的不足,建立起了更具实用性的有限理性决策模式。

(二)有限理性决策模式

有限理性决策模式认为决策过程中不存在最优决策,只有满意决策,因此,有限理性决策模式又被称为满意决策模式。在决策时，可先确定一套标准，用来说明什么是最低限度的令人满意的备用方案。如果备择方案满足或者优于备用方案，那么这个方案就是令人满意的，即可以选择并执行这个方案。

西蒙认为，决策不仅是最后时刻的抉择，它还应该包含四个主要阶段的决策过程：①情报活动，找出制定决策的理由；②设计活动，找到可能的决策方案；③抉择活动，在诸多行动方案中进行抉择；④审查活动，对已进行的抉择进行评价。在实际的决策活动中，这四个阶段缺一不可且相互交织。

决策过程并不是一帆风顺的，其间不可避免地要发生冲突。西蒙认为冲突是指决策的标准机制发生故障，以致个人或群体在选择行动的备用方案方面遭到了挫折，主要是由于缺乏联合决策、组织成员目标的不同等。为克服这些冲突，西蒙提出了四种实际应用于解决冲突的方式，即解决问题、劝说、协议和权术。

（三）后有限理性决策模式的发展

1. 渐进决策模式

渐进决策模式由美国著名的政策科学家林德布洛姆提出，他认为，渐进决策模式并非理性决策理论所说的是一个科学分析和理性思考的过程，而是一个理性分析与党派分析相结合的错综复杂的、不断探索的政治过程，其具体特点主要有以下几个方面：①渐进决策是一个不断探索、逐步前进的过程；②渐进决策过程中的理性分析只对决策方案进行边际分析；③在渐进决策过程中，理性分析与党派分析是结合在一起的；④渐进决策过程是一个利益冲突和价值分配的政治过程。渐进决策必须遵循以下几个基本原则：①按部就班；②积小变为大变；③稳中求变。

2. 垃圾桶决策模式

垃圾桶决策模式最早由科恩、马奇和奥尔森等于1972年提出，这种决策模式的理论认为，决策过程特别是公共决策过程面临的环境并非井然有序，相反，这种环境往往处于无序状态。这种无序状态具有三个典型特征：模糊性目标、不确定性手段或方法和流动性参与。因而决策制定过程表现为一种组织化的无序，如同一个垃圾桶。这种决策往往受到问题、解决方案、决策人员和决策机会四种变量的共同影响，决策本质上是多种因素在垃圾桶里随机无序生成的特定排列组合。

第二节　应急决策理论

决策者如果仅凭以往的知识、经验甚至是直觉应对突发事件，决策风险太大，不利于迅速、有效遏制突发事件发展，保护人民群众生命财产安全。对于应急决策理论的讨论能够帮助决策者在错综复杂的灾后环境中厘清思路、抓住关键，降低决策风险，提高决策的科学性和有效性。本节从应急决策不同于常规决策的特点入手，介绍应急决策的具体内容、模式与流程。

一、应急决策的概念与特点

在应急决策学中，应急决策是指立足于常规程序决策的基础之上，程序决策和非程序决策相结合的复合型决策。应急决策应当是为了应对紧急情况的发生、发展而作出的应对性决策，而非仅仅指在紧急情况下作出的决策（任国友，2020）。但本节讨论的应急决策主要侧重于事件发生后的应急处置决策，即灾难事故突然发生后或出现征兆时，通过各种技术手段收集、处理相关信息，明确应急工作的问题和目标，拟订各种应急方案，运用相关决策理论方法和计算机辅助工具，进行必要的判断、分析和评价，选择一个最优（或满意）方案实施，并不断进行跟踪检验，及时调整和完善应急决策直至实现目标的动态过程（龚晶，2012；程铁军，2018）。与常规决策相比，突发事件应急决策在决策目标、决策环境、决策主体、决策约束技术、决策方法等方面存在显著差异，详见表12-1。

表 12-1　应急决策与常规决策对比

比较维度	常规决策	应急决策
决策目标	目标明确，相对稳定和单一	目标多样化，呈阶段动态性变化
决策环境	常态环境下进行的规范化、程序化决策	紧急状况下进行的非程序化决策
决策主体	常设的集体决策主体	高度集权的临时性决策主体
决策时间	时间充足，从容决策	时间紧迫，高时效性决策
决策信息	信息比较完全：经过详细的分析可以获得较全面的信息	信息有限：不完整、不及时、不准确
决策人员	人力丰富：经由日常的培训、训练、教育等措施，提高管理者的素质	人力缺乏：突发事件的现场管理者往往缺乏与突发事件相关的专业技术
决策约束技术	技术手段比较成熟，维护正常，能基本实现现代化	一般的专业技术设备往往会因突发事件失灵，需要其他设备辅助
决策方法	正常状况下的常规决策方法	突发事件的预警、灾害控制、资源调用等都需要独特的决策方法
决策程序	民主科学：遵循特定的例行程序和标准化操作流程；决策权力分散，经过民主协商定夺最后方案	快速应对：决策权力高度集中，主要依靠管理者的智慧、胆识和过往经验，可根据需要聘请相关专家介入
决策效果	追求最优化，不会偏离目标	追求满意结果，难以衡量最终目标和预期目标的一致性

资料来源：任国友（2020）

为明确应急决策的特殊性，基于应急管理实际，并综合有关学者的观点，本节对应急决策的关键特征进行详细介绍（龚晶，2012）。

1. 非确定型决策

突发事件发生的时间、地点、规模及影响范围等因素的不确定性导致应急决策多为风险型决策或者不确定型决策。具体决策问题包括对应急资源的采购、运输、分配等环节。

2. 非结构化决策

突发事件的应急决策是一个典型的非结构化决策，突发事件本身决定了决策问题的非结构化，即问题不常出现，或者几乎没有出现过，缺乏处理问题的经验、程序和规则。例如，2003年发生的非典公共卫生事件和2020年初席卷全国继而影响全球的新冠疫情。

3. 多阶段动态决策

突发事件的应急决策是一个多阶段、动态决策过程，在事件的发生、发展和演化的不同阶段，影响因素各不相同，存在大量的不确定因素，牵一发而动全身，要求决策者能够把握全局，合理作出一系列相关联的连续型决策。

4. 多目标决策

在应急决策过程中，决策者通常需要考虑多个目标。例如，尽可能降低人员伤亡、减少经济支出等。这些目标相互制约，有时甚至相互矛盾、对立，因而需要根据决策过程的着眼点不断变化，在多个目标之间进行综合协调，平衡冲突。

5. 高时效性决策

灾害发生后，及时开展应急响应工作是减少人员伤亡和社会损失的基础。突发事件对人民群众身体健康的威胁，要求决策者在有限的时间内迅速做出决策，民政部提出"救援物资24小时到位"的行政要求。同时，灾难事件是一个不断发生、发展、演化的动态过程，灾难环境瞬息万变，决策者还需对新出现的问题及时进行应对。

6. 复杂决策

突发事件的应急决策涉及多个决策主体、多种决策目标，处于人流、物流和信息流所组成的复杂网络结构中，决策过程复杂。为充分发挥各应急机构、人员、设备、物资和信息等的作用，实现统一指挥的调度，提升应急决策的质量，需建立健全精简、统一的应急体系，以确保快捷、有效地处置突发事件。

二、应急决策的内容

（一）应急决策的主体

应急决策主体是指以国家机关为主导，同时包括负责各层面组织协调工作的管理者和提供决策支持意见的专家，如图12-1所示（程铁军，2018）。

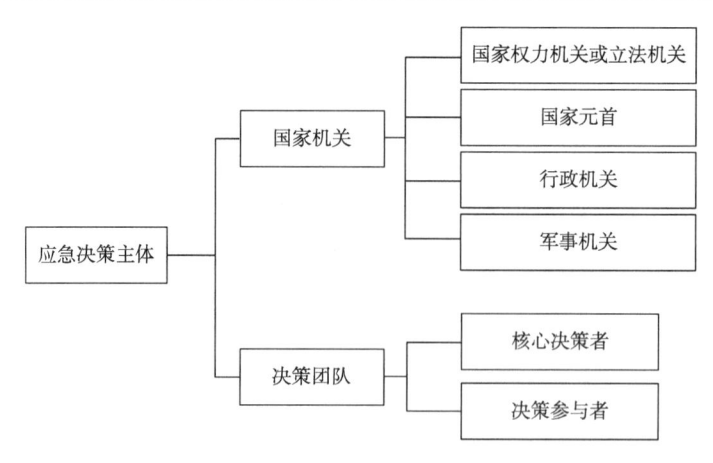

图12-1 应急决策的主体

从国家机关的角度，主要包括国家权力机关或立法机关、国家元首、行政机关和军事机关四类。我国《突发事件应对法》规定，县级人民政府对本行政区域内突发事件的应对工作负责；涉及两个以上行政区域的，由有关行政区域共同的上一级人民政府负责，或者由各有关行政区域的上一级人民政府共同负责。国务院在总理领导下研究、决定和部署特别重大突发事件的应对工作。中国人民解放军、中国人民武装警察部队和民兵组织依照本法和其他有关法律、行政法规、军事法规的规定以及国务院、中央军事委员会的命令，参加突发事件的应急救援和处置工作。

从对决策过程影响程度的决策团队的角度，又可以将应急决策主体细分为核心决策者和决策参与者（任国友，2020）。核心决策者是应急决策的中枢决断系统，通常由多人组成，拥有最终决定权。在面临突发事件时，政府将成立由属地行政首脑、核心部门负责人和专家组成的突发事件决策小组。决策参与者是指能积极影响核心决策者的决策行为和决策结果的团队。这些决策参与者可能涉及不同的部门、区域、条块或军地，在应急决策过程中主要负责协调工作，有时可能成为核心决策层的一员。

（二）应急决策的层次

根据决策权在组织中的分布情况，应急决策的层次可分为战略层、战术层和运作层（任国友，2020）。

（1）战略层应急决策涉及长远规划，多为非结构化决策，具体包括灾前应急规划、应急预案制定、灾后响应与整体调度等。战略层决策者多为高层管理者，他们需要根据已有信息和过往经验统筹协调，从全局的角度出发做出应急决策。

（2）战术层应急决策是对战略层应急决策的响应，多为半结构化决策。战术层应急决策由中层管理者完成，他们需要根据战略层决策者下达的指令，对突发事件的实际情况进行综合研判，向运作层的决策者下达具有实际可操作性的任务。

（3）运作层应急决策涉及具体任务的实施和操作，注重时效性，多为结构化决策。运作层决策由一线管理者完成，他们往往在突发事件发生后的第一时间赶到现场，开展疏散救援、调配资源等应急响应工作。在进行先期处置的同时，一线管理者还需尽快将信息准确、全面地上报给中层管理者，等待进一步的指令。

三、应急决策的模式与流程

（一）应急决策模式

突发事件的应急决策是一个动态复杂的风险决策问题，突发事件难以预测且难以阻止，其发展趋势、演化路径和持续时间难以确定（程铁军，2018）。在这样的背景下，模式化的应急决策就显得尤为重要。这里从组织模式和情景-应对决策模式两个方面来介绍应急决策模式。

1. 应急决策组织模式

应急决策组织模式是为快速应对突发事件而事先确定的决策主体及其相对应的责权，可以有效避免因责权不清引发的推诿扯皮。我国应急决策组织模式可以分为多级指挥模式、分区指挥模式和联合指挥模式（宋劲松，2018）。

（1）多级指挥模式是指由国务院总指挥部和受灾省、市、县、乡级政府应急指挥部构成的多级应急指挥组织体系，通常涉及多个层级的应急管理机构。在遭遇特别重大突发事件时，往往采取多级指挥模式，由国务院牵头、下级政府联动共同应对重大突发事件。

（2）分区指挥模式是指由属地所在的省级指挥部对受灾严重的地市设立片区前线指挥部的应急指挥组织体系，通常用在局部性的突发事件的处置中。分区指挥模式细化了突发事件的责任管辖，使得各片区前线指挥部可以根据责任区的实际情况对症下药，协力应对突发事件。

（3）联合指挥模式是指国务院、省和军队应急指挥机构通过指挥部会议等形式进行应急指挥协调的应急指挥组织体系，通常包含多个不同的部门。联合指挥模式通过军地合署办公，可以有效整合解放军、武警、公安消防和地方救援四方面的力量，有效利用各类资源。

2. 情景-应对决策模式

情景-应对决策模式是一种新的应急决策方法，指决策行为主体对已经拥有的信息、知识、数据和经验进行提取与综合集成，再将经验信息纳入当前非常规突发事件具体的情景中加以考量与运用，依赖当前突发事件的情景，对于出现什么样的事件态势、出现这些态势的可能性及这些态势造成的危害程度等进行社会心理认知，进而生成应对方案（程铁军，2018）。情景-应对决策模式包含：信息搜集发掘、情景分析及方案设计、方案优选和应急主体协同能力评估四个模块，如图12-2所示。

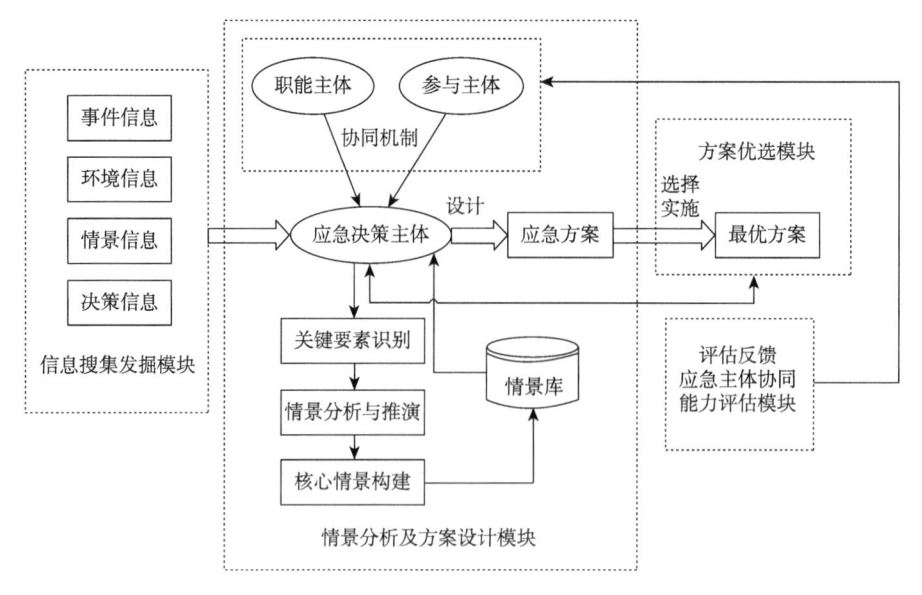

图12-2 情景-应对决策模式

资料来源：程铁军（2018）

（1）信息搜集发掘模块。在突发事件的萌芽期，事态信息模糊不清，此时应急决策主体应组织人员运用相关技术尽可能全面地搜集突发事件的相关信息，如人员伤亡、突发事件演变态势、周边环境信息等。在确保信息真实性的前提下，对搜集到的信息进行初步辨识和挖掘。最后，利用搜集和发掘到的信息建立突发事件信息网络，辅助应急决策。

（2）情景分析及方案设计模块。基于已经建立的突发事件信息网络，决策者要在响应过程中进行情景分析和态势预测，对突发事件实时情景进行有效描述，完成对事件态势的预估和模拟推演，掌握情景变化。其中，情景包含气象、地理、基础设施等自然要素，也包含组织结构、人员调配和社会文化等人为要素。情景分析及方案设计模块是突发事件应急决策的重要支撑，为后续方案的制订提供了策略支持。

（3）方案优选模块。在以上两个模块的支持和应急管理目标的指导下，需要制订应急方案并对方案进行评估和筛选。决策主体要基于应急管理的目标、突发事件发展的实际情况、自身的经验等考虑，选定最优的方案。由于应急决策是一个动态演变的过程，随着突发事件的信息和态势的逐渐清晰，决策主体也要动态更新并调整决策方案，直到突发事件缓解、消除或解决。

（4）应急主体协同能力评估模块。应急响应的效果与各应急主体的信任程度、协调程度、互动程度、支持程度等密切相关。在突发事件处置结束后，要回顾并评估各应急主体之间的协同能力，对现有协同机制进行整改。及时调整现有协同机制可以强化政府应急能力优势，弥补不足，增强政府的应急能力建设。

（二）应急决策流程

根据突发事件所处阶段的不同，应急决策的内容有所差异，本书从突发事件的预防、响应和恢复三个阶段介绍应急决策的流程。预防阶段的应急决策目标是尽可能地阻止突发事件的发生，并且为可能发生的突发事件做好必要的准备。响应阶段的应急决策目标是充分利用准备的资源对突发事件进行控制、化解或减缓。恢复阶段的应急决策目标不单是尽快恢复正常秩序，也包括利用突发事件实现组织变革以适应环境的变化（孙多勇等，2018）。

1. 预防阶段的应急决策

预防阶段的应急决策是为快速响应突发事件而服务的，决策流程包括界定突发事件、设定应急目标、拟订备选方案、评估备选方案（任国友，2020）。

（1）界定突发事件。首先，应急管理部门需要对突发事件进行识别和界定，即本部门是否能够应对该类突发事件，如果承担应急响应要付出多大的成本，如果转移会有什么结果等。若在本部门的应对范围之内，主管部门需要进一步对问题做出陈述，说明问题可能发生的时间、地点和影响范围。对不确定因素可以利用决策树工具进行分析，寻求可能的最优决策路径。

（2）设定应急目标。在完成突发事件的界定之后，应急管理部门要依据价值准则和政治、经济、技术可行性，确定解决问题的底线目标和上限目标，如效率、效益、公平等。此外，除总体目标（上限和底线）之外，还应设定具体目标（时间、范围、限度和责任区），制定评估标准和测量程序。对于特别重大突发事件，还要设定应急决策的短期、中期、长期目标。

（3）拟订备选方案。突发事件预防阶段的应急决策关键在于选择备选方案的过程。备选方案的拟订主要包括三个步骤：寻求备选方案，当无备选方案时要创制备选方案，对现行解决方案进行修正。

（4）评估备选方案。备选方案的评估主要是对两个以上的备选方案进行评估和选择，通过推断理论模型和直觉推理等方式进行预测，最终选择相对满意的方案。评估标准主要包括成本、效用、公平性、合理性、管理便捷性、合法性及政治可接受性等。

2. 响应阶段的应急决策

在突发事件发生后，决策主体需要根据决策理论，简化问题、理性思考、快速决断。突发事件响应阶段的应急决策的流程包括：先期处置、应急响应、发布紧急状态和指挥协调（任国友，2020）。

（1）先期处置。突发事件发生后，属地应急管理部门要立即采取措施控制事态发展，迅速启动应对突发事件的快速反应机制。基层决策者要判断并决定在事发地组织开展哪些应急救援行动，立即对事件进行先期处置，并及时向上级政府报告。

（2）应急响应。若先期处置未能有效控制事态，或突发事件超出了属地的应急处置能力，决策主体部门则需要执行应急响应程序，启动相关应急预案，对突发事件进行进一步控制。

（3）发布紧急状态。对于发生的重大或特别重大突发事件，若采取一般措施无法控制和消除其社会危害，则需要宣布全国或省、自治区、直辖市或范围内部分地区进入紧急状态，并根据事态发展决定紧急状态的延长或终止。进入紧急状态的决定要依法、及时通过新闻媒体公布。

（4）指挥协调。在应急响应后，需要国务院或该类突发事件的主管部门牵头，指挥协调其他相关部门对突发事件进行应急处置。属地的省级人民政府负责成立现场应急指挥机构，在国务院相关应急指挥机构或国务院工作组的指导下，指挥现场的应急处置工作，协调各参与方开展高效救援。

3. 恢复阶段的应急决策

在对突发事件进行响应并控制其态势后，决策主体部门还需要进行后续的恢复工作。恢复阶段的应急决策包括结束应急和恢复重建（任国友，2020）。

（1）结束应急。在应急处置工作结束或相关危险因素消除后，应急决策主体部门应该撤销现场指挥系统，解除紧急状态。

（2）恢复重建。在应急响应结束后，相关部门要决定如何对灾区进行恢复重建，在恢复到原有状态的基础上完善基础设施的建设。恢复重建工作一般由国家有关部门或当地政府负责，国务院有关部门还会开展对突发事件的追溯、调查、评估和报告等工作。

阅读材料 12-1：四川泸定地震中的应急决策

警报拉响，屋顶吊灯晃动，山上碎石滚落。2022 年 9 月 5 日 12 时 52 分，地震袭击四川甘孜藏族自治州泸定县及周边区域，房屋垮塌、大量人员被困，部分水、电、交通、通信等基础设施受损。

集结应急队伍、打通救援通道、全力以赴搜救失联人员、加快抢修震区基础设施……地震发生后，四川省各级各部门坚决贯彻落实习近平总书记重要指示精神，迅速行动，争分夺秒和时间赛跑、与灾情较量，统筹各方力量为生命护航，竭尽全力减少损失。

发布紧急状态

四川省抗震救灾指挥部办公室迅速启动应急预案，震后 30 分钟内，便派出由省抗震救灾指挥部办公室副主任、应急管理厅副厅长带队的先期工作组赶赴震区。不到 40 分钟，四川省抗震救灾指挥部办公室启动了省级二级地震应急响应，同步通知省特大地震防范应对工作专班全体成员单位负责同志集结至省应急管理厅指挥大厅，研究部署抗震救灾工作。9 月 5 日 22 时，经四川省委、省政府同意，根据地震灾情发展态势，省抗震救灾指挥部决定将省级二级地震应急响应提升为一级地震应急响应。这是四川省近五年来启动的最高级别的地震应急响应。

灾害信息快速评估

自然灾害的应急救援，专业性与时效性是最重要的两个考量要素。如何科学开展救援，灾害信息的快速评估决策关乎应急响应工作开展的优劣。泸定县地震发生后，四川省安全科学技术研究院在"人机交互"运作下，仅 10 分钟便完成了第一份"地震灾害快速评估简报"并呈报应急管理厅。简报不仅涵盖了震区社会经济及人口分布概况，还对震区矿山及危化企业、水库及水电站、学校及医院、救援力量驻点等重要因素进行统计分析，并根据全省救援队伍分布情况自动提出了"剪刀拳头"队伍批次出动建议，为抗震救灾指挥部在后续指挥决策中提供辅助支撑。

齐心协力多方联动

四川省减灾委员会办公室紧急调配帐篷、棉被、折叠床等中央、省级救灾物资，紧急支援震区。群众安置组妥善安置受灾群众，截至2022年9月10日，震区共设置安置点124个，集中安置2万余人。交通保障组组织雅安、甘孜两地交通部门及正在附近施工的单位出动大型机具，全力开展抢通保通。西部战区驻川部队出动4架直升机，南方航空护林总站成都站、西昌站出动5架森林航空消防直升机在震区开展救援。截至9月8日18时，共飞行126架次，转运重伤员46名、轻伤员130名，转移受困群众467名，运送救援人员202名，投送食品、医疗等物资70.9吨。地震发生后，前线联合指挥部各工作组有序开展地震救援工作，争分夺秒抢救伤员、转移群众。

在党中央、国务院的坚强领导下，各方面力量紧急驰援，省委、省政府带领全省人民众志成城、顽强拼搏，与灾害抗争、与时间竞跑，全力以赴救援生命、救治伤员，紧急转移安置受灾群众，抢通道路、通信、供水等基础设施。为做好应急救援工作，各级领导及时做好应急决策和部署工作，并根据灾害信息及时调整决策，抗震救灾7天，为受灾群众提供生命救援和生活支持，快速恢复当地经济活动，减少经济损失。

资料来源：
1. 中国新闻网. 2022-09-10. 四川泸定6.8级地震：争分夺秒 高科技让更多生命获救[EB/OL]. https://www.chinanews.com/gn/2022/09-10/9849899.shtml
2. 新华社四川频道. 2022-09-10. 前方就是群众，我们必须全力以赴[EB/OL]. https://mp.weixin.qq.com/s?__biz=MzAwODA0NTI2MQ==&mid=2648294773&idx=1&sn=588ea6bd87367f86cbf575668ea6d93a&chksm=8359b2d7b42e3bc13e3b8c04420cd4710c804ce2d6a24c0cc36680e9ba06cd924b4a5457a5cb&scene=27
3. 遂宁新闻网. 2022-09-10. 一图读懂｜"9·5"泸定地震72小时[EB/OL]. https://baijiahao.baidu.com/s?id=1743444081907230249&wfr=spider&for=pc

第三节　应急决策方法

由于突发事件具有复杂性、不确定性和高破坏性的特征，如何快速、有效地确定应急方案和应急措施直接关系到应急救援的效果。应急决策需依赖科学有效的决策方法对各类突发事件进行准确研判并采取非常规的应急处置措施。现代应急决策分析的具体方法概括起来可以分成三类，即定性决策分析方法、定量决策分析方法及定性与定量相结合的决策分析方法。下面将详细介绍三类应急决策分析方法。

一、定性分析及其方法

（一）应急决策定性分析的基本概念

应急决策定性分析方法，又称主观决策法，主要是在研究应急决策问题的性质和属性的基础上，决策者通过经验、直观判断和逻辑思维等方式对决策问题进行描述性说明并对决策问题的性质、方向、程度做出判断，从而对决策及其方案进行分析的过程。当决策者掌握的数据不多、决策问题及其主要影响因素比较复杂并且难以用确切的数量或者数学模型表示时，决策者通常只能采用定性分析的方法，凭借个人的主观经验和分析能力，运用系统的、逻辑的思维方法，把有关资料加以综合，进行定性的分析、判断和推理。

在应急决策分析的过程中，有很多无法用数量表述的信息，如救援效果、管理效率等，难以从数学的角度加以界定和考量，只能从性质上进行判断。此外，突发事件具有不确定性和复杂性等特征，应急决策者需根据自身的知识、经验和能力快速地做出应急决策以开展响应工作。例如，洪水泛滥时，是破堤泄洪淹没村庄还是冒着溃堤风险坚守？又如，新冠疫情期间，封控与解封如何权衡？此类问题出现初期，灾害信息处于"黑箱"阶段，应急决策者可获取的信息有限，但又需快速地做出决策，此时往往通过定性分析的应急决策方法确定应急方案。

应急决策定性分析的准确程度主要取决于决策者的经验、理论水平、业务水平、掌握的情况及自身的分析判断能力，不同的决策者由于理论水平、实践经验等不同，对同样的决策问题会做出不同的判断，得出不同的结论，取得不同的效果。与科学的定量分析方法相比较，定性分析方法易受决策者自身素质的影响，准确程度难以把握。

（二）应急决策定性分析方法

典型的应急决策定性分析方法有专家会议法、头脑风暴法、德尔菲法等，其中德尔菲法是最具代表性的方法。

专家会议法是指根据规定的原则选定一定数量的专家，按照一定的方式组织专家会议，发挥专家集体的智慧与效应，对预测对象未来的发展趋势及状况做出判断的方法。专家会议法有助于专家交换意见，互相启发，弥补个人意见的不足，通过内外信息交流与反馈，产生"思维共振"，在较短时间内得到富有成效的创造性成果，为决策提供预测依据。

头脑风暴法最早是精神病理学上的用语，指的是精神病患者的精神错乱状态，现在转化为无限制的自由联想和讨论，其目的在于产生新观念或激发创新设想。在群体决策中，由于群体成员心理的相互作用影响，易屈于权威或大多数人的意见，形成群体思维。头脑风暴法旨在改善群体思维，尽可能激发参与成员的创造性，产生尽可能多的设想方法。

德尔菲法，又名专家函询调查法或专家规定程序调查法，是依据系统的程序，采用匿名发表意见的方式（即团队成员之间不得互相讨论，不发生横向联系）反复地填写问卷，以集结问卷填写人的共识及搜集各方意见，可用来构造团队沟通流程，应对复杂任务难题的管理技术（任国友，2020）。德尔菲法有以下典型特点：①专业性。该方法由专家进行预测，充分利用专家的经验和学识。②匿名性。该方法匿名征求专家的意见，要求每一位专家独立自主地做出自己的判断。③反馈性。该方法每一轮征询后将收回专家的意见，综合、整理、归纳之后，再次匿名地将归纳结果反馈给各个专家并征求意见。④统计性。该方法采用统计方法对每一轮预测的结果进行分析处理，科学地综合各位专家的意见。

德尔菲法的基本操作流程如图 12-3 所示。第一步，提出问题。确定调查题目，拟订调查提纲。第二步，组成专家小组。按照课题所需的知识范围和课题大小，确定专家人选和人数。第三步，将征询意见表及有关资料分送给各位专家。第四步，收回征询意见表，对意见进行综合整理。第五步，反馈征询意见，进行下一轮征询。第六步，当反馈意见达成共识后，提出决策报告。

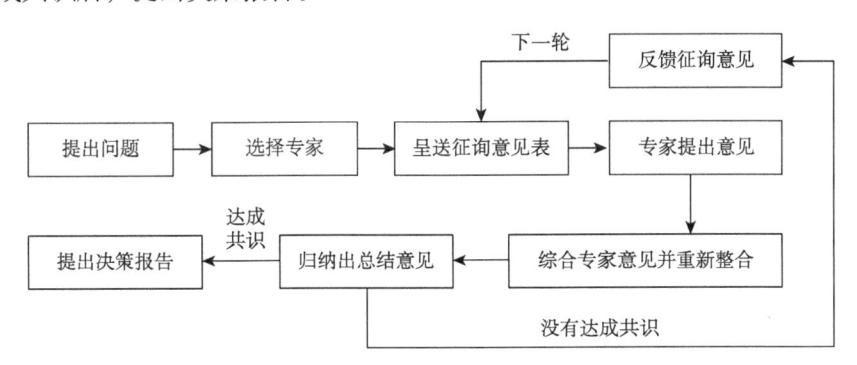

图12-3 德尔菲法的基本操作流程

资料来源：胡象明（2016）

二、定量分析及其方法

（一）应急决策定量分析的基本概念

应急决策的定量分析是指通过研究应急决策问题的客观关系和其内部量的规律性，建立数学模型，并通过求解数学模型以确定决策的期望值，以其期望值作为选择决策方案参考的一种科学决策方法。在应急决策的定量分析过程中，必须采用科学抽象的方法确定目标函数和约束条件，从而构建决策模型。一般来说，决策模型包含五个因素：状态、概率、方案、报酬函数和最优期望值。下面将结合实例对这五个基本概念加以叙述。

例如，某市位于南海之滨，为了防止台风对该市的袭击，市人民政府决定对砖木结构房屋进行改造。在设计方案时要求考虑不同程度的台风对房屋的影响。根据当地历史资料的记载知道,在可记录的台风资料中,一般台风发生的可能性为75%;较大台风发生的可能性为20%;特大台风发生的可能性为5%。设计人员经过反复研究,提出三种改造方案:将砖木结构房屋改造成组合砌体结构;将砖木结构房屋改造成钢筋混凝土结构;将砖木结构房屋改造成钢结构。每个方案实施需要支出的费用(包括修建费用和台风发生后所造成的损失)如表12-2所示。

表12-2　实施方案所需支出的费用　　　　　　　　　单位:亿元

方案	一般台风	较大台风	特大台风
	75%	20%	5%
砖木组合砌体	40	50	60
砖木钢筋混凝土	45	55	55
砖木钢	50	57	50

(1)状态。一个决策问题涉及一个系统,系统处于的不同状况称为状态。状态是由不可控制的自然因素即随机因素所引起的结果。在前述的例子中,状态集包含三种状态:一般台风、较大台风、特大台风。

(2)概率。系统中每种状态发生或存在的可能性,简称状态发生的概率。上例是一个风险型决策问题,一般台风发生的概率为75%,较大台风发生的概率为20%,特大台风发生的概率为5%。

(3)方案。方案集也可称为决策集,在定量分析技术中,对于一个决策问题,为达到预期目标提出的每一个方案,称为决策集。在上例中,决策集包含三个:将砖木结构房屋改造成组合砌体结构房屋;将砖木结构房屋改造成钢筋混凝土结构房屋;将砖木结构房屋改造成钢结构房屋。

(4)报酬函数。在系统中,对应选取的决策与可能出现的状态两者的结果或效益称为报酬函数。例如,在上述例子中,当发生一般台风且选择将砖木结构房屋改造成组合砌体结构房屋的报酬函数为40亿元。

(5)最优期望值。决策者根据不同的愿望选择不同的决策准则,根据决策准则确定最优值。

(二)应急决策定量分析方法

1. 确定型决策分析

确定型决策分析是指决策者掌握了决策所需的各种情报信息,决策者面临多种可行方案,各种可行方案的后果都可以用确定的值来衡量。例如,在上例中,如果该市只有一般台风发生,那么通过对三种方案的损益值比较发现,40<45<50,自然选择第一种方案。如果该市只有较大台风发生,那么通过对三种方案的损益值比较发现,50<55<57,仍然选择第一种方案。如果该市只有特大台风发生,那么通过对三种方案的损益值比较发现,50<55<60,此时选择第三种方案。确定型决策分析法的决策表如表12-3所示。

表 12-3　确定型决策分析法的决策表　　　　　　　　单位：亿元

方案	一般台风	较大台风	特大台风
	100%	或 100%	或 100%
砖木组合砌体	<u>40</u>	<u>50</u>	60
砖木钢筋混凝土	45	55	55
砖木钢	50	57	<u>50</u>
最优损益值	40	50	50

2. 风险型决策分析

风险型决策分析，是根据各种事件可能发生的概率，采用期望效果最好的方案作为最优决策方案。风险型决策分析的方法包括最大可能法、期望值法和马尔可夫决策法。本节主要介绍期望值法。

期望值法是以收益和损失矩阵为依据，计算出每个行动方案的期望值，然后加以比较，如果决策目标是效益最大，则采取期望值最大的行动方案，如果决策目标是费用支出或损失最小，则采取期望值最小的方案。每个方案的期望值为各状态下该方案的损益值与该状态发生的概率乘积之和。对上述例子进行期望值法分析，如表 12-4 所示。

表 12-4　期望值法决策表　　　　　　　　单位：亿元

方案	一般台风	较大台风	特大台风	损益期望值
	75%	20%	5%	
砖木组合砌体	40	50	60	<u>43</u>
砖木钢筋混凝土	45	55	55	47.5
砖木钢	50	57	50	51.4

由期望值法计算之后，选择将砖木结构房屋改造成组合砌体房屋的费用支出期望值最小，为 43 亿元，此方案即为最优决策方案。

3. 不确定型决策分析

当决策者只能掌握各种方案可能出现的结果，而不能预知各种后果发生的概率时，此时的决策分析就是不确定型的。由于各种状态发生的概率未知，不确定型决策问题不具备求期望值的条件。为求解该类问题，现代决策论假定一些准则，然后根据这些准则确定决策问题的最优值。这些准则主要有如下几条：乐观准则、悲观准则、等概率准则、决策系数准则及遗憾准则。考虑突发事件往往造成巨大的人员伤亡和财产损失，决策者是损失厌恶的，故在实际的决策问题中通常使用悲观准则。

悲观准则是指决策者从最保险、最保守的观点出发，对每个决策方案只考虑其最坏的可能收益。其应用方法如下：先找出各方案的最小报酬值，然后将这些最小报酬值进行比较，选择最大的最小报酬值所对应的方案，因而又称为最大最小值法。

如对上述例子进行悲观准则分析，将砖木结构房屋改造成组合砌体结构房屋，最小报酬值（即最大费用值）为 60 亿元；将砖木结构房屋改造成钢筋混凝土结构房屋，最小报酬值为 55 亿元；将砖木结构房屋改造成钢结构房屋，最小报酬值为 57 亿元。因此，确定将砖木结构房屋改造成钢筋混凝土结构房屋为最优方案，如表 12-5 所示。

表 12-5 悲观准则的决策表　　　　　　　　　　　　单位：亿元

方案	一般台风	较大台风	特大台风	最小报酬值
砖木组合砌体	40	50	60	60
砖木钢筋混凝土	45	55	55	<u>55</u>
砖木钢	50	57	50	57

三、定性与定量相结合的应急决策分析方法

考虑到突发事件的时效性、复杂性和信息不完备性的特征，单一地使用某种定性或定量方法难以帮助决策者选择科学合理的行动方案。因此，突发事件决策者往往将定性与定量分析方法相结合，进而对突发事件需开展的预防、响应、恢复工作进行决策。定性与定量相结合的方法包括层次分析法、系统动力学分析法及案例推理法等。突发事件案例推理法借助人工智能这一新兴技术，通过已具有的经验和知识来解决相似问题或新问题，目前已在医学和应急管理等领域广泛使用，本节将主要介绍这一方法。

在许多情况下，我们利用经验解决所面临的问题比其他方式更加容易和简便，可以避免重新对规则进行推理或对模型进行推导。例如，当医生给病人看病时，他可以利用病人的症状和自己的行医经验给出处方，而不必要重新查阅医学书籍；当应急决策者面对突发事件时，他们同样可根据对事件本身的了解及自身的经验制订出合适的救援方案。尽管众多学者对案例推理的定义不尽相同，但比较一致的是：案例推理是在进行求解时，使用以前求解类似问题的经验和获取的知识来进行推理，并针对新旧情况的差异做出相应的调整，从而得到新问题的解，并形成新的案例加入到案例库中（王晓和庄亚明，2011）。

案例推理分为解释型和问题求解型两种（张辉等，2017）。解释型的案例推理是通过比较旧案例与遇到的新问题，找出新问题的特殊性，从而将新问题分类和特征化。解释型的案例推理在法律等领域有着广泛的应用，如在美国的法律系统中，解释法律条款和法律应用方面经常用到解释型的案例推理。问题求解型案例推理是利用旧方案解决新问题，结合新问题的特征进行修改，形成适用于新问题的新的解决方案。问题求解型案例推理的步骤主要包含环境评估、案例检索及相似度评估等。

典型的案例推理的求解过程经过广大学者的不断修改，目前学术界和业界比较认可的案例推理过程是 4R 模式（Aamodt and Plaza，1994），分为四个步骤：案例检索（retrieve）、案例重用（reuse）、案例修正（revise）和案例保存（retain），推理过程如图 12-4 所示（张辉等，2017）。

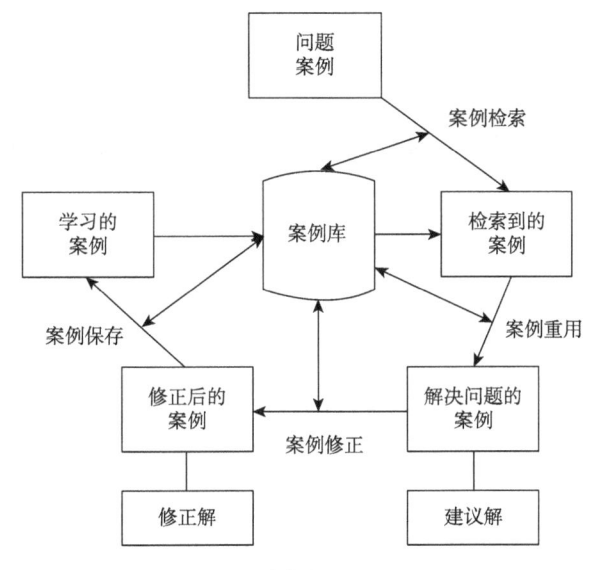

图12-4 案例推理流程图

1. 案例检索

案例检索是案例推理法的关键技术，也是最重要的步骤。其检索过程为：先提取解决问题的特征值，并通过相应计算方法为特征值赋予相应的权重，通过相似度计算方法，在已有的案例库中按照相似度高低排列出对新问题解决最相似的原案例。

2. 案例重用

案例重用的目的是在案例库中已有的案例不断应用到新问题的求解过程。通常情况是将新问题的特征与检索到的最相似案例进行对比，如果两者的匹配度较高，就可以使用已有案例解决新问题。

3. 案例修正

若通过检索没有寻找到与当前亟待解决问题相似的案例，或者现有案例与当前问题存在较大差异时，就应该对现有案例进行修改，使之适合当前目标案例问题，得出解决当前问题的新方案。

案例修正主要包含三大任务：第一，对检索的案例进行相似度评测，寻找是否有符合当前问题的解决方案；第二，若相似案例给出的解决方案与现有问题的匹配程度没有达到规定阈值，则执行案例学习步骤，同时对该解决方案形成新案例进行记录；第三，若相似案例没有达到规定阈值，则需要对该案例进行调整、修改，最终获得满意解。

4. 案例保存

案例保存的主要目的是通过案例推理系统获得当前问题的解后，通过案例重用和案例修正两个步骤，对解的满意度进行评测。若为当前问题最优解时，则将该解决方案视作一条新案例，写入到案例库中，构造一条新的解。这样做的目的是使案例库的知识不断积累、丰富，以备将来使用，为以后解决新问题提供更加全面的案例检索条件。

▶思考与练习

1. 以你所知的突发事件为例，试说明我国在突发事件应急决策中体现的关键特征。
2. 试述应急决策定性分析方法和定量分析方法的区别。
3. 阐述应急决策的基本流程。

第十三章

应急信息管理与信息系统

导言

突发事件应急管理是一项多领域、跨学科、多主体共同参与的活动，信息科学和信息管理活动作为突发事件应急管理的重要构成要素，在整个突发事件的应急管理过程中发挥着重要的先导、预测和信息支撑作用，也是近年来信息管理研究领域的热点话题。信息资源是信息管理的对象，要做好应急信息管理（emergency information management，EIM）的工作，必须理解信息与应急信息的概念，了解应急信息的类型；信息系统是以处理信息流为目的的人机一体化系统，可以强化应急信息的支撑保障，是优化要素资源配置、增进创新驱动的发展动能。

本章介绍应急信息的基本概念和类型，阐述应急信息管理的基本内容与流程。信息管理需要通过信息管理系统实现，本章还介绍应急管理信息系统的基本概念和内容，论述国内外应急管理信息系统的建设与发展现状，为全面深入了解如何推进应急管理信息化建设、集约建设信息基础设施和信息系统奠定基础。

第一节 应急信息管理

一、应急信息的概念

（一）信息的概念与分类

信息是一个抽象的概念，作为固定词语在我国早已有之，多用于表达"音信、消息"之意，如《三国志》中所述"正数欲来，信息甚大"，南宋诗人陈亮在《咏梅》诗中所述"欲传春信息，不怕雪埋藏"等。信息作为科学概念的提出，发生于19世纪下半叶，1872

年，波尔兹曼提出了信息与不定度间的可测关系的概念；信息论的创始人香农（Shannon）指出凡是能消除或减少不确定性的任何事物都可被称为信息。此后许多研究者从不同学科领域出发，给出了多种定义。在《图书馆·情报与文献学名词》中的信息，广义上是指客观事物存在、运动和变化的方式、特征、规律及其表现形式；狭义上是指用来消除随机不确定性的东西。《经济学名词》中将信息定义为世界上一切事物的状态和特征的反映，普遍存在于自然界、人类社会、人们的认识及思维过程中。在管理科学技术名词中把信息定义为数据的内容和含义，其中同样的信息可以用不同形式的数据表达。总之，信息反映了可以通过数据表示的世界上一切事物的各种状态和特征。

信息具有以下特性：第一，客观性，信息所反映的内容具有不依赖人的意志为转移的客观属性；第二，价值性，信息是通过对真实世界数据进行加工得到的，可用来分析真实世界运转情况，作为一种资源具有一定的价值；第三，可共享性，信息在一定的时空范围内可以被多个认识主体接收和利用，信息的共享性是信息与物质、能量的根本区别；第四，可度量性，可采用某种度量单位进行度量，并进行信息编码，如现代计算机使用的二进制；第五，可加工性，可通过一定的手段加工，加工后的信息可以更好地反映信源和信宿之间的相互联系、作用机理及其规律；第六，可转换性，信息可以从一种形态转换为另一种形态，如从文字信息转换为图片信息等，因此信息也具有可再生性。

根据定义和特性，信息可以基于不同角度与标准来进行分类。常见的分类方式有：按照记录形式分类，信息可以分为数字信息、文字信息、图像信息和语言信息等；按照应用部门分类，信息可以分为工业信息、农业信息、军事信息、政治信息、科技信息等；按照加工顺序分类，信息可以分为原始信息、二次信息和三次信息等；按照信息重要性分类，可以分为战略信息、战术信息和业务信息。由于信息涉及的领域较广，因此在进行分类时其范围和内容会有所交叉和重叠。

（二）应急信息的概念与分类

随着近年来国内外突发事件的频繁发生，应急管理受到了越来越多的关注。然而，目前对于应急信息的定义尚未确定和统一。苏桂武等（2003）在描述地震应急信息时，将地震应急信息定义为，一切反映与地震应急有关的诸要素、诸物质和诸过程的数量、质量、性质、运动状态、联系和规律等的数字、文字、图像、图形、影音等资料和知识的总称；袁维海（2011）从认识论层次指出应急信息是主体能够感知或表述的突发事件的存在方式及演变过程；陈兰杰（2021）从本体论和认识论两个层次进行分析，认为应急信息是人们对突发事件信息进行收集、加工、处理后能够消除或减少突发事件的不确定性的一种信息。综合信息的概念与其他学者对应急信息的定义，笔者在本书中将应急信息定义为：一切突发事件和由突发事件产生的客观与主观的存在、运动和变化的方式，以及特征、规律和表现形式。

由于应急信息应用领域的特殊性，其在一般信息的基础上具有较为显著的特征。首先是复杂性，突发事件是人与自然和社会关系激烈变化的一个片段，涉及自然与社会人文的许多方面，突发事件种类的多样性和不确定性决定了应急信息的复杂性。其次是时效性，由于突发事件的不确定性，应急信息是最需要凸显时效性的信息。一方面，突发事件发生的时间、程度、范围等都是不确定的，且与之相关的信息一直处于动态变化中；另一方面，由于信息的复杂性，需要更大程度地从海量信息中选择有效信息，进行信息处理来增强时效性。再次是敏感性，并不是所有的应急信息均会对外公开，有的应急信息可能会引起不必要的动乱和恐慌，因此应急管理决策者需要谨慎决策信息公开力度，保证下级救援部门和公众媒体了解相应的部分应急信息。最后是重大价值性，突发事件可能涉及全国甚至全球，应急信息获取且科学利用可以在最大限度上降低社会损失，具有重大的价值。

与一般信息分类方式不同的是，应急信息还需要考虑突发事件的特性，并进行更具特色的信息分类。分类方式和依据如下：第一，根据突发事件的发展阶段，可以分为预防期应急信息、准备期应急信息、响应期应急信息、恢复期应急信息等。第二，根据突发事件的种类，可以分为自然灾害信息、事故灾害信息、公共卫生事件信息、安全事件信息等，其中每一类应急信息又可以分为若干子类。第三，根据信息的敏感程度，可以分为公开信息和保密信息。第四，根据信息所反映的客观对象或所表达的应急方面的问题，可以分为突发事件信息、灾情信息、救灾人员和物资储备信息。以上四种信息分类又可以分为若干子类，如表13-1所示。

表13-1 应急信息分类体系

信息类别	含义	信息举例	备注
基础背景信息	灾区自然、社会人文基础背景	灾区人口、宏观经济、民族等信息；灾区基础地理信息、地质环境和气候气象等信息	灾前准备
救灾背景信息	与灾区及其邻区灾害活动和与灾害直接相关的各种自然、社会和人文历史信息	灾区建（构）筑物信息；灾区骨干生命线工程信息；重点保护目标（桥乡、重点文物保护单位和景点、学校和政府首脑机关等）信息等；历史灾害目录、历史灾害损失等；灾害检测信息	
法律法规和预案规划信息	指导应急行动的法律法规、应急预案、灾区规划信息	国家和各省相关的法律法规；各类各级灾害应急预案；重点监视防御区信息；灾害频发区划和小区划信息；各类防灾减灾规划信息；各类重大项目的灾害安全性评价成果等	
防灾减灾示范与演习经验信息	指导灾害应急的各类防灾减灾示范区的工作经验和灾害应急演习经验	示范区防灾减灾辅助决策系统、示范区防灾减灾经验等	
救灾能力储备信息	应急救灾人员、物资、装备和队伍信息及应急人员通信联系信息	灾区及邻区的医疗救护能力信息、消防能力信息、治安能力信息等；救灾物资储备信息；救灾装备类型、数量、质量、性能、分布信息；防灾减灾救援队等救灾队伍信息；应急管理部直属单位联络信息、国务院各部门联络信息等	
灾害物理和灾情信息	灾害活动自然特征及灾害破坏和灾害损失的信息	灾害时间、地点、程度等；烈度及烈度分布、房屋破坏信息、人员伤亡信息、次生灾害信息等	灾后生成
应急决策和应急辅助决策信息	应急指挥人员经过决策行为而产生的指导应急救灾行动的方针、策略和技术方法信息及应急技术人员通过辅助决策分析系统向应急指挥人员提供的辅助决策信息	是否需要成立救灾指挥部和成立什么级别的救灾指挥部；参与应急的人民政府级别和行政区域范围是什么；是否需要紧急调动军队；是否需要从邻近地区紧急调度医疗急救队伍；是否需要在灾区实行戒严；是否需要呼吁国际援助；是否需要派遣救援队等	
灾害现场动态信息	灾害现场与救灾过程的动态信息	灾害及其次生灾害的动态变化信息；救灾过程实时进展信息等	

续表

信息类别	含义	信息举例	备注
救灾物资及人员调动动态信息	救灾过程中救灾物资和人员实时调配、调度和调动的信息	应急救灾物资的实时发放信息、应急救灾队伍的实时调度信息等	灾后生成
社会反应动态信息	因地震而产生的国内外社会反应的信息	公众心理反应信息、国内外媒体宣传信息、地震谣传信息等	

资料来源：改编自苏桂武等的《地震应急信息的特征、分类与作用》

需要强调的是，由于应急灾害涉及的部门较多，通常情况下同一种应急信息会被多次利用，与此同时应急信息也会根据实际需要基于不同种类进行划分和利用，以使其发挥更大的效用。应急信息作为全面认识应急突发事件的关键媒介、科学分析应急突发事件的重要基础、消除应急灾害不确定性的有效工具，需要进行高效的收集，才能在最短的时间内正确进行突发事件应急决策，并为预防未来突发事件的发生提供指导和参照。因此，应急信息在应急管理过程中处于核心的位置，其好坏与否决定着应急管理的成败。

二、应急信息管理的内容与流程

（一）信息管理的基本知识

信息管理是个人、组织和社会为了有效地开发和利用信息资源，以现代信息技术为手段，对信息资源实施计划、组织、指挥、控制和协调的社会活动（柯平和高洁，2007）。简单来说，信息管理就是人对信息资源和信息活动的管理。可以从系统、要素和过程三个方面进一步理解信息管理。从系统特征来看，信息管理是人员、技术设施、信息、环境等构成的一个信息输入输出系统。从要素特征来看，则表现为信息活动的各要素的独特作用，即信息人员的主体作用、信息技术的工具作用和信息内容的对象作用。信息管理的过程特征则涵盖了信息活动的全过程：信息的产生、记录、传播、收集、加工、处理、储备、检索、传递、吸收、分析、选择、评价、利用等。

信息管理是为了提高社会活动参与者的系统功能，最终提高社会活动参与者的系统效率或系统输出而进行的活动。它的最高目标是要维持系统的生存并促进系统的发展。随着当前智能化和网络化的不断发展，我们进入了一个信息爆炸的时代。我们能够获取海量信息，而这些海量信息中可能夹杂了无效信息和错误信息，因此需要对信息进行有效管理。信息管理可以帮助企业和组织更科学地分析各种业务，推动企业流程再造，提高其管理水平和效率，促进企业更好更快地发展。不仅如此，信息管理还可以减少信息壁垒，促进企业间合作，推动产业结构变革，助力产业信息化发展。

（二）应急信息管理的基本内容

应急信息是了解突发事件、掌握突发事件并进行科学决策的基础，但是仅仅拥有应急信息是远远不够的，需要对信息进行科学合理的管理，才能使其发挥更具价值的作用。应急信息管理是在管理科学与信息科学的一般原理指导下，根据应急管理的不同需求，通过人工和信息技术手段，有效地对信息资源实施计划、组织、指挥、控制和协调，并及时将应急信息反馈给需求对象的信息管理过程，是一项跨学科、多领域、多部门共同参与的信息管理活动（陈兰杰，2021）。

根据突发事件发展过程，可以将突发事件的应急信息管理过程划分为三个阶段。第一是预防准备阶段的应急信息管理。在突发事件发生前，政府应急管理者需要对为预防和准备突发事件发生所进行的各项活动信息进行收集和加工处理，这些应急信息包括本地区的基本应急背景，如历史救灾信息、救灾法律法规、救灾能力等，以及新的应急信息如防灾演练和宣传、设施修建等，初步建立应对突发事件的应急资源库，并将信息进行存储，以便在突发事件发生时更好地根据已有信息对资源进行合理调配和利用。

第二是响应阶段的应急信息管理。当突发事件发生后，会在短时间内产生大量反映社会人文和突发事件物理状态变化的应急信息，同样需要对其进行收集、加工、处理和存储，然后再将相关信息提供给决策者，以辅助他们进行相应的科学决策。由于这一阶段的信息具有较强的时效性，需要快速进行应急信息收集和处理工作，最大限度地提高信息管理效率。

第三是恢复阶段的应急信息管理。在突发事件恢复过程中，需要总结归纳由突发事件新产生的应急信息，进一步更新和完善应急资源库，为后续突发事件的发生提供历史数据和经验。与此同时，还需要对本次突发事件得到控制后采取的处置工作信息进行管理，如设施维修和重建、重点防灾减灾区域的更新、防灾减灾宣传等，降低区域脆弱性水平，预防后续可能的突发事件。

对应急信息的管理十分必要和重要。第一，在资源配置方面，应急信息的管理可以更合理地调配应急资源，减少应急资源的不合理使用，并降低政府应急救援的压力。第二，在社会反应方面，应急信息的适当发布可以减少社会恐慌，增强政府公信力，也可以提高公众的配合度，使一些民间救援组织自发配合政府的抢险救灾行动，还可以避免公众在不知情的情况下做出一些不利于政府救灾工作的过激或冲突行为，促进应急救援工作顺利开展。第三，在应急救援方面，能够帮助决策者制订更科学的应急救援工作计划，协调多方应急资源，最大限度地减少突发事件造成的损害，保障公众的生命财产安全并维护国家安全和社会稳定。第四，在防灾减灾方面，能对突发事件的预防减缓发挥巨大作用，对应急信息进行归纳总结，可以为日后可能的突发事件的发生带来宝贵的应急经验，并应用在日后的突发事件救援工作中。

（三）应急信息管理的流程

美国信息管理方面的专家霍顿（Horton）曾提出以信息生命周期为基础的信息管理内容（周九常，2006）。本书在此基础上总结了应急信息管理的流程，包括应急信息的收集、存储、加工、分析、传播、利用和更新七个步骤，如图13-1所示。

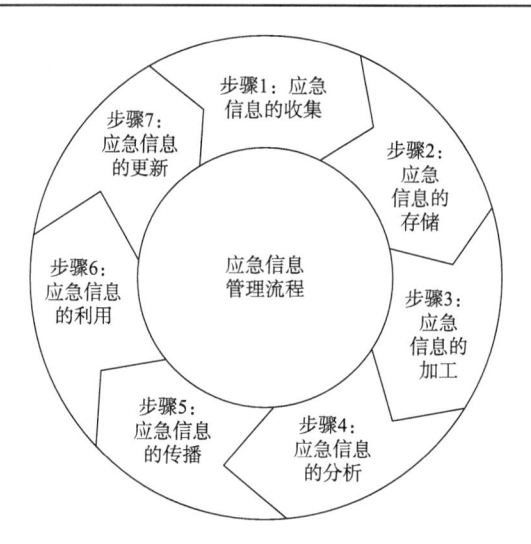

图13-1 应急信息管理流程

1. 应急信息的收集

对应急信息的收集渠道主要有应急信息资源库、媒体和公众、实地调查三种。从应急信息资源库中收集应急信息，信息质量较高但不全、不新；从媒体和公众收集应急信息具有范围广、内容新、形式多样等优点，但也存在信息杂乱、数据不完整和信息错误等缺点，因此只能将从媒体和公众收集作为辅助手段；而实地调查虽然会消耗过多时间、人力、物力和财力，但是它作为对前两种应急信息的有效补充和可信验证，便于后期及时、正确地将应急信息发布给民众，从而为政府提供有效的决策依据。需要注意的是，应急信息收集需要根据信息需求有先后地收集，并在信息收集的过程中保证前期信息记录的真实、及时、准确、清晰、完整、简要，切勿漏报信息。另外，政府各部门应尽可能全面收集应急信息，以应急信息资源库为基础，以媒体和公众渠道为补充，以实地调查为验证，保证应急信息的可靠性和真实性。

2. 应急信息的存储

应急信息收集后，就需要对其进行存储，以便后续工作的使用。政府应当建立有关的应急信息管理政策法规数据库、应急预案数据库、应急物资调度数据库、政府组织体系数据库等，并将整理好的应急信息存储到相应的应急信息资源库中。考虑到应急信息的安全，政府在建立应急信息资源库时，可以采用电子和纸质共储的形式，以防止介质损坏和网络黑客的攻击，同时做好本地备份以避免操作不当造成数据丢失等。对应急信息的合理存储，能最大化发挥所收集和分析的应急信息的作用，并在后续突发事件处理工作中快速找到信息并解决问题。

3. 应急信息的加工

突发事件的发生会在短时间内产生大量混乱、庞杂的信息，需要进行信息加工处理，来提高决策者的决策效率和准确性。政府各部门首先要进行信息的筛选和判别，应根据需要将无用信息和虚假信息剔除,减少信息加工处理的工作量;其次,应急信息管理人员根据一定的信息处理原则、技术、方法,对收集的应急信息进行描述、分类、排序和归纳,将收集到的初始的、凌乱的和孤立的信息处理为有序的应急信息集合。在进行信息加工时,需要注意运用创造性思维,对应急信息进行合理的定性和定量分析,从中找出本质的规律性东西,并且要实事求是地进行信息加工,切忌主观臆断,把不同时间、空间、性质的信息硬性拼凑,造成信息失真。

4. 应急信息的分析

当对应急信息进行加工,形成一个有序的应急信息集后,就可以分析评价信息,并通过最精练的信息向政府管理决策者提供最真实和全面的信息决策依据。在应急信息分析中,使用科学的知识、方法、手段对整理好的应急信息进行开发,分析出能够辅助政府部门管理者进行决策的增值信息,这些信息是在加工处理信息的基础上,挖掘出信息背后的有用信息。需要注意的是,对应急信息的分析需要秉着实事求是的原则,切勿隐瞒修改、报喜不报忧。另外,在分析应急信息的基础上,还可以对信息进行综合评价,划分出重要信息的先后顺序和处理建议,从而便于应急管理决策者作出决策。

5. 应急信息的传播

应急信息的合理传播对处理突发事件有着非常重要的作用。当突发事件发生后,政府收集到所需的应急信息后,应尽量在最短时间内通过各种渠道,如新闻发布会、公众号、官方网站等,发布真实、权威的信息,以减少谣言造成的恐慌和社会动乱,稳定民众情绪,减轻民众心理上的负担,掌握社会舆论的话语权。对应急信息的传播也需要遵循真实、及时、完整和适当保密的原则,给公众提供最新、最真实的突发事件现场情况,提高政府的公信力,并促进政府与社会公众救援的合作与协调。作为收集者和管理决策者之间的桥梁,应急信息的传播要尽量减少中间过程,避免信息的流失和误解。

6. 应急信息的利用

应急信息的利用也是进行应急信息管理非常重要的一步。应急信息可以在应急信息检索、应急信息辅助决策和应急信息报道等方面进行利用。首先,对本次突发事件进行总结的应急信息可以补充在应急信息资源库中,丰富应急信息资源库,提供更全面的应急信息检索查询服务。其次,应急管理决策者可以根据历史真实突发事件应急信息为下次突发事件的决策做辅助,更好地在灾害预防和准备阶段进行突发事件防灾减灾工作,降低突发事件发生的概率或者减少其带来的损失,为以后突发事件起到预防作用。最后,应急信息可以利用在信息报道上,满足公众的信息需求。但在信息利用过程中,需要注意应急信息利用的合理性,不得采用不正当或不合适方式利用应急信息,或者乱用、错用应急信息。

7. 应急信息的更新

应急信息在利用后,需要进行应急信息的反馈和及时更新,然后根据更新的应急信息对应急管理决策做及时调整。应急信息更新不仅包括突发事件产生的应急信息的更新，还包括因突发事件所采取的一系列后续行动的应急信息的更新。应急信息更新是进行应急信息管理必要的步骤，这一举措不仅有助于了解信息利用过程之后应急信息所发生的变化，还可以对之前相关的应急信息进行及时修正，从而更好地利用应急信息。

第二节 应急管理信息系统概述

一、管理信息系统的概念

（一）管理信息系统的定义

信息系统是由计算机硬件、网络和通信设备、计算机软件、信息资源、信息用户和规章制度组成的以处理信息流为目的的人机一体化系统。主要有五个基本功能，即对信息的输入、存储、处理、输出和控制。简单地说，信息系统就是输入数据或信息，通过加工处理产生信息的系统。信息系统经历了简单的数据处理信息系统、孤立的业务管理信息系统、集成的智能信息系统三个发展阶段。

信息系统可以分为服务于企业作业层的、执行和记录组织每天所必需的理性事务的计算机化的事务处理系统；服务于知识层的知识处理系统和办公自动化系统，在系统中承上向管理者提供报告，助力管理层高效工作，启下为其他决策支持系统和经理信息系统提供数据支持的管理信息系统；针对半结构化或非结构化的决策问题具有智能作用的决策支持系统；以聚焦管理信息需求的方式，帮助管理层锁定问题、预测趋势等的经理管理系统。

信息系统通常是社会环境中管理的手段和工具，反过来，管理是信息系统的目标和任务，现代管理与信息系统是相互依赖、相互支持的，进而衍生了管理信息系统。

管理信息系统是指对信息进行收集存储、加工处理、智能应用，达到对组织全面管理的综合系统。能够进行信息收集、传送、存储、维护和使用，并能够实测组织的各种运行情况，并利用历史数据预测未来，从组织全局角度出发辅助组织进行决策，利用信息控制组织行为，帮助组织实现其规划目标。完善的管理信息系统具有以下四个标准：确定的信息需求、信息的可采集与可加工、可以通过程序为管理人员提供信息、可以对信息进行管理。由此可见，管理信息系统绝不仅仅是一个技术系统，而是把人包括在内的人机系统。

与管理信息系统类似的还有管理系统。管理系统是由管理目标、管理者、管理对象、管理环境和管理方法五个要素构成，为实现预期的管理目标而构成的一个对其内部各种有限资源，按照一定的方式，由管理者进行有效控制和管理的系统。它一般由三个部分组成：一是管理的客体，即管理对象（生产和服务过程）；二是管理的主体，即管理者和管理机构；三是联系两者的信息系统。

由定义不难看出，管理信息系统一般具有以下特征。

（1）面向管理决策。管理信息系统实际是管理学的思想方法、管理与决策的行为理论之后的一个重要发展，是为管理决策服务的系统，它必须能根据管理过程中的实际需求，即提供所需要的信息，帮助决策者做出决策。

（2）综合性。管理信息系统是一个对组织进行全面统筹管理的综合系统，一个组织的管理信息系统往往是由多个领域的子系统综合而成，可最终完成应用管理信息系统进行综合管理的目标。管理信息系统综合的意义即统筹各个子系统，凝聚出更高层的管理信息，为管理决策服务。

（3）人机系统。管理信息系统的本质目的是辅助人做出各种决策，所以其必然是一个人机结合的系统。各级管理人员既是系统的使用者，又是系统的组成部分。这也在开发管理信息系统时给出了一些启示，要认清人与计算机在系统中的地位和作用，充分发挥两者的优势，使系统达到最优。

（4）现代管理方法和手段相结合的系统。如果仅仅采用计算机技术处理管理问题，那只是减少了人的劳动，仿真还原了手工管理问题，并不能从理论上优化问题。因而，要想充分发挥管理信息系统在管理中的作用，就必须与先进的管理方法和手段结合起来，用现代化的管理思想和方法解决复杂的现实问题。

（5）交叉性综合性学科。管理信息系统作为一门新兴学科，其理论体系尚处于发展和完善的过程中。早期的学者从多学科中抽取相应的研究理论，构成了管理信息系统的理论基础，其中有计算机学科（网络通信、数据库、计算机语言等）、数学（统计学、运筹学、线性规划等）、管理学、仿真等，因而，管理信息系统是一个交叉性综合性学科。

（二）管理信息系统的分类

管理信息系统是一个相对宽泛的尚未成熟的概念，因此没有统一的分类方法。按照管理信息系统的处理层次，它可以划分为面向数量的执行系统、面向价值的核算系统、报告系统、分析信息系统和规划决策系统等。按照管理信息系统的服务对象划分可分为国家经济信息系统、企业管理信息系统、事务型管理信息系统、行政机关办公管理信息系统和专业性管理信息系统。按照服务规模可以划分为组织内的、区域的和全球的管理信息系统。下面按照我国管理信息系统应用的实际情况和服务对象，分别进行介绍。

（1）国家经济信息系统。国家经济信息系统是由国民经济大系统中的各个组成部分纵横交错的信息渠道所构成的经济信息系统。国家经济信息系统的基本任务是用现代化管理手段为中央和地方各级人民政府及国务院各主要经济部门提供经济信息服务，对国民经济和发展情况进行定量分析，以实现国民经济的科学决策和管理，提高社会经济活动的效益。

（2）企业管理信息系统。企业管理信息系统面向工厂、企业，主要进行管理信息的加工处理。企业管理信息系统的功能是对企业生产进行监控、预测和决策支持。

（3）事务型管理信息系统。事务型管理信息系统面向事业单位，主要用于日常事务的处理，如医院管理信息系统、饭店管理信息系统、学校管理信息系统等。由于处理的事务不同，这些管理信息系统的具体功能也各不相同。

（4）行政机关办公管理信息系统。国家各级行政机关的办公管理信息化对领导机关的办公质量、效率、服务水平有重要的提升作用。行政机关办公管理信息系统除了包括公文流转、邮件系统等传统办公自动化功能外，还应具备在线交流、移动办公等新兴功能。

（5）专业性管理信息系统。专业性管理信息系统是指从事特定行业或领域的管理信息系统。这类管理信息系统的专业性极强，规模一般较大。例如，铁路运输管理信息系统、电力建设管理信息系统、银行信息系统、邮电信息系统等。

二、应急管理信息系统的含义与功能

（一）应急管理信息系统的定义

广义上的应急管理信息系统是由政府部门、公益组织和企业等主体的人与计算机软件系统、硬件系统共同组成，对公共危机事件进行应急预测、应急响应、应急重建与善后数据处理的综合系统。狭义上的应急管理信息系统是指公共性危机事件发生之后应急管理部门借助计算机技术、信息技术、信息管理技术和辅助决策支持技术等现代化手段，掌握重大危险信息变化情况，加强宏观调控，进行应急响应的综合系统。

（二）应急管理的特征

应急管理是一项重要的公共事务，既是政府的行政管理职能，也是社会公众的法定义务。同时，应急管理活动又有法律的约束，具有与其他行政活动不同的特点。

（1）政府主导性。政府主导性体现在两个方面：一方面，政府主导性是由法律规定的，《突发事件应对法》规定了政府单位对区域内突发事件的负责关系；另一方面，政府的行政职能决定了政府的主导性。因为政府掌管行政资源和大量的社会资源，拥有严密的行政组织体系，具有庞大的社会动员能力，这是任何非政府组织和个人无法比拟的行政优势，只有由政府主导，系统性地指导社会各方资源，才能动员各种资源和各方面力量开展应急管理。

（2）社会参与性。《突发事件应对法》规定，公民、法人和其他组织有义务参与突发事件应对工作。这从法律上规定了应急管理的全社会义务。只有政府与全社会的积极参与才能共同面对和处理突发性危机事件。从应急管理信息系统的角度来看，只有各个层次的子系统协同合作，才能处理突发事件带来的各种问题。

（3）行政强制性。与正常状态不同，处置突发事件的政府应急管理原则、程序和方式都有所调整，权力将更加集中，决策和行政程序将更加简化，一些行政行为将带有更大的强制性。为保障这些非常规的行政行为能够有效运行，必须配有相应的法律、法规，应急管理活动既受到法律、法规约束，需正确行使法律、法规赋予的应急管理权限，同时又可以以法律、法规为手段，规范和约束管理过程中的行为，确保应急管理措施到位。

（4）目标广泛性。应急管理追求的是社会安全、社会秩序和社会稳定，关注的是经济、社会、政治等方面的公共利益和社会大众利益，其出发点和落脚点就是把人民群众的利益放在第一位，保证人民群众生命财产安全，保证人民群众安居乐业，为社会全体公众提供全面、优质的公共产品，为全社会提供公平公正的公共服务。

（5）管理局限性。突发事件本身的不确定性给应急管理带来了许多局限性，尽管管理者能够做出最符合当下的正确决策，但是指挥协调和物资供应任务十分繁重，要在极短时间内指挥协调、保障物资，这本身就是一件艰巨的工作，尤其对于新的突发事件，如2020年初突然暴发的新冠疫情，物资保障更是难以满足。加之受到突发事件影响的社会公众往往处于紧张、恐慌、激动之中，情绪不稳定，加大了应急管理难度。

（三）应急管理信息系统的分类

结合应急管理信息系统的概念、根据应急管理信息系统的客体不同，可以将应急管理信息系统分为自然灾害应急管理信息系统、事故灾难应急管理信息系统、公共卫生事件应急管理信息系统、社会安全事件应急管理信息系统四类。

1. 自然灾害应急管理信息系统

按照具体的自然灾害类型，自然灾害应急管理信息系统可以划分为水旱灾害应急管理信息系统、气象灾害应急管理信息系统、地震灾害应急管理信息系统、地质灾害应急管理信息系统、海洋灾害应急管理信息系统、生物灾害应急管理信息系统和森林草原火灾应急管理信息系统等。

2. 事故灾难应急管理信息系统

事故灾难应急管理信息系统主要包括工矿商贸等企业的各类安全事故应急管理信息系统、交通运输事故应急管理信息系统、公共设施和设备事故应急管理信息系统、环境污染和生态破坏事件应急管理信息系统等。

3. 公共卫生事件应急管理信息系统

公共卫生事件应急管理信息系统主要包括传染病疫情应急管理信息系统、群体性不明原因疾病应急管理信息系统、食品药品安全应急管理信息系统、动物疫情应急管理信息系统以及其他严重影响公众健康和生命安全的应急管理信息系统。

4. 社会安全事件应急管理信息系统

社会安全事件应急管理信息系统主要包括恐怖袭击事件应急管理信息系统、经济安全应急管理信息系统和涉外突发事件应急管理信息系统等。

（四）应急管理信息系统的功能

根据应急管理信息系统的定义，其功能可以按照突发性公共危机事件发生阶段，划分为灾前预防预测和应急备案功能、灾时应急决策和社会资源调度功能、重建管理和评价反思功能，还有覆盖全过程的信息发布功能和系统维护管理功能。

1. 预防预测和应急备案功能

预防预测是指通过收集常规性的信息和数据，进行突发性公共危机事件预警；应急备案功能是指在对突发性公共危机事件做出预测后，针对性地给出多种应急响应阶段可以采用的方案。

国务院在 2006 年发布《国家突发公共事件总体应急预案》，其中规定了突发公共事件的分级分类和四级预警，还要求各地区、各部门要完善预测预警机制，建立预测预警系统，开展风险分析，做到早发现、早报告、早处置。在这个基础上，根据预测分析结果进行预警。因此，预防预测和应急备案功能是应急管理信息系统的基本出发点，体现了应急管理信息系统的"防患于未然"的意义，在突发性公共危机事件发生前做好预防，为应急响应奠定基础。

2. 应急决策和社会资源调度功能

应急决策是指面对突发公共危机事件的现实情况做出确定某一具体备案等一系列决策；社会资源调度是指在确定具体的应急方案之后，进行全社会范围内的资源调度，以确保救灾行动的顺利进行。

在实际的应急响应活动中，应急决策是对具体的突发性公共危机事件进行分析，在应急预案管理中找到类似案例的应急预案，加以分析和调整，生成适配当前突发事件的应急计划。社会资源调度属于社会资源管理的一部分，社会资源管理还包括对社会主体分类和资源的管理与布局，进行主体资源的分级和排序，并据此给出主体资源布局方案，采用调度模型，确定实时动态调度档案。

应急决策和社会资源调度功能是一体的，在确定具体备案之后进行相应的社会资源调度，对突发性公共危机事件最直接响应是应急管理信息系统最核心的功能体现。

3. 重建管理和评价反思功能

重建管理是指在突发性公共危机事件发生以后，对其造成的人员、经济、社会等方面的破坏进行恢复重建工作；评价反思是指对应急响应的全过程进行总结反思，汲取经验教训，防止同样的错误再次发生。

重建管理和评价反思功能是在应急响应后进行的，该功能的实现要依托现实情况，实事求是地进行重建和评估，并在工作完成之后，根据事件中出现的问题，对应急预案进行反思和调整。

4. 信息发布功能

信息发布功能贯穿在突发性公共危机事件的全过程，公开透明的信息公布有利于稳定民心，增强政府的公信力。

信息发布的常见方式主要是通过网络、短信进行及时有效的信息公开，同时配合媒体进行正面的新闻宣传和报道，但是也面临着如何建立信息发布数据标准和信息互通的难题。信息发布功能是突发性公共危机事件后稳定民心的重要举措，能够快速地将应急响应的重要进展及时、准确地向公众报道，有利于维护社会稳定，防止伴随性事故发生。

5. 系统维护管理功能

系统维护管理功能是对各个阶段的子系统进行维护和管理，是确保应急管理信息系统正常运行的前提，是保障应急管理信息系统正常运行的重要举措。

三、应急管理信息系统建设与发展现状介绍

（一）国外应急管理信息系统建设

世界上主要发达国家都非常重视建设和完善各自的应急管理信息系统，如美国联邦与各州的应急管理信息系统、日本的灾害信息系统、澳大利亚的内务事件管理系统、德国的危机预防信息系统等。

1. 美国联邦与各州的应急管理信息系统

美国国土安全部发布的 NIMS 为全美范围提供综合性、一体化的突发事件处理方案，包括全国突发事件的预防、准备、响应和恢复相关环节的标准与规范。另外，在联邦层面，国土安全部国土安全运行中心（Homeland Security Operations Center，HSOC）的应急平台负责各类突发事件的全天候监控。国土安全运行中心是美国国家级应急枢纽，是一个集情报收集、智能分析、紧急应对于一体的全天候跨部门机构，主要负责突发性危机事件的协调处理工作。其中，国土安全信息网络（Homeland Security Information Network，HSIN）可以完成国土安全部与各机构之间的资源和信息共享，进行综合分析与决策，国土安全咨询系统可以完成突发事件的脆弱性和整体安全形势的分析与评估。

美国各州层面同样建立了州、市、各级的应急平台，与国土安全部国土安全运行中心连接，形成了全国的应急平台体系。以伊利诺伊州为例，该州的应急管理局（Illinois Emergency Management Agency，IEMA）可以实现在整个州范围内共享各部门的资源，汇总各部门决策建议，以达到统一指挥、快速实施应急处置的目的。伊利诺伊州的应急平台可以实现协调和预测两个重要的功能，前者包括现场处置协调所需的各种人力和物资资源，协调有关部门和其他城市人力、物力，协调相关数据库实现信息共享，

协调上级联络员以寻求联邦帮助等；后者包括发生突发事件时，对事件发展和趋势做出估计，如持续的时间、受影响的范围、公共服务功能受影响的程度及需要动用多少力量来应对等。

总的来看，美国应急平台体系的一个重要技术特点是依靠高科技的综合集成，具备风险分析、监测监控、预测预警、动态决策、综合协调、应急联动与总结评估等功能。

2. 日本的灾害信息系统

预测系统和应急决策支持系统，覆盖范围从首相官邸、内阁府和都道府县等行政机关，一直延伸到市町村。日本分别建立了以政府各职能部门为主，由固定通信线路、卫星通信线路和移动通信线路组成的"中央防灾无线网"；以全国消防机构为主的"消防防灾无线网"；以自治体防灾机构或当地居民为主的都道府县、市町村的"防灾行政无线网"以及为应对地震、台风等大规模自然灾害的现场应急通信问题而专设的防灾通信网络。

3. 澳大利亚的内务事件管理系统

澳大利亚内务事件管理系统是国家消防和应急服务机构的事件管理系统，主要用于管理森林大火、洪水、风暴及龙卷风等灾害。澳大利亚的内务事件管理系统最初是在20世纪80年代作为美国NIMS的衍生产品开发的，它主要基于目标管理、功能管理、控制范围、机动性和指挥统一的原则。此外，社会民众还成立了森林防火站、火灾管理委员会等民间组织来应对火灾。

4. 德国的危机预防信息系统

德国联邦内政部下属的联邦民众保护与灾害救助局专门负责民事安全，参与民众保护和重大灾害救援。德国内政部门在2001年着手建立了危机预防信息系统，构造了联邦和地方政府的事件响应和公众发布信息网络，为突发事件的援救提供信息服务。该系统连接了联邦政府和各州成员，保障了救援信息能够在应急响应中互通互达，在危机发生时协助联邦和州政府的决策者更好地与救援机构和队伍取得联系，并且结合地理信息系统，以图层的方式与用户进行交互，可以帮助决策者有效开展危机管理，大大减轻决策层的风险评估和资源管理工作。

该系统向社会提供了一个开放的互联网平台，集中向人们提供各种紧急情况下如何采取防护措施的信息。该系统网络平台有2000多个灾害案例，人们从中可以很方便地找到有关民众保护和灾难救助的背景信息，也可以了解危险情形下如何采取预防措施和行为规则指导信息。

（二）国内应急管理信息系统建设

根据《"十一五"期间国家突发公共事件应急体系建设规划》及《国家应急平台体系建设指导意见（试行）》要求，国家启动应急平台体系建设，构建以国务院应急平台为中心，以省级和部门应急平台为节点，互联互通、信息共享、互为支撑的国家级应急平台体系，实现对突发公共事件的监测预测预警信息报告、综合研判、辅助决策、指挥调度等主要功能，满足国家和地区应急管理工作的需要。

"十二五"期间，我国初步建成了国家应急平台体系，国务院应急平台及各省市应急平台也相继建设完成。同时，我国还成立了国家预警信息发布中心和国家应急广播中心，建立了网络舆情和各类突发事件监测预警体系，有效地增强了我国防范和应对突发事件的能力。

国家应急平台体系包括国务院、省级和部门应急平台（专项应急指挥系统）以及依托中心城市辐射覆盖到城乡基层的面向公众的紧急信息接报平台和信息发布平台。国家应急平台体系结构如图13-2所示。

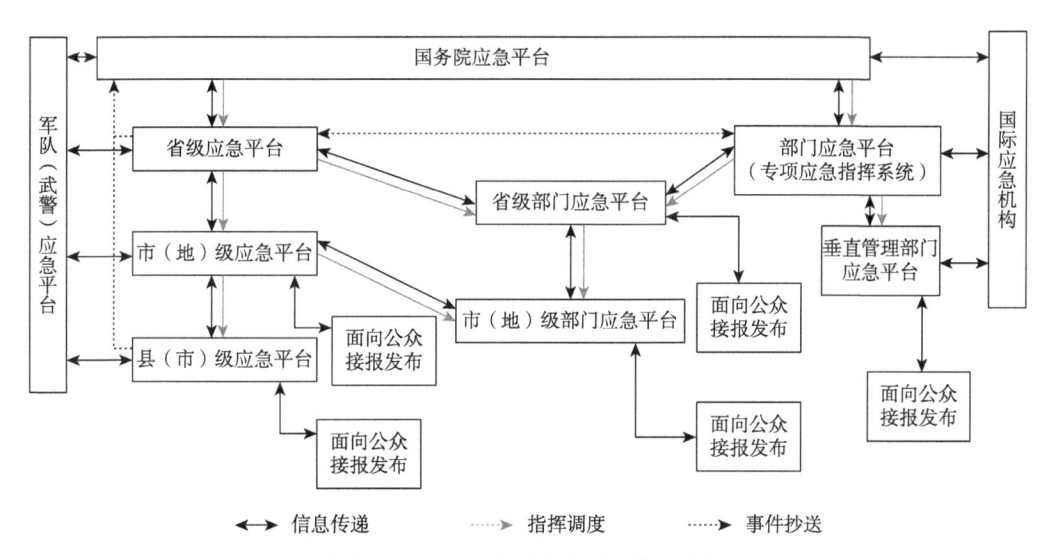

图13-2 国家应急平台体系结构示意图

资料来源：李泽荃，杨塞.2020.应急管理信息技术与系统[M].北京：应急管理出版社

1. 国务院应急平台

国务院应急平台于2006年启动建设，2009年底投入运行。其建设内容主要包括应急指挥场所、移动应急平台、基础支撑系统、数据库系统、综合应用系统、数据交换与共享系统、安全支撑系统、标准规范等，并与国务院有关部门、各省（自治区、直辖市）应急平台实现互联互通和资源整合与共享。

国务院应急平台实现了与省级应急平台、部门应急平台的互联互通。该平台通过与有关部门预测预警接入整合，以及建立部门协同工作的机制，实现了在部门提供的专业预警的基础上，进行耦合性和次生、衍生灾害的综合预测预警。国务院应急平台还推出了一系列应急平台建设标准，为地方和部门应急平台的建设发挥了指导和推进作用。

2. 部门应急平台

部门应急系统经过多年建设，具有较好的基础，各有关部门正结合国务院的要求在现有应急系统上进行完善，建设部门应急平台。从2006年开始示范部门应急平台的建设,包括公安部、民政部、应急管理部、中国气象局、农业农村部等。

(1)自然灾害方面。民政、国土、气象、地震、海洋等部门在应急系统方面具有较好的基础,已有一些专业应用系统,如针对洪灾淹没分析与应急决策的洪灾淹没预测、气象灾害预测预警、地震灾害预测和应急模拟、海洋灾害监测预警系统等。

(2)事故灾难方面。交通运输部、生态环境部、国家矿山安全监察局等部门也开展了应急平台和专业应急系统的规划、设计和建设工作。例如,国家矿山安全监察局在"十一五""十二五"期间,先后建立了一系列有关煤矿安全监管监察的基础数据库和部分专题数据库。

(3)公共卫生方面。我国在公共卫生方面的应急系统建设包括疾病监测系统、卫生监督系统、医疗救治系统和应急决策指挥信息系统四个部分,实现了疫情与突发公共卫生事件的搜集、分析、预警管理,依托中国疾病预防控制中心的公共卫生事件应急反应机制监测信息系统进行决策。

(4)社会安全方面。公安部建设了与电子政务外网物理隔离的部门专网面向社会提供服务。公安部至各省厅之间(一级网),省厅至地市级公安局之间(二级网)都建有视频会议系统。在有线调度方面,公安部指挥中心至各省指挥中心建有一套有线调度系统,公安部还建有覆盖各大中城市的图像监控系统,以道路交通监控为主。

3. 省级应急平台

根据国家应急平台体系建设规划,各省级人民政府开展了应急平台建设工作,从2006年开始开展了10个示范省级应急平台建设,大部分地区已建成并投入使用。例如,北京、上海应急平台实现了图像系统、无线集群系统、视频会议与部分应用软件的功能;广东、湖南等省级应急平台重点突出的是应急指挥场所、移动应急平台、基础支撑系统、数据库系统、综合应用系统、数据交换与共享系统、安全支撑系统等技术。

4. 市(地)、县(市)级应急平台

"十一五"期间,一些条件比较好的市(地)、县(市)级政府,纷纷进行了应急平台的建设工作。例如,昆明、承德整合了多个部门的应急基础信息数据,建设了综合业务管理系统、风险隐患监测防控系统、预测预警系统、智能辅助方案系统、指挥调度系统、应急保障系统、应急评估系统、模拟演练系统等综合应用系统。

阅读材料 13-1:"智慧"山东应急管理 全国第一个应急专家管理信息系统

山东省应急管理厅为适应应急管理事业改革发展,不等不靠,利用不到一年的时间,开发完善了全国第一个应急专家管理信息系统,面向全国组建了山东省第一届应急管理专家队伍,为山东应急管理工作再上新水平做好扎实的"智慧"支撑。

为了加强对应急管理专家的选聘、使用、管理、考核、评价和优胜劣汰,山东省安全生产技术服务中心在原安全生产专家管理信息系统的基础上,采取"边建设,边应用"的做法,委托有关公司开发完善了具备八大功能的全国第一个应急专家管理信息系统。

这套系统按照专家的专业和任务类别进行网格化设置，细化专家的领域、行业、专业的横向建设，共分为 4 个领域、20 个主要行业、79 个重点行业及 261 个专业；明晰专家应急处置类、咨询服务类、现场检查类、评审评估类、宣传培训类及其他等六大类的任务类别纵向建设，实现精准调用符合条件专家。为了方便专家申报、山东省厅遴选，系统还设置了专家的基本信息、工作经历、教育经历、获奖情况、业绩成果等模块。

在任务管理方面，专家使用处室根据任务需要，确定合适行业、专业、任务类型、专家数量等要求，通过系统随机生成满足条件专家，通过"一键通"APP 和微信，同时向专家发送任务，经确认后完成专家选择，转入领导审批功能模块；专家完成任务后，上传任务报告，处室及秘书处完成评价，进入报销模块；系统生成报销单据，自动识别专家工作天数、银行卡等信息，下载打印完成报销审批流程。通过这一流程设计，该系统实现了专家派遣的"双随机"、专家线上审签的全流程管理功能。

另外，这套应急专家管理信息系统，还将通过专家管理模块实现对专家审核、评价、"黑名单"、培训记录等管理功能，通过通知公告模块，可实现向专家下发通知、文件、提醒的功能。在下载专区模块，专家可以随时进入系统，下载专家服务各类表格，并不断完善。除此之外，系统还开设了法规标准查询模块和相关行业专家信息库，以便查询使用。

目前，专家管理信息系统已实现省应急专家派出、使用、管理的线上完成和专家移动端接收查询任务的功能，其中涵盖专家咨询委员会专家 22 名，专家委员会专家 527 名，并将 16 个地市 3001 名应急专家的专家信息纳入专家管理系统，形成山东省应急专家一张图，随时显示专家的工作、请假状态，方便战时状态的就近调用。

资料来源：人民网. 2020-11-16. "智慧"山东应急管理 全国第一个应急专家管理信息系统[EB/OL]. http://sd.people.com.cn/n2/2020/1116/c386785-34418813.html

➤思考与练习

1. 如何理解和定义信息？信息具有哪些基本属性？
2. 结合现实案例，讨论应急信息是如何在应急管理活动中发挥作用的。
3. 何谓信息管理？信息管理的对象和任务是什么？
4. 应急信息管理的基本内容和流程是什么？
5. 简述管理系统、信息系统和管理信息系统的区别与联系。
6. 应急管理信息系统的功能包括哪些？展开叙述。

参 考 文 献

《抗击新冠肺炎疫情的中国实践》联合课题组. 2020-04-21. 《抗击新冠肺炎疫情的中国实践》报告全文[EB/OL]. http://cn.chinadaily.com.cn/a/202004/21/WS5e9e45afa310c00b73c786ed.html?from=singlemessage.
《云南减灾年鉴》编辑委员会. 2016. 云南减灾年鉴2014—2015[M]. 昆明：云南科技出版社.
蔡冠华，黎伟. 2013. 美国应急预案体系研究及对我国的标准化建议[J]. 质量与标准化，（7）：42-45.
蔡智强，李丽萍，白雲屏. 2015. 公共卫生监测的过去、现在和未来：（二）现在[J]. 疾病监测，30（10）：810-817.
陈安. 2019. 现代应急管理：理论体系与应用实践[J]. 安全，40（6）：1-14，88.
陈安，马建华，李季梅，等. 2010. 现代应急管理应用与实践[M]. 北京：科学出版社.
陈兰杰. 2021. 应急信息管理与应急信息行为[M]. 北京：知识产权出版社.
程铁军. 2018. 突发事件应急决策方法研究[M]. 南京：东南大学出版社.
恩比 H. 2018. 牛津高阶英汉双解词典[M]. 9版. 李旭影，邹晓玲，赵翠莲，等译. 北京：商务印书馆.
法律出版社. 2020. 中华人民共和国传染病防治法 突发公共卫生事件应急条例[M]. 北京：法律出版社.
冯俏彬，贾康. 2015. 应急管理与公共财政[M]. 上海：立信会计出版社.
付立红，于魏华. 2018. 税务机关突发事件应对[M]. 大连：东北财经大学出版社.
龚晶. 2012. 非常规突发事件的应急恢复研究[M]. 广州：暨南大学出版社.
龚维斌. 2020. 统筹完善常规、非常规应急管理体系[J]. 中国应急管理，（8）：42-43.
龚卫锋. 2014. 应急供应链管理研究[J]. 中国流通经济，28（4）：50-55.
郭桂祯，廖韩琪，孙宁. 2022. 我国自然灾害风险监测预警现状概述[J]. 中国减灾，（3）：36-39.
郭济. 2005. 中央和大城市政府应急机制建设[M]. 北京：中国人民大学出版社.
郭其云，夏一雪，等. 2017. 突发事件应急救援力量管理体系研究[M]. 济南：山东大学出版社.
郭文强，孙世勋，郭立夫. 2020. 决策理论与方法[M]. 3版. 北京：高等教育出版社.
郭子雪. 2014. 突发事件应急物流系统决策方法及应用研究[M]. 北京：人民出版社.
国家安全生产应急救援指挥中心. 2007. 安全生产应急管理[M]. 北京：煤炭工业出版社.
国家科委，国家计委，国家经贸委，等. 1998. 中国自然灾害区划研究进展[M]. 北京：海洋出版社.
国务院. 1998. 国务院关于批转《中华人民共和国减灾规划（1998—2010年）》的通知[J]. 中华人民共和国国务院公报，（12）：526-539.
国务院. 2004. 国务院有关部门和单位制定和修订突发公共事件应急预案框架指南[J]. 中华人民共和国国务院公报，（17）：43-48.
国务院. 2011-01-18. 突发公共卫生事件应急条例[EB/OL]. https://www.gov.cn/gongbao/content/2011/content_

1860801.htm.

国务院. 2017a. 国务院办公厅关于印发国家综合防灾减灾规划（2016—2020年）的通知[J]. 中华人民共和国国务院公报，（4）：24-31.

国务院. 2017b. 国务院办公厅关于印发国家突发事件应急体系建设"十三五"规划的通知[J]. 中华人民共和国国务院公报，（22）：22-35.

国务院. 2022. 国务院关于印发"十四五"国家应急体系规划的通知[J]. 中华人民共和国国务院公报，（6）：30-48.

国务院办公厅. 2004. 国务院办公厅关于印发《省（区、市）人民政府突发公共事件总体应急预案框架指南》的函[J]. 中华人民共和国国务院公报，（21）：40-46.

洪凯. 2012. 应急管理体制跨国比较[M]. 广州：暨南大学出版社.

侯世科，樊毫军. 2019. 中国灾难医学高级教程[M]. 武汉：华中科技大学出版社.

胡象明. 2016. 公共部门决策的理论与方法[M]. 3版. 北京：高等教育出版社.

黄崇福，刘安林，王野. 2010. 灾害风险基本定义的探讨[J]. 自然灾害学报，19（6）：8-16.

黄宏纯. 2018. 突发事件全面应急管理[M]. 北京：北京理工大学出版社.

黄辉，周继祥. 2020. 物流学导论[M]. 2版. 重庆：重庆大学出版社.

黄毅. 2008. 中国安全生产年鉴（2007）[M]. 北京：煤炭工业出版社.

计雷，池宏，陈安，等. 2006. 突发事件应急管理[M]. 北京：高等教育出版社.

姜旭. 2020. 日本供应链发展研究[M]. 北京：首都经济贸易大学出版社.

柯平，高洁. 2007. 信息管理概论[M]. 2版. 北京：科学出版社.

郎茂祥. 2011. 预测理论与方法[M]. 北京：北京交通大学出版社.

李湖生. 2011. 国内外应急准备规划体系比较研究[J]. 中国安全生产科学技术，7（10）：5-10.

李树刚. 2008. 安全科学原理[M]. 西安：西北工业大学出版社.

李雪峰，佟瑞鹏. 2021. 应急管理概论[M]. 北京：应急管理出版社.

李征. 2020. 日本突发事件危机管理探析[J]. 日本研究，（2）：11-23.

林德尔 K L，普拉特 C，佩里 W P，2016. 公共危机与应急管理概论[M]. 王宏伟，译. 北京：中国人民大学出版社.

林德尔 M K. 2011. 应急管理概论[M]. 王宏伟，译. 北京：中国人民大学出版社.

林鸿潮. 2020-08-26. 突发事件的预测、预报和预警有啥区别?[N]. 中国应急管理报，（007）.

刘嘉. 2017. 重大突发事件应急物资的准备与调度体系[M]. 武汉：武汉大学出版社.

刘利军. 2015. 应急物流[M]. 北京：中国财富出版社.

刘铁忠. 2020. 危机管理理论与实践[M]. 北京：北京理工大学出版社.

刘曦. 2021-08-16. 海地7.2级地震304人死亡：国家进入为期一个月的紧急状态[N]. 成都日报，（006）.

刘奕，张宇栋，张辉，等. 2021. 面向2035年的灾害事故智慧应急科技发展战略研究[J]. 中国工程科学，23（4）：117-125.

刘雨辰，武红霞. 2011. 我国减灾救灾治理的社会参与研究[J]. 中国公共安全（学术版），（1）：41-45.

罗宾斯 S P，贾奇 T A. 1997. 组织行为学[M]. 孙健敏，李原，译. 北京：中国人民大学出版社.

马仁杰，王荣科，左雪梅，等. 2013. 管理学原理[M]. 北京：人民邮电出版社.

马尚权. 2017. 危险源辨识与评价[M]. 徐州：中国矿业大学出版社.

毛立红. 2020. 规范应急志愿者管理，促进应急志愿服务发展[J]. 中国非营利评论，25（1）：29-33.
任国友. 2020. 应急决策理论与方法[M]. 北京：北京大学出版社.
容志，王晓楠. 2019. 城市应急管理：流程、机制和方法[M]. 上海：复旦大学出版社.
闪淳昌，薛澜. 2020. 应急管理概论：理论与实践[M]. 2版. 北京：高等教育出版社.
沈建国，熊坚. 2005. 物流与应急物流略谈[J]. 物流科技，28（4）：4-7.
史成东，李辉，郭福利. 2016. 国际物流学[M]. 北京：北京理工大学出版社.
宋劲松. 2018. 危机决策[M]. 北京：中国人民大学出版社.
苏桂武，聂高众，高建国. 2003. 地震应急信息的特征、分类与作用[J]. 地震，23（3）：27-35.
孙多勇，朱桂菊，李江. 2018. 危机管理导论[M]. 长沙：国防科技大学出版社.
孙辉. 2017. 预防医学[M]. 2版. 南京：东南大学出版社.
唐攀，周坚. 2013. 非常规突发事件应急响应组织结构及运行模式[J]. 北京理工大学学报（社会科学版），15（2）：82-89.
唐彦东，于汐，郎爱云. 2021. 应急管理学原理[M]. 北京：应急管理出版社.
王宝明，刘皓，王重高. 2013. 政府应急管理教程[M]. 北京：国家行政学院出版社.
王丰，姜玉宏，王进. 2007. 应急物流[M]. 北京：中国物资出版社.
王宏伟. 2011. 应急管理导论[M]. 北京：中国人民大学出版社.
王宏伟. 2015. 公共危机与应急管理：原理与案例[M]. 北京：中国人民大学出版社.
王宏伟. 2016. 公共危机管理概论[M]. 北京：中国人民大学出版社.
王宏伟. 2019a. 中国应急管理改革：从历史走向未来[M]. 北京：中国煤炭工业出版社.
王宏伟. 2019b. 新时代应急管理通论[M]. 北京：应急管理出版社.
王丽莉. 2009. 突发事件心理援助体系的建设[M]. 北京：中国社会出版社.
王陇德. 2008. 突发公共卫生事件应急管理：理论与实践[M]. 北京：人民卫生出版社.
王熹徽，李峰，梁樑. 2017. 救灾物资供应网络解构及结构优化模型[J]. 中国管理科学，25（1）：139-150.
王晓，庄亚明. 2011. 基于案例推理的非常规突发事件资源需求预测[J]. 华东经济管理，25（1）：115-117.
汶川特大地震四川抗震救灾志编纂委员会. 2018. 汶川特大地震四川抗震救灾志：总述大事记[M]. 成都：四川人民出版社.
习近平. 2020. 构建起强大的公共卫生体系 为维护人民健康提供有力保障[J]. 求知，（10）：4-7.
夏一雪，郭其云. 2012. 公共危机应急救援力量管理体系研究[J]. 中国软科学，（11）：1-10.
徐东. 2020. 应急物流技术概论[M]. 北京：中国市场出版社.
杨正鸣，苗伟明. 2015. 突发事件应急处置前沿问题研究[M]. 上海：上海人民出版社.
姚兵. 2013. 社会安全事件预防研究[J]. 理论月刊，（11）：112-115.
叶晓钢. 2012. 新编绩效审计实务[M]. 北京：中国时代经济出版社.
袁维海. 2011. 突发事件管理中的政府信息公开[J]. 中国行政管理，（1）：66-69.
袁振龙. 2012. 社会安全事件应急预警能力建设初探[J]. 新视野，（4）：67-70.
曾音支. 2013. 地方政府应对重大自然灾害善后处理机制研究[D]. 湘潭：湘潭大学.
张辉，刘弈，刘艺. 2017. 突发事件应急决策支持的理论与方法[M]. 北京：科学出版社.
张金凤，臧志鹏，陈同庆. 2021. 海岸与海洋灾害[M]. 上海：上海科学技术出版社.
张乃平，夏东海. 2009. 自然灾害应急管理[M]. 北京：中国经济出版社.

张小明. 2013. 公共危机事后恢复重建的内容与措施研究[J]. 北京科技大学学报（社会科学版）, 29（2）: 114-120.

张洋. 2011-05-28. 德国 EHEC 疫情依然严峻 死亡人数上升至 5 人[EB/OL]. http://news.cntv.cn/world/20110528/102966.shtml.

张怡, 冯春. 2017. 人道物流中的快速信任研究[M]. 成都：西南交通大学出版社.

张译丹, 陆宁. 2014. 对非常规突发事件的思考：以昆明暴恐事件为例[J]. 经济研究导刊,（33）: 300-303, 319.

张志刚. 2013. 公共管理学[M]. 2版. 大连：大连理工大学出版社.

赵丹, 贾进章, 马恒. 2018. 安全信息工程[M]. 北京：煤炭工业出版社.

中国地震局监测预报司. 2003. 美国联邦反应计划[M]. 北京：地震出版社.

中国劳动社会保障出版社. 2014. 中华人民共和国突发事件应对法[M]. 北京：中国劳动社会保障出版社.

周九常. 2006. 霍顿信息管理思想简论[J]. 情报科学, 24（8）: 1137-1140, 1168.

朱慧斌, 徐德武. 2011. 安全生产管理实践指导[M]. 西安：陕西人民出版社.

朱启星, 杨永坚. 2016. 预防保健学[M]. 3版. 合肥：安徽大学出版社.

卓海静. 2009. 应急供应链的信息流管理研究[D]. 北京：北京交通大学.

邹小钢. 2014. 新时期财税工作创新[M]. 北京：经济日报出版社.

左小德. 2011. 应急物流管理[M]. 广州：暨南大学出版社.

Aamodt A, Plaza E. 1994. Case-based reasoning: foundational issues, methodological variations, and system approaches[J]. AI Communications, 7（1）: 39-59.

Balcik B, Beamon B M, Krejci C C, et al. 2010. Coordination in humanitarian relief chains: practices, challenges and opportunities[J]. International Journal of Production Economics, 126（1）: 22-34.

Bui T, Cho S, Sankaran S, et al. 2000. A framework for designing a global information network for multinational humanitarian assistance/disaster relief[J]. Information Systems Frontiers, 1（4）: 427-442.

FEMA. 2017-12-05. FEMA POLICY: Tribal Mitigation Plan Review Guide[EB/OL]. https://www.fema.gov/sites/default/files/2020-05/FEMA_Policy_Tribal_Mitigation_Plan_Review_Guide.pdf.

FEMA. 2020-07-20. Mission Areas and Core Capabilities[EB/OL]. https://www.fema.gov/emergency-managers/national-preparedness/mission-core-capabilities.

FEMA. 2023. Organizational Chart[EB/OL]. https://view.officeapps.live.com/op/view.aspx?src=https%3A%2F%2Fwww.fema.gov%2Fsites%2Fdefault%2Ffiles%2F2020-08%2FFEMA_Org-Chart_Aug-12-2020_text-only.docx&wdOrigin=BROWSELINK[2023-02-03].

Holguín-Veras J, Jaller M, Van Wassenhove L N, et al. 2012. On the unique features of post-disaster humanitarian logistics[J]. Journal of Operations Management, 30（7/8）: 494-506.

IMC. 2021-09-01. Haiti: Earthquake Situation Report #1[R/OL]. https://reliefweb.int/report/haiti/2021-haiti-earthquake-situation-report-1-september-1-2021.

Lewis P S, Goodman S H, Fandt P M. 1998. 现代管理学（英文版）[M]. 2版. 沈阳：东北财经大学出版社.

Nikkhoo F, Bozorgi-Amiri A, Heydari J. 2018. Coordination of relief items procurement in humanitarian logistic based on quantity flexibility contract[J]. International Journal of Disaster Risk Reduction, 31: 331-340.

OCHA. 2022-01-23. Haiti：Earthquake Situation Report No.4[R/OL]. https://reliefweb.int/report/haiti/haiti-earthquake-situation-report-no-4-7-september-2021.

Perry R W, Lindell M K. 2003. Preparedness for emergency response：guidelines for the emergency planning process[J]. Disasters, 27（4）: 336-350.

UNDRR. 2017-12-31. Words into Action Guidelines：National Disaster Risk Assessment[R/OL]. https://www.undrr.org/publication/words-action-guidelines-national-disaster-risk-assessment.

UNICEF. 2021. Haiti Humanitarian Situation Report（Earthquake）, 14-15 August 2021[R/OL]. https://www.unicef.org/documents/haiti-humanitarian-situation-report-earthquake-14-15-august-2021.

UNISDR. 2009-12-31. 2009 UNISDR Terminology on Disaster Risk Reduction（Chinese, Japanese and Korean）[R/OL]. https://www.preventionweb.net/publication/2009-unisdr-terminology-disaster-risk-reduction-chinese-apanese-and-korean.

van Wassenhove L N. 2006. Humanitarian aid logistics：supply chain management in high gear[J]. Journal of the Operational Research Society, 57（5）: 475-489.

Wang X H, Li F, Liang L, et al. 2015. Pre-purchasing with option contract and coordination in a relief supply chain[J]. International Journal of Production Economics, 167: 170-176.

Wang X H, Wu Y F, Liang L, et al. 2016. Service outsourcing and disaster response methods in a relief supply chain[J]. Annals of Operations Research, 240（2）: 471-487.

WHO. 2017-12-31. WHO Guidelines on Ethical Issues in Public Health Surveillance[R/OL]. https://www.who.int/publications/i/item/who-guidelines-on-ethical-issues-in-public-health-surveillance.

WHO, EHA. 1998-12-31. Emergency Health Training Programme for Africa[R/OL]. https://www.academia.edu/33916047/WHO_EHA_EMERGENCY_HEALTH_TRAINING_PROGRAMME_FOR_AFRICA.